国際日本研究への誘い

坂本恵　友常勉
東京外国語大学
国際日本研究センター
=編

日本を
たどりなおす
29の方法

東京外国語大学出版会

はじめに

本書は「国際日本研究」をテーマに研究、活動を続けてきた東京外国語大学国際日本研究センターの研究の成果であり、私たちが考える「国際日本研究」を提案するものです。

「国際日本研究」というのは、日本を研究する際、日本の中で閉じたものとして研究するのではなく、広く外からの視点、海外との対照を通じて見えてくる日本の姿を研究しようというものです。海外に行くと日本との違いを感じる人が多いでしょう。そして、自分自身が暮らしている日本のことを、よく知らなかったことに気づかされるのではないかと思います。現在のように、海外に行かなくてもＩＴを利用して海外の人と交流したり、国内に増えている外国籍の人と接したりする機会が多い中で、思いもよらない質問を受けたり、不思議な感想をもらったりすることがあると思います。実際、海外での日本研究では日本国内ではあまり見ないテーマも多く、驚かされることがあります。本書はそのような視点で日本のいろいろな面を考え、その疑問に答える形で日本を紹介しようとするものです。

海外と接するとき、まず関門になるのが言葉です。相手の言葉で交流するにしろ、日本語で日本語を勉強している人と話すにしろ、母語である日本語と他の言語との違いを目にすることになり、日本語とはどのような言葉なのかと考える機会があると思います。第１章ではその疑問に答えるためのヒントが書かれています。言葉とはどういうものか、日本語を通して見てみます。また、日本語母語話者にとってはあまりにも当たり前のことでも海外の人が見ると奇異に思うようなものもあります。この章を読んで、特に何も考えずに使っている言葉のしくみ、どれほど複雑な使い方をしているのか、ということにも思いをめぐらせてほしいと思います。

第2章は言語の芸術と言える文学についてです。海外の人に日本の文学を紹介するとき、役に立つでしょう。また、日本の文学といっても今は言葉の壁は低くなっており、「俳句＝Haiku」や村上春樹は全世界の人を読者にしています。「Haiku」を作る人もいます。また、日本の文学といっても海外の文学からの影響や相互の交流があることもわかります。この章では同時に、文学を評論することの面白さも知ることができると思います。

第3章は文化です。今や日本を発信する一番の手段である文化、さらにサブカルチャーについても考えます。文学同様、伝統文化も日本人だけのものではありません。また、特に海外でも人気の高いアニメについては海外の研究者からの要望があって取り上げています。よく知っている宮崎アニメを分析してみましょう。そして、言葉の壁を越えるために必要なこと、文化としての翻訳についても考えてみます。

自分自身が使っている言葉、興味のある文学、文化といった自分自身の関心を考えるテーマが多かった前半に対して、後半の三つの章では、私たちの生活をめぐる日本社会のあり方について考えていきます。第4章も言葉に関することですが、言葉そのものより、社会における言葉の位置について考えていきます。日本での言葉というと、日本語、標準語が確固たるものとして存在します。日本語、標準語がどのようにしてその位置を築いていったか、それはいったい何を疎外してきたのかについて考えます。標準語としての日本語（＝国語）の成り立ち、その影で疎外され、迫害されている少数者の言葉、具体的には方言、少数言語、そして障害者の言葉について扱っています。最近議論の多いマイノリティを考えるひとつのきっかけになるでしょう。また、日本語を外国語として学ぶ人たちのことについても触れています。

第5章は海外の人の関心が高く、よく聞かれるテーマを扱っています。天皇制、宗教、憲法などは日本人にとってもよくわからないことが多く、聞かれて困ったという経験のある人もいるのではないでしょうか。しかし、「国際日本研究」では避けて通れない問題です。この章ではこれらのテーマの問題点が整理されており、それを考えるためのヒントが書かれています。本書の中で一番難しいテーマを扱っていますが、大事な問題ばかりです。じっくり読んでいっていただきたいと思います。

第6章では一転して身の回りの日本社会について考えます。教育格差、食糧問題、災害とその後の生活、会社文化、そしてジェンダーと私たちを取り巻く毎日の生活の中にある問題です。あまりに日常的で、問題があることを意識しながらも通り過ぎていってしまっていることについても取り上げて、振り返ります。このような日常的な問題はどの国にも存在することで、海外との違いも考えてみたいところです。日本に関するテーマをたどりなおして最後に現在の自分の置かれた状況を改めて考え直すことで終わります。

そして、本書の隠れたテーマは歴史です。学校で習う歴史ではなく、現在の日本のもとになっているもの、現在の日本を成り立たせるにいたった経緯である歴史です。本書では、古代から現在まで、特に現代日本の基礎を作ったと言える明治時代、そして高度経済成長やバブル崩壊を経た現在の日本にいたる歩みが取り上げられています。明治時代に関しても違った角度から取り上げることで、何が現在につながっているのかを見ることができます。同じ時代のことをいろいろな観点から見ることで、総合的にその時代を眺めることができ、そして現代に続く問題も見えてきます。いろいろなテーマがあるからこそ見えるものがあります。そして、興味のあるテーマについてはさらに考えを深めるためにそれぞれの本文に「読書ガイド」がついています。参考文献の中で手に入りやすいもの、初学者向けのものを紹介していますので、ぜひ読んでいただきたいと思っています。

本書で扱っているテーマは広く、多岐にわたっているため、統一感がないと思われるかもしれませんが、これこそが現在の日本の姿ではないかと思っています。さまざまな角度から眺めることで現在の日本が見えてきます。現在の日本を見るために必要な視点、テーマを集めたら「29」になった、とも言えます。本書を通読して、自分の置かれている現在を改めて見直していただきたいと思っています。それが、私たちの提案する「国際日本研究」なのです。

＊

なお、本書は二〇一六年に出版した『日本をたどりなおす29の方法—国際日本研究入門』（以下『29の方法』）の姉妹編です。『29の方法』は東京外国語大学国際日本研究センターが作成した「国際日本研究」の入門書であり、日本研究、日本語学習のための教科書です。本書は、『29の方法』の企画の際の教科書としての二〇〇〇字、という長さでは書ききれなかった内容や、テーマを少し深く掘り下げた内容の、もう少し分量の多い読み物で、この教科書を読む若い日本語母語話者、この教科書を勉強してさらに深めたいと考える日本語学習者、そして、海外で教える方々のために、本文を解説したものが必要だという考えから執筆されました。そのために、本文には充実した注をつけました。本書は『29の方法』と同じテーマ、筆者による（一部違う筆者のものもあります）、「29」のテーマを集めたものです。本書と併せて『29の方法』も手に取っていただければと思っています。

二〇二二年一月二六日

編者

#「国際日本研究への誘い　日本をたどりなおす29の方法」目次

第2章 人間と文学を語る

第3章 ニホンのブンカ系

第6章 現代日本の暮らしと文化

本文デザイン　小塚久美子

第1章 日本語ってどんな言葉？

「ことばで人に伝わることはわずかに過ぎない」と言われます。たしかに、表情、身振り手振りや行動のほうが真実が伝わることもあります。しかし、ことばがなければ、より複雑な事柄、心象や思想について互いに理解することはできないでしょう。日本をたどるために、まずは、日本語そのもののしくみや使い分けを知っておきたいものです。この章では、日本語の構造、運用、敬語、さらに他の言語との比較対照により、これから日本をたどる上での日本語のキーワードを提供しています。

＊「依頼のEメール」の頁は横組みのため、逆方向にページが進みます。

あなたは日本語の文法を知っていますか

……日本語の文法……

早津恵美子

I 文と単語

私たちは文を使って、自分の経験や知識や気持ちを伝えたり（「きのう試験を受けました。」「水は一〇〇度で沸騰する。」「作家になりたいんです。」「すみません、私あすは忙しいものですから……」）、自分の知らないことを尋ねたり（「この電車は原宿にとまりますか？」「なんかバイトしてる？」「お味はいかが？」）、相手に何かを命じたり（「八時に教室に来なさい。」「ちょっとこれ持ってくれない？」「おい、そこにすわるな！」「ほら、もっと急いで！」）、相手を誘ったり（「そろそろ帰りましょう。」「お茶でものみませんか？」「授業さぼっちゃおうよ。」）する。文は言語活動の最小の単位である。

(1)「地震！」「ヘビ！」など単語一つであっても一定のイントネーションで発話されて、ある事柄を伝えることができることがあり、これも文である（一語文、one-member sentence）。一語文は主語と述語が分化しておらず、発話

単語は名づけ（命名）の基本的な単位であり、人や事物やその動きや性質などをさししめしている。そしてそれぞれの言語に既存のものである。人は個々の言語活動の際、それらの単語の中から必要な単語を選び出し、それを組みたてて個々の場面に応じた文を作って用いる。[1] たとえば、ある場面を述べるのにふさわしい単語として(1)のような単語を選び出し、それらを組みあわせて(2)の文を作る。このとき、語順を整えたり、[2] 語形を整えたり（助詞・助動詞の付加等[3]）するが（Ⅲ参照）、この手続きの総体が文法であり、(1)の単語から(2)の文が作れるということが日本語の（基本的な）文法を知っているということである。

(1)　本　真剣　図書館　読む　むずかしい　山田君　さっき　ねえねえ

(2)　「ねえねえ、さっき図書館で山田君がむずかしそうな本を真剣に読んでいたよ」

単語は語彙的な意味（辞書で説明されている意味）をもつことをはじめいくつかの語彙的な性質をもっているが（Ⅱ参照）、同時に、文の構成要素となって文を作るために文法的な性質をもっている。単語を使って文を作ることができるのは、単語が文法的な性質をもつからこそである。

Ⅱ　単語の語彙的な性質

単語はそれぞれの言語において既に用意されている既存のものだが、ある言語がどの

時・発話場所に規定された特殊なものであり、一語文で過去のことを述べたり、未来の推測を表現したりすることはできない。なお、会話において「それ、なに飲んでるの？」に応えて「バーボン。」と答えた文はここでいう一語文ではない。「僕が飲んでるのはバーボンだ。」や「僕はバーボンを飲んでる。」という普通の文の一部の要素が省略されているだけである。

(2)　日本語は語順が自由だといわれることがある（「図書館で本を読んでいた。」と「本を図書館で読んでいた。」）。しかし同じ内容を「本を読んでいた図書館で。」ということはできず、「図書館」は「読んでいた」よりも語順を前にしなければならない。詳しくはⅢ．2節参照。

(3)　(1)の単語から(2)の文を作るとき、「図書館」「山田君」「本」という名詞にそれぞれ「で」「が」「を」という助詞をつけたり、過去のことをいうために「読んでいる」に「た」という助動詞をつけたりする。「読まない」の「ない」も否定を表す助動詞である。詳しくはⅢ．2節参照。

ような単語を有しているかは言語によって異なる。たとえば次の日本語の単語を英語（あるいはその他の言語）に訳すとき、ふさわしい単語（一単語）があるだろうか。

机　子供　父　あに　夫婦　きょう　あさって　さっき　親指　突き指　寄り道

帰り道　歩く　とる　くつろぐ　大きい　かわいい　ゆったり　のんびり

あることを表す単語をもつかどうかは、それぞれの言語社会の性質と関係することもあるが（エスキモー語の雪を表す単語、アラビア語のラクダを表す単語、日本語の海草を表す単語が豊富であること等）、文化や環境の差と結びつくわけでは必ずしもない。前記の語のうち、「さっき」「突き指」「帰り道」「くつろぐ」等に相当する英語の単語がないとしても、それが日本語社会と英語社会との性質の違いの現れとはいえないだろう。

単語の語彙的な性質には次のようなものがある。(4)

◎**音と意味**　単語は一定の音が一定の意味と結びついている。音をもたない単語、意味をもたない単語というのはない。たとえば、日本語の音の組みあわせとして［tahamasa］とか［pidegibe］と発音することはできるが、これが日本語として何らかの意味と結びついているわけではないので、これは日本語の単語ではない。また、「⏎」や「♨」などの形は何らかの意味を表しうるが一定の音と結びついてはいないので単語ではない。

◎**語構成**　単語はいくつの意味要素から成っているかによって、「単純語」（一つの要素：花、とぶ、長い）、「合成語」（二つ以上の要素：a．花束、とびあがる、b．お花、花屋、長さ）に分けられる。合成語はさらにa類のようにそれぞれの要素が単独に用い

(4) 国立国語研究所（玉村文郎）（一九八四、一九八五）が参考になる。

られるもの（複合語）と、一方が接辞であるもの（派生語）とがある。先の(1)の「図書館」は「美術館」「映画館」と同じく、接辞「―館」をもつ派生語であり（英語の library はどうだろう）、「図書」を要素とする複合語として「推薦図書」「学術図書」がある。

合成語は新しく作られることがあるが必ずしも自由に作り出せるわけではなく、やはり既存性は高い。たとえば「図書」と類義である「書物」からの「?書物館[5]」「?推薦書物、?学術書物」は日本語にはなさそうである（「＊短袖（vs. 長袖）」「＊子供靴（vs. 子供服）」「＊歩き込む（vs. 駆け込む）」）。また、複合語の意味は単語の組みあわせの意味と必ずしも同じではない。「右足vs. 右の足」は同じだろうが、「花束vs. 花の束」「長話vs. 長い話」「甘酒vs. 甘い酒」「焼き鳥vs. 焼いた鳥」は同じではない。また「海開き」「たちかえる」「あたりまえ」は要素の単語の意味から複合語の意味をおしはかりにくい。派生語でも、「お花」の意味はわかりやすいが、「おにぎり（vs. にぎり）」「おかっぱ（vs. かっぱ）」「お題目（vs. 題目）」は派生語特有の意味をもっている。

◎語種　単語を出自の点から、和語（古くから日本にあった単語）、漢語（古い時代の中国語からとりいれた単語）、外来語（中国語以外の言語からとりいれた単語）に分けることがある。

和語　：やま　いぬ　目　酒　おび　見る　あるく　はやい　美しい　さっき

(5) この段落の説明の中で、合成語の前に「?」「＊」という印のついたものがある。「?書物館」「?推薦書物」などの「?」印は、その合成語が日本語としてあまり使われないと考えられることを表し、「＊短袖」「＊子供靴」などの「＊」印は、その合成語が日本語として使われることはまずないと考えられることを表す。ただし、截然と区別されるわけではなく、また、人によって判断がゆれるかもしれない。

漢語[6]：山岳　象　筋肉　牛乳　帽子　見学　歩行　迅速　綺麗　先刻　政治　芸術

外来語：ケーキ　ビール　シャツ　ゴム　スケッチ　ガーゼ　ビュッフェ　タバコ

語種の異なる類義語が存在していることがあり（「みち：道路」「切る：切断する：カットする」）、表現の豊かさとともに使い分けのむずかしさもある（「薬を飲む：薬品を飲む」「むずかしい本：?困難な本」）。また外来語の中には、合成語の要素として使われ意味もよくわかるのだが独立の単語としては使えない単語もある（「?ブックを読む」「?カーで通勤する」）。語種と表記（漢字・ひらがな・カタカナ）の関係で注意しておくべきことがある。語種はあくまでその語の出自であり、どのような文字種で書くかとは別だということである。「やま」と書いても「山」と書いても和語、「携帯」「ケータイ」は漢語、「ぼたん」「ボタン」「釦」は外来語（ポルトガル語から）である。

◎文体と位相　その語がどのような場面で使われ、どんな感じを与えるかによって、日常語（日常の会話や手紙などに広く使われ特別な語感をもたない語）、文章語（改まった文章や話の中で使われてややかたい感じの語）、俗語（くだけた会話の中だけで使われ、時として下品な感じをあたえる語）、雅語（おもに詩など文学的な表現に使われやわらかくて典雅な感じがする語）という違いがあり、単語の文体とよばれる。

日常語：さっき　きょう　こんど　でも　くだもの　夏休み

文章語：先刻　本日　次回　しかしながら　果実　夏期休暇

---

(6) 漢語には漢語の要素を組みあわせて中国語にはない単語を作り出したもの（和製漢語）もある（「映画、団地」）。外来語に、英単語を組みあわせて英語にはない単語を作り出したもの（和製英語）がある（「テーブルスピーチ、ガソリンスタンド」）のと似ている。

俗語　：てめえ　ほざく　やばい　うざったい　かったるい
雅語　：たそがれ　旅　憩う　いざなう　つどう　うるわしい

これとやや重なる面もあるが、どのような話し手に使われるかによる違いを位相ということがある。幼い子供に特有の幼児語（「ワンワン、あんよ、だっこ、ねんね」）や、特定の分野の中で用いられる専門語（「審判、アンパイヤー、レフリー、行司」「形態論、統語論」）等であり、いわゆるキャンパス用語や業界用語も特定の集団の人が用いる語である。文体や位相を混同した表現（「こんどの夏期休暇どっか旅にでる？」「先日バイトやってる店にめっちゃ変なおじさまが来たの。」）はおかしい。

◎単語の体系　単語は意味や音の点で他の単語と関係をもって存在し体系をなしている。

類義語（synonym）：「さっき：さきほど：先刻」「真剣：まじめ」「本：図書：書籍：書物」「読む：読書する」「ちょっと：少し：いくらか：やや：いくぶん」

反対語（antonym）：「むずかしい⇕やさしい」「広い⇕狭い」「右⇕左」「兄⇕弟」「行く⇕来る」「貸す⇕借りる」。「真剣」「読む」「かわいい」の反対語はあるだろうか。

上位語⋃下位語：「本⋃専門書・児童書・絵本・図鑑」「図鑑⋃植物図鑑・動物図鑑」「読む⋃音読する・黙読する・精読する・乱読する・よみあげる・よみあさる」

同音語（homonym）：「さっき（副詞）：殺気」「真剣：親権：新券」

単語はこのようにさまざまな語彙的な性質をもっている。個々の言語活動においては、これらの中からその場にふさわしい単語を選び出し（たとえば、「おい」ではなく「ねえねえ」を、「先刻」ではなく「さっき」を、「困難な」ではなく「むずかしい」を、「書籍」ではなく「本」を、「黙読する」ではなく「読む」を選ぶ）、それを組みあわせて文を作っている。

III 単語の文法的な性質

III・1 品詞と文の成分

単語は、文法的な性質（文を作るときに語形変化をするか否か、どのような単語とどのような順序で組みあわさるか等）によって品詞に分けられる。また、文を組みたてている単語を、当該の文中ではたす機能の違いによって分けた要素を文の成分という。

学校文法では、日本語に一〇種の品詞を認めており、このうち助詞・助動詞は、名詞・動詞・形容詞・形容動詞に後接してのみ用いられることから付属語とされる（それ以外は自立語[7]）。

名詞、動詞、形容詞、形容動詞、副詞、連体詞、接続詞、感動詞、助詞、助動詞また、文の成分には、述語、主語、補語、連体修飾語、連用修飾語、状況語、独立語がある。[8]（2）の文について品詞と文の成分を示すと次のようになる。

(7) 助詞・助動詞のこのような性質から、これらを単語ではなく接尾辞や語尾等とする立場もある。

(8) 学校文法では補語と状況語も連用修飾語としているがこの三つは文中での機能がかなり異なる（III・2参照）。

(9) 寺村秀夫（一九八二）『日本語のシンタクスと意味I』くろしお出版

(10) 鈴木重幸（一九七二）『日本語文法・形態論』むぎ書房

(11) ここでは一単語が一つの成分になっている例をあげるが、複数の単語のまとまりが一つの成分となることもある（「太郎と花子が来た」（主語）、「九州に住んでいる昔からの友人を訪問する」（補語））。

(12) 「テンス（時制、tense）」と「アスペクト（aspect）」はともに、事柄の時間的な面の表現であり、述語の語形の違いによって表現される。テンスは、タ形か否かによって、事柄が発話時点よりも以前のことか否かを表し分ける（「先週大阪に行った：来月アメリカに

「ねえねえ	さっき	図書館-で	山田君-が	むずかし-そうな	本-を	真剣に	読ん-で-い-た-よ」
感動	副	名-助	名-助	形容-助動	名-助	形容動	動-助-動-助動-助
独立語	**状況語(時)**	**状況語(場所)**	**主語**	**連体修飾語**	**補語**	**連用修飾語**	**述語**
（ φ	イツ	ドコデ	ダレガ	ドンナ	ナニヲ	ドノヨウニ	ドウスル）

寺村（一九八二：四九頁）(9)に、「文を構成する要素の種類を考えるときには、単語または単語の集まりが文を構成する上でどういう機能をはたしているかという視点からの分類と、文を作る素材、単位体の最小のものとしての単語を、文を離れて〝ふだん〟どの格納庫にしまっておくかという視点からの分類とを、分けて考える必要がある」とある。この二つの視点からの分類がそれぞれ文の成分と品詞である。

Ⅲ.2　単語の構文論的な性質と形態論的な性質

単語の文法的な性質は、構文論的な性質と形態論的な性質に分けることができる。(10)

◎構文論的な性質

他の単語と一定の語順で組みあわさって文の成分となるのは単語の構文論的な性質である。(11)

述語：ある人や物や事について、動作や変化、感情や性質などを述べ、かつ事柄全体について肯否、テンス、アスペクト(12)、断定／推量／疑問、命令／誘い、希望／意向等

行く」「きのう暑かった：きょうも暑い」）のに対して、アスペクトは、動詞がテイル形か否かによって、ある出来事（動作や変化）を一定の時間継続している／していた線的な事と捉えるかひとまとまりの点的な事と捉えるかを表し分ける（「さっきから庭で犬がほえている：うちの犬は子供を見るとほえる」、「ドアがずっと開いていた：ドアが急に開いた」）。アスペクトは出来事の時間の客観的な長さの違いではなく捉え方の違いを表すものである。〈きのう二時間映画を見た〉という出来事に言及するとき、捉え方によって「きのう映画を見ている時に電話がかかってきた」と「きのう映画を見たあと食事に行った」のようにテイル形か否かを使い分けるのはそのためである。

を表現する。

・太郎が第一走者として走る：走っている：走れ：走ればなあ：走るかもしれない。

・木が倒れた：倒れている：倒れそうだ：倒れなかった：倒れるだろうか。

・修学旅行は楽しい：楽しいだろうか：楽しかったですか。

・花子は学生だ：学生にちがいない：学生かしら。

主語：述べられるもの（人・物・事等）を提示する。右の文では「太郎が」「木が」「修学旅行は」「花子は」が主語である。

補語：述語が表す動作や感情等が成り立つのに必要な人や事物を表し、述語を補う。

太郎が本を読む　友達に辞書をかす　先輩から話をきく　弟とけんかする　物音に驚く　学生に甘い

連用修飾語(13)：述語が表す動作や感情や性質などについて、その様子をより詳しくいう。

真剣に読む　ずいぶん広い　とても重要だ　楽しく遊ぶ　おいしそうに食べる　バスで帰る　すわって話す　歩きながら考える

連体修飾語(14)：主語・補語その他の体言（名詞）にかかって、その様子（それの特徴や他の物との区別）を詳しく説明する。

むずかしそうな本　高くない本　この本　いたんだ本　読みたい本　歴史の本

状況語：述語・主語・補語・連用修飾語などで表現される事態全体をとりまく状況的なことがら（時間的・空間的環境、原因や目的など）を提示する。

(13) 国語学・日本語学では動詞・形容詞など語形変化（活用）する語を「用言」とよぶ。「真剣に読む」「ずいぶん広い」の「真剣」「ずいぶん」は、それぞれ動詞・形容詞、すなわち用言に「連なって」、それを修飾する役割をはたしているので、これらを「連用修飾語」とよぶ。

(14) 国語学・日本語学では、用言（動詞・形容詞等）に対して、名詞を「体言」とよぶ。「むずかしそうな本」「この本」の「むずかしそうな」「この」は、それぞれ名詞すなわち体言に「連なって」、それを修飾する役割をはたしているので、これらを「連体修飾語」とよぶ。

四月七日に入学式が行われる　各地で反対運動が起こった　事故で電車が遅れた　面接のために地味なスーツを買う

独立語：文の他の成分と直接にかかわるのではなく、それ単独で、話し手の態度を表したり題目を提示したり前後の文のつながりを表したりする。また、陳述的な意味すなわち文の表す事柄に対する話し手の主体的な捉え方や気持ちの持ち方を、補足したり強調したりする部分も独立語である。

・ねえねえ聞いて　はいわかりました　こらっそこに入るな　注意事項は最後の頁をお読みください　雨が降ってきた。でも行かなくちゃ

・もちろん行くよ　ぜひ行きたい　どうぞおかけください　あいにく雨になった

次に語順について主として(2)の文を例にして考えてみる。独立語は文頭にくる（「ねえねえさっき……」「でも僕は行かない」）。状況語も文のはじめのほうにくることが多く、文中にくる（「太郎がきのう来た。」）ことはあるが文末にはこない。文末は常に述語である。そして、主語と補語と述語はこの順に並ぶ。連体修飾語と連用修飾語は必ず修飾される語の前に来る。

日本語は語順が自由だといわれることがあり、たしかに「太郎が本を読む。」でも「本を太郎が読む。」でもかまわないが、「＊太郎が読む本を。」[15]「＊本を読む太郎が。」や「＊太郎は本を読んでいた図書館でさっき。」「＊本むずかしそうなを読む。」「＊太郎は本を読む真剣に。」は日本語の文としておかしい。他の言語の語順はどうだろう。

⒂「＊本を読む太郎が。」などの「＊」印は、それをつけたものが、日本語の文として成り立たないことを表す。

動詞や形容詞が一定の格形式をとった名詞と組みあわさるのも単語の構文論的な性質である。たとえば「愛する」と「ほれる」の意味は似ているが、補語としてそれぞれヲ格・ニ格の名詞をとるので（「太郎を愛する」「太郎にほれる」）、構文論的な性質は異なる。「働く」と「勤める」、「運ぶ」と「のせる」もそれぞれ意味が近いが、「銀行で働く」と「銀行に勤める」、「本を教室から図書館に運ぶ」と「本を棚にのせる」という異なる組みあわせをつくるので、それぞれの構文論的な性質は異なる。なおこのような違いが生じるのは、類義の動詞であってもそれぞれの意味の一部分に、それぞれの文法的な性質をうみだす異なる側面があることの反映である。

◎形態論的な性質

単語が文の要素となるときに語形変化をするか否か、するとしたらどのような形（形態論的な形[16]）をとるか、という性質を単語の形態論的な性質という。学校文法でいう動詞や形容詞の活用よりも広くとらえ、たとえば「話す」を例にすると、a．母音の交替によるもの、b．助動詞をつけるもの、c．助詞をつけるもの、d．テ形に補助的な動詞を組みあわせるもの、も広く形態論的な形である。

a．話す　話せ　話し　(hanas-u　hanas-e　hanas-i)

b．話さない　話させる　話される　話します　話した　話したい　話すらしい

c．話して　話したり　話すと　話せば　話しても

d．話している　話してある　話しておく　話してみる　話してあげる　話してく

(16) 単に単語の「形」というのでなく「形態論的な形」というときには、その形が文法的な意味をになっているものをさす。「話す」に比べて「話した」は過去、「話さない」は否定を表すので、「話した」「話さない」は形態論的な形である。それに対して、「やはり：やっぱり：やっぱ」、「すごく：すっごく：すんごく」などはそれぞれ一つの単語の語形の異なりであるが、文法的な意味を表し分けているわけではないので、形態論的な形とはいわない。

れる
　また、名詞は文の中で使うとき助詞や助動詞をつけて用いるので（「本がある」「本を読む」「本の表紙」「これは本です」）、これも名詞の形態論的な性質ということができる。

Ⅲ・3　それぞれの品詞の文法的な性質

　自立語である品詞について、構文論的な性質と形態論的な性質をみてみる。

名詞：人・物・場所・事柄などを表す。文の中で主として主語や補語としてはたらくが、その他の成分にもなる。主語・補語・連用修飾語・連体修飾語・状況語になるために助詞を伴い、述語になるために助動詞（「だ・です・らしい」等）を伴う。

子供が笑う〈主語〉　太郎が本を読む〈補語〉　包丁で野菜を切る〈連用修飾語〉

兄の本を読む〈連体修飾語〉　公園で遊ぶ〈状況語〉　ここは公園です／らしい〈述語〉

動詞：人や物の動き、人の感情、状態の変化、関係、存在などを表す。単独あるいは助動詞や助詞を伴って主として述語としてはたらき様々な文法的な意味を表す。

窓をあけろ　物音に驚く　花が枯れた　二人は似ている〈述語〉　歩きながら話す〈連用修飾語〉　運ぶのが遅い〈主語〉　働くのに飽きた〈補語〉　買った本〈連体修飾語〉

形容詞・形容動詞：人・物・事柄などの性質や状態、人の感情や感覚を表し、単独あるいは助動詞や助詞を伴って主として連体修飾語や述語としてはたらく。

やさしい人と結婚する〈連体修飾語〉　かばんが重い〈述語〉　おいしくて食べ過ぎる〈連用修飾語〉　暑さがつづく〈主語〉　流暢さを求める〈補語〉

副詞①：人や物の動きや変化や状態の様子、量や程度、時などを表す。形を変えず、もっぱら連用修飾語としてはたらく。

赤ちゃんがよちよち歩く　病状が徐々に快復する　ケーキをたくさん買う　解決はかなり困難だ　いつも遅刻する〈連用修飾語〉

副詞②：文の表す事柄に対する話し手の主体的な捉え方や気持ちの持ち方を補足したり、強調したりする（陳述副詞ともよばれる）。形を変えずもっぱら独立語としてはたらく。

もちろん私も行きます　たぶん花子も来るでしょう　どうぞおすわりください　ぜひいらしてね　あいにく雨が降りだした　思いがけず彼から手紙がきた〈独立語〉

連体詞：形を変えずもっぱら連体修飾語としてはたらく。

あの本をとってください　きたる十日に表彰式が行われる〈連体修飾語〉

接続詞：形を変えずもっぱら独立語としてはたらき、前の文とその文との、話し手の立場からみた関係を表す。

ベルを押した。しかし反応がない〈独立語〉

感動詞：形を変えずもっぱら独立語としてはたらき、話し手の感情や態度を表す。
　きゃっ何かいる　はいわかりました〈独立語〉
このように、品詞とは単語をその文法的な性質（構文論的な性質と形態論的な性質）によって分類した種類である。[17] 名詞・動詞・形容詞・形容動詞は文中で様々な成分としてはたらく際それにふさわしい形態論的な形をとる。それに対し、副詞・連体詞・接続詞・感動詞は文中での機能がそれぞれ一つに限定されており語形変化をする必要がない。

◎形態論的な性質の豊かさ

次のそれぞれの文は他の言語に訳すとどのようになるだろう。傍線部は、丁寧さ、否定、過去、希望、勧誘、命令、質問、推量、条件、授受（やりもらい）、使役、受身など様々な文法的な意味を表している。日本語のように、これらを簡単に単語の形態論的な形で表せる言語もあろうが、そうでない言語もあるだろう。

・日曜日に会社に｛行きます：行かない：行った：行きたくない：行こう：行け：行きますか：行くだろう：行くかもしれない：行くらしい｝。
・勉強すると眠くなる：勉強すればわかるだろう：勉強するなら朝がいい
・本を｛読みかける：読み始める：読みだす：読みつづける：読みおわる：読みきる｝。
・ワインを｛冷やしておく：冷やしてみる｝、ワインが冷やしてある。
・花子は後輩にラケットを｛貸してあげた：貸してもらった｝。おじいさんが僕に

(17) したがって、「走る」は動詞で「歩行」は名詞、「大きい」は形容詞で「大きな」は連体詞、「ぺらぺらと」は副詞で「流暢」は形容動詞、「美しい」「きれい」「美」は形容詞・形容動詞・名詞である。ただし、前述の各品詞の説明にもうかがえるように、品詞と単語の語彙的意味とが全く無関係なわけではない。

自転車を買ってくれた。

・選手が監督になぐられた。監督は選手を公園まで走らせた。

・太郎はそんな物は食べさせられたくなさそうだったらしいわよ。

日本語では広義の語形変化によって様々な文法的な意味が表される。日本語は形態論的な手続きが発達しているといわれる所以である。ただし、他の言語と比べたとき日本語には名詞の数（単数・複数・双数）[18]や性（男性・女性・中性）の別、動詞の人称や数の別、形容詞の比較級や最上級等を表す形態論的な形がないといった性質もある。

Ⅳ　おわりに

ある言語を学ぶときに辞書と文法書が必要だといわれることがある。その言語がどのような単語を有していてそれがどのような事物・概念を表しているのかを知ること、そして単語をどのように組みあわせれば文が作れるかを知ることは、その言語によって言語活動を行うのになくてはならない知識であり、それらを与えてくれるのがそれぞれ、辞書と文法書である。チェコの言語学者マテジウスは、思考内容を言語信号化（発話）する二つの段階として、言語的に命名可能な諸要素への選択的分析（単語の選び出し）の段階と文形成行為による諸要素の統合（単語の組み立て）の段階があるとしている。[19]

ここにも、単語と文そして文法の性質がうかがえる。

---

(18) 単数・複数（たとえば、英語の「dog」と「dogs」）は、物の数が一つか二つ以上かによる語形の違いであるが、言語によっては、ふつう対になっているもの（手、足、目、など）や、対になった部分をもつもの（めがね、はさみ、など）を表す語形を別にもつ言語があり、それらを「双数（両数、dual）」という。古代にはサンスクリット語やギリシア語など多くの言語にみられたが現代語ではあまりみられない。しかし、エスキモー語やアラビア語では今も積極的に用いられている。

(19) ヴィレーム・マテジウス著、ジョセフ・ヴァヘク編、飯島周訳（一九八一）『機能言語学：一般言語学に基づく現代英語の機能的分析』桐原書店

【読書ガイド】

ヴィレーム・マテジウス著、ジョセフ・ヴァヘク編、飯島周訳（一九八一）

『機能言語学―一般言語学に基づく現代英語の機能的分析』……桐原書店

マテジウスはチェコ語母語話者でありチェコ語や英語の共時的研究を通じて、構造や機能を重視する言語理論を発展させ構造言語学の基礎を築いた言語学者。この書はカレル大学における講義録がもとになったもので、機能言語学の輪郭をわかりやすく学ぶことができ、日本語を分析する際の示唆も与えてくれる。

国立国語研究所（玉村文郎）（一九八四、一九八五）**『語彙の研究と教育（上）（下）』**……大蔵省印刷局

単語の語彙的な性質の全体について、具体的な例を豊富にあげながら、日本語母語話者・非母語話者への教育の実践という観点も取り入れて説明されている。語彙と語彙体系、語の形、語の機能、語種、語構成、語の意味、語の表記、等。

鈴木重幸（一九七二）**『日本語文法・形態論』**……むぎ書房

形態論的な性質を主にしつつ、現代日本語の文法現象全体について一貫した文法観のもとで、簡潔に説明されている。

寺村秀夫（一九八二、一九八四、一九九一）**『日本語のシンタクスと意味 I～III』**……くろしお出版

現代日本語についての記述的な文法書であり、全三巻の中で、文の基本的構成、品詞分類、格構造、態、テンス、アスペクト、ムード、取り立て（副助詞）などの文法現象が広く扱われている。

日本語にはなぜ挨拶表現が多いのか

……敬語コミュニケーション……

坂本 惠

何をどう取り立てて言語化するか(1)は、言語によって異なる。例えば、日本語では「冷蔵庫にりんごがあります」と言う時、りんごが一つなのか二つ以上なのかは言う必要がない。しかし、「りんごがあります」と言うか「りんごがある(よ)」と言うかについては、どちらかを選ばなければならない。「あります」と言うか「ある」と言うかを相手によって使い分けなければならないということは、日本語の一つの特徴であると言える。つまり、日本語は自分と相手の関係を認識し、それを言語化することが必須である種類の言語なのである。

「あります」と「ある」の違いは「ます」という敬語(2)が含まれているかどうかであるが、「ます」に限らず、敬語の大切な役割は、相手をどのように認識しているかを示す

(1) 言語として表すこと。世の中にはいろいろな現象があるが、その中で何を特別に言語(ことば)にして表すかはそれぞれの言語によって異なる。例えば英語では名詞などで単数・複数の違いを区別して表すが、日本語ではその区別はしない。どんなことを「ことば」として表しているかを「言語化する」と表現している。

(2) 「敬語」とは「おっしゃる」「参ります」「なくなる」「です」のように、それぞれ「言う」「行く」「死ぬ」「だ」のような通常と同じ意味で、人間関係や場によって使い分けることのできる語、特にプラスの方向、「丁寧」にする場合に使われるもののことを言う。

ことである。「敬語」は相手に対する敬意を表すとか、尊敬していない相手には敬語は使いたくない、などと聞くことがあるが、「敬語」を考える時に、敬語そのものの意味とその意味によって何を表すかは分けて考える必要がある。例えば、「おっしゃる」という尊敬語とよばれる敬語は「言う」と同義であるが、それに加えて、「『言う』という行為をする人を上位に置いていることを示す」という敬語としての意味がある。その「敬語としての意味」を「敬語的性質」とよぶことにする。同様に、「○○と申します」の「申し」の部分は丁重語[3]とよばれるものだが、丁重語の敬語的性質は「あらたまった語感」と「行為者を上位のものとはしない」ということである。「『申す』はウチの人物に使う敬語だ」という言い方は敬語的性質とそれをどのように使うかを混同しているもので、「申す」は上位に置きたい人には使わないという敬語的性質があること、そして自分（側）のものは上げない、つまり上位に置かない、という敬語を使う際の社会的ルールとがあることを理解し、その二者を分けて考えるべきである。「申す」と比べると「申し上げる」はその動作の対象となる人を上げる敬語的性質を持っており、謙譲語とよばれる。謙譲語と尊敬語はともにある人物を上げる、上位のものとして認定するという働きを持つ。そのため、「先ほど申し上げましたとおり」は今話している相手を、「社長に申し上げました」は社長を上位のものとして表したことになる。

このように、話の中に出てくる第三者や今話している直接の相手をどのように認識するか、上位のものであるのか、あるいは親しいと感じているのかを常に示さなければな

(3) 敬語の分類、用語についてはいろいろな考え方があるが、ここでは「敬語の指針」による。「丁重語」は従来「謙譲語」と呼ばれていた敬語を二つに分けたうちの一つで、動作の対象となる人を高める働きのある「謙譲語」に対し、相手が必要ない、そしてあらたまった語感を持つものをいう。

らないのが日本語であると言える。上位と言ったが、現実には、距離を表していると言ったほうが現在では適当であるかもしれない。歴史的には敬語は上下尊卑(4)の関係を示すものとして発達してきたが、現在では距離を表すものとなっている。距離には二方向あり、縦の方向と横の方向である。地位や年齢が上位であると認識する縦方向の距離感と、初対面であるとか、別の組織であるとかの遠いと認識する横方向の距離感である。距離があると感じる時に「です」「ます」の丁寧語を使い、更に遠く感じる場合に、尊敬語や謙譲語を使って「上げる／遠ざける」距離感を表すのである。

このように日本語では自分と相手、他者との関係を言語で常に表しているが、距離だけでなく、行動などを表す場合にも相互の関係性を明示することが多い。それがよく表れているのが「〜してくれる」などの恩恵のやりもらいを表す表現である。「（あなたが私に）プレゼントをくれました」という表現はたいていの言語で表すことができるが、「（あなたが私を）食事に招待しました」は日本語としては不自然である。「招待してくれました」と表現しなければならない。「てくれ」の部分は事実としてはなくてもすむところであり、他の言語に翻訳しにくい部分であるが、この部分がないと日本語としては、その招待をありがたいものとして受け取っていることが伝わらず、迷惑だったという含意が生まれてしまうこともある。「あなたが私を招待する」という事実を自分は恩恵として受け取っていると認識し、それを言語化することが日本語では求められているのである。「（私はあなたに）食事に招待されました」は同じことを自分の観点から述べ

(4) じょうげそんぴ。敬語は文字で残されたごく初期の文献にも存在し、かつては身分上の上下により使われていた。例えば最も身分の高い存在である天皇には特別の敬語が使われ、貴族階級では階級によって使い分けられていることもあった。そのため、現在はかなり使い方が変化したにもかかわらず、敬語は上下関係で使われていると考えている人は多い。

たものであるが、これも招待がうれしくなかった、迷惑だったという気持ちが含まれることがある。この事実を歓迎すべきことと捉えていることを表すためには「招待してもらいました」としたほうがよい。つまり、自分と他者の関わる行動の場合、それをどのように認識しているかを言語化することが必要なのである。何かを頼む時に「お忙しいところ、すみません」と前置きするのも同様である。私はあなたが忙しいことを認識している、だから負担をかけることを大変申し訳なく思っている、相手がその依頼を引き受けてくれることを評価する、といった気持ちを表しているのである。これは隔《へだ》たりのある関係、つまり距離のある関係で、配慮の対象となる相手だけにとどまらず、親しい、近い関係の人に対しても「忙しいのに、悪いね」と同様の配慮が必要である。

「敬語」は、「待遇表現」という捉え方で研究することが多い。それは、「敬語」そのものの研究の他に、敬語がどのように使われるかを考えた場合、敬語だけでなく、敬語を使わない場合も含めて考える必要があることからきている。更に、「敬語」のように丁寧にするというプラスの方向だけでなく、罵《ののし》ったり貶《おとし》めたりするような、いわばマイナス方向の「卑罵《ひば》表現」などもある。相手による言葉遣いの違いと考えると、「お絵かき」「まんま」のような、子どもに対する特別な言葉なども同様に考えることができ、これら、相手や場面によって使い分ける表現を広く「待遇表現」と捉えて研究することが一般的になっている。最近では表現する側だけでなく、理解の側面からも考えた「待遇コミュニケーション」という考え方も出てきている。ここでは、この「待遇コミュニケーション」のうち、プラスの方向、相手に配慮する種類のコミュニケーションを「敬語コミュニケーション」として考えている。「敬語コミュニケーション」は「待遇コミュニケーション」の一部である。このように考えていくと、日本語の表現行為はすべてこの「待遇」という面から考えることができるとも言えるのである。日本語の表現行為で相手を意識しないのは、新聞などの客観的な報道、あるいは、論文などの学術的な著作、あるいはメモなどに事実だけを並べて箇条書きにするような場合に限られる。これらは特別に待遇を意識しない「脱待遇」であると考えれば、通常の日本語の表現はすべて「待遇表現」であると言っても過言ではない。つまり、何を表現する際にも、自分や相手の規定をして、それにふさわしい言葉遣いをしなければならないということである。自分と相手の関係、と言ってもそれは固定的に決まっているのではなく常に相対的で、あなたが先生であれば私は学生である、あなたが親であれば私は子どもである、というように、自分自身の規定も相手によると言うこともできる。誰かと何かを話す場合、常に、相手と自分の関係性を規定し、そのことを言葉で表さなければならない。例えば「です」「ます」を使うかどうか、「〜てくれる」を使うかどうかなどである。場合によっては言わないこと、明示しないことで相手への負担を減らすという方略もある。「その荷物、持ってあげるよ」と言わないで、「持つよ」、あるいは何も言わないで持つことは、自分の行為によって生じる相手に与える負担を減らす意味がある。常に言語化するから、言語化を意識するからこそ使うことのできる方略である。だから、「あなたが親切に持ってくれて助かった」と感じた場合には、「持ってくれて、ありがとう」となる。日本語は相手との関係性を言語化する言語であると言うのは、そのようなところに表れているのである。

さて、日本語の世界でもう一つ特記すべきことがある。これは言語だけの問題ではなく、また、どの社会にも見られる現象ではあるが、誰もが自分自身の領域の意識を持っているという点について、日本語の場合、その意識が強いことがあげられる。「失礼します」という挨拶はいろいろな場面で使われるが、例えば、部屋に入る時、出る時の両方に、また、話しかける時、別れる時の両方に用いられる。入る時の「お邪魔します」、出る時の「お邪魔しました」という表現とは認識の仕方が異なる。「失礼します」は、相手の持つ領域に入る時、出る時双方でその均衡を破るという意味で用いられるのである。この場合の領域は実質的なものに近いが、いろいろな場面で相手の領域に踏み込まないことが暗黙の了解になっている。相手の個人的なことを聞かないことや、相手の意向を聞かないほうが丁寧だとされるのはそのためである。例えば、「コーヒー飲みたいですか」より「コーヒーいかがですか」がよいとされるのは、相手の意向を直接に聞くことは相手に踏み込みすぎると感じられるからである。親しい関係であれば、相手のものを何でも使ってよい、頼んだことは何でもしてもらえる、というような文化もあるが、日本の場合「親しき仲にも礼儀あり」ということわざがあるように、親しい関係でもしてはいけないことがたくさんある。消しゴムやペンといった小さいものを借りる場合にも一言断るのが普通で、黙って使うことははばかられる。その場を離れる時や、トイレに行くだけの時などでも、「失礼」とか、ちょっと会釈《えしゃく》する、つまり軽く頭を下げる動作をするなど、やはりその場にいる人に伝える、断る必要がある。親しい間柄だからといって何でも許されるわけではないのである。親しくなる、親しみを見せることは大切なことではあるが、程度を越えると「失礼だ」「なれなれしい」ということになる。

常に相手を認識していること、相手との関係を意識していることを言語化しなければならない日本語の世界で、しかし同時に相手に踏み込みすぎないことに配慮しなければならないという制約を成立させるのが、多用される挨拶である。朝、相手の存在を認めた時に「おはよう」あるいは「おはようございます」と言うことで、相手を認識したことを示し、その上、相手との関係を明示することができる。それは相手に対する配慮となる。「おはようございます、いい天気ですね」と定型化《ていけいか》[5]された挨拶をすることで、相手の領域に踏み込みすぎずに相手に配慮を示せるのである。定型化した挨拶を嫌い、その場に即した表現が好まれる文化もあるが、日本語の世界ではその場に即した表現をする、例えば、「お元気そうですね」とか、「買い物ですか」などと相手のことに言及することは相手に踏み込むことになりかねない。だから日本語の挨拶は「お出かけですか」と質問のように見えても、実際は、「お出かけのようなすてきな格好をしていますね」という内容をはっきり言わずに示し、あなたのことは見ていますよということを示すのみで実質的には意味のない挨拶なのである。だから、答えは「ええ、ちょっと」ですむ

---

(5) 「おはようございます」は「時刻が早い」という意味を表しているだけで、特別の意味はないが、これが朝会ったときの挨拶として決まった形となっている。同様に「いい天気ですね」は晴れていることを表しているが、実際には天気について語っているというより決まった形の挨拶として使われていると言える。

のである。定型であることに意味があり、定型表現を言うことが重要なのである。その他に、「いただきます」「ただいま」などほとんど意味のない、自分の行動を相手に知らせるだけの挨拶も多い。自分の行動も相手との関係性の中で言語化する必要があるということが日本語の一つの特徴なのである。

ただし、日本語のこの特徴には、別の面も存在する。この挨拶の向けられる相手についてである。日本人は丁寧、と言われることがあるが、そうでないと感じられる時もある。例えば、商店やレストランに入る時、客は何も言わずに入り、店員が「いらっしゃいませ」と言うのに対しても何も答えない。店員に何かが必要かどうか聞かれてもぶっきらぼうに「はい」とか「いいえ」などしか答えない。日本人が英語で話す時にも“Yes, please.”“No, thank you”と言ったほうがいい場合でも“Yes”“No”しか言わず、無礼だと感じられることもあるという。これは、日本語で配慮すべき相手は、知っている人、話をする関係性を持っている人だけであり、行《ゆ》きずりの人は言ってみれば「ヨソ」の人であり、配慮する必要はないと感じているからである。「ウチ」「ソト」(6)という分け方についてはいろいろな考え方があり、その一つとして、「ソト」の人には敬語を使い、「ウチ」扱いにする時には使わない、というのがあるが、配慮する必要のあるのはその範囲までで、その外側に位置する「ヨソ」扱いの人はマナーとしては配慮するが、言語的には配慮の必要はないと考えているようである。

以上のように考えると、日本語の一つの特徴が明らかになってくる。他の言語と接す

---

(6) 日本語、日本社会を語るときによく使われる用語で、「ウチ」は仲間内、自分側を、「ソト」はそれ以外の自分の家族や仲間の外という感覚を持つ人や関係するものなどを言う。これは固定的なものではなく、相対的に、関係によって決まる。例えば会社の中でも自分の部署の人(ウチ)に対して隣の部署の人は「ソト」になるが、社外の人(ソト)に対しては隣の部署の人も同一社内の人ということで「ウチ」扱いになる、などのことである。それでも「ソト」は自分と何らかの関わりのある人、物であるが、その外側にさらに、全く関係のない「ヨソ」があるという考え方もある。

る時に持つ違和感は、このようなことが原因となっているのではないか。ぜひこうした点について考えてみてほしい。

【読書ガイド】

蒲谷宏（二〇一三）『**待遇コミュニケーション論**』……………………大修館書店

このようなことに興味を持った方に専門的に詳しく書かれた本としてお薦めする。

蒲谷宏・川口義一・坂本恵（一九九八）『**敬語表現**』……………………大修館書店

本文にあげたような敬語や敬語を使った表現について書かれている。「丁寧さ」がどのように発生するかなどについても分析してある。

文化審議会（二〇〇七）「**敬語の指針**」……………http://www.bunka.go.jp/bunkashingikai/soukai/pdf/keigo_tousin.pdf'

本ではないが、サイトからダウンロードすることができる。「敬語」について公的な機関が解説した唯一のものであり、広く敬語の考え方や使う場合の注意事項などについても書かれている。

「すみません」の言外の意味

……語用論……

谷口龍子

I 日本語はよく詫びるのか？

「すみません」という表現は、日本文化や日本語論が語られる時によく引き合いに出される。「日本人はわけがわからないところでやたら“apologize”するが心がこもっていない」と海外のメディアで報道されることもある。

「すみません」は、いわゆる詫び表現と言われている。詫びとは、言うまでもなく、自分の行為が相手にとってのマイナス、つまり相手に迷惑をかけたり相手の負担となったりした時に行う行為である。ニュースや新聞などでは毎日のように芸能人や企業の謝罪会見(1)が行われている。親や家族が子供の代わりに詫びたり、過去の行為について、別

(1) 記者会見など特定の場において自らの過ちを公的に謝罪すること。日本では、テレビ、新聞、インターネットなどメディアを通して、公的機関、一般企業、タレントなどにより謝罪会見が頻繁に行われる。

の機会に再び詫びたりする習慣もあり、日本の社会では公私にわたり、頻繁に詫びが行われている。実際、英語や中国語と比べて、日本語では詫び表現が多く使われることが様々な研究で指摘されている。

どのような場面や状況で人が詫びるかということは言語や文化社会によって異なる。

待ち合わせに遅れた時、英語では、"Thank you for waiting." と、感謝の意を示すが、日本語では「待ってくれてありがとう。」（相手の行為＋感謝）ではなく、「遅れてすみません。」（自分の行為＋謝罪）と詫びるであろう。もちろん、約束の時間に大幅に遅れた時には英語でも "I'm deeply sorry for being too late." と詫びる。このように相手にかけた負担の程度によって表現は変わる。話し手にとってのプラス面と聞き手にとってのマイナス面とのどちらを優先して言葉に出すかの違いである。日本語では、相手が自分を手伝ってくれた時に、「手伝ってくださりありがとうございました。」より「面倒をおかけしてすみませんでした。」と言うことのほうが多いのではないだろうか。「手伝ってくださってありがとうございました。お時間かけてすみませんでした。」と感謝と詫びを併せて述べることもある。ところで、「すみません」は詫びる行為にしか使われないのだろうか。

Ⅱ　言外の意味とは

オースティン[2]（一九六二）は、我々が一つの言語行為を遂行する際に、「発話行為」(locutionary act)、「発話内行為」(illocutionary act)、「発話媒介行為」(perlocutionary act) の三種類の言語行為を同時に遂行していると考えた。「発話行為」とは実際に言葉を発する行為そのものである。「発話内行為」は言葉を発した際の実質的な意図と考える。「発話媒介行為」は言語行為を行うことによって生じる効果である。たとえば、道を歩いていて人に話しかけられ「市役所に行きたいんですが……」と言われる。「市役所に行きたいんですが……」という発話は「～たい」という表現を使って願望の形式を取っているが、「市役所へ行く道を教えてほしい」のだから、発話内行為は「依頼」になる。市役所に行く道順を伝えるという行為は「発話媒介行為」となる。

満員電車から降りようとする時の「すみません」は通路を空けてほしいという周囲に対しての「要求」、「今晩一緒にごはんでもどう？」に対する「すみません」は、相手の誘いに対する「断り」になる。レストランにおける客のウェイターに向かっての「すみません」はこちらを向いてほしいという「注目要求」であり、空のコーヒーカップを掲げながら「すみません」と言った場合は、「注目要求」であると同時にコーヒーお代わりの「要求」となる。

このようによくわかる場面や文脈での「すみません」であれば、「発話内行為」を理解することは容易であろう。しかし、場面によってはその意図がなかなか相手に伝わらないこともある。

---

(2) ジョン・L・オースティン (John Langshaw Austin、一九一一～一九六〇)

現代の語用論研究において欠かせない言語行為論 (Speech Act) の提唱者である。オックスフォード大学の代表的な哲学者だが、範囲は論理学、言語学にも及ぶ。それまで主流であった真か偽かを判断するという観点ではなく、発話とはすなわち、話し手が行為を遂行することである (saying is doing) という認識から言語哲学を唱えた。オースティンの考えを継承、より発展させたのがジョン・R・サール (John R. Searle) である。オースティンとサールにより語用論研究は世に広く知られるようになったと言える。

あるドラマにこんなシーンがあった。寒い冬の夕方、役所に手続きに訪れた男性に対し、職員がヒーターに近い席を勧める場面である。

職員「あんた、寒いでしょ。こっちきてあたたまりなさい。」
男性「すみません。」

職員は男性がヒーターのそばに席を移動すると思い仕事に戻ったが、ふと見ると男性がまだ席を移動していないことに気づき、ふたたび声をかける。

職員「さあどうぞ。」
男性「すみません。」

最初の勧めに対して男性は席を動こうとせず、二度目の勧めで男性はやっとヒーターに近い席に移動する。最初の「すみません」の「発話内行為」は職員の声かけに対する「感謝」であり、次の「すみません」は、「勧めの受け入れ」ということになる。つまり、行動が伴わなければ「すみません」の「発話内行為」はわからないのである。

III　対人関係の維持や修復のための「すみません」

また、「すみません」は、会話の参加者同士で互いに繰り返される場合もある。人に依頼をされて断る場面では、「すみません。お役に立てなくて。」「いいえ、こちらこそすみません。こんなことお願いしちゃって。」と依頼を断る方も断られる方も「すみません」を使う。依頼の場面に限らず、相手から「すみません」と言われた時につい「すみません」と返してしまうことがよくある。あちらこちらで「すみません」「いいえ、こちらこそすみません」といった応酬が見られる。なぜ私たちは必要もないところで、意味もなくやたらに「すみません」と言ってしまうのだろうか。

リーチ(3)（一九八三）は、聞き手との利害関係上の心理的不均衡を修復するために人は詫びたり感謝したりすると述べている。

また、「すみません」の語源は「済まない」、「済む」は「澄む」の転義だとされている。相手との円滑な関係の均衡が崩れてしまうことは澄んでいた水が濁ることになる。「すみません」という言葉を発することで、濁りを少しでも清らかにしようとする、つまり、バランスの崩れた関係を修復し、均衡な関係に戻そうとする意図があるのであろう。いわば「すみません」は、相手との円滑な関係維持を保つための調節機能を担っており、「すみません」の応酬は、互いに関係均衡を探り合う無意識な気持ちの表れかもしれない。したがって、自分の言動について相手や周囲が気にしているのではないかと

---

(3) ジェフリー・リーチ（Geoffrey Neil Leech、一九三六～二〇一四）

語用論、ポライトネス研究の代表的な研究者である。リーチは、ポライトネスの原則として、「いろいろな事柄が同じだとして無礼な考えはできるだけ小さく表現し、礼儀正しい考えはできるだけ大きく表現せよ」と述べている。リーチの原則には動機づけがないなど批判はあるが、ポライトネスの認識やストラテジーの使用について文化的な相違を考える際に有効であるとされている（トマス　一九九八）。ランカスター大学名誉教授。

ちょっと思った時、他の人と違うことをして自分の発言や行動が目立つように感じた時にとりあえず「すみません」と言っておきたくなるのである。同じことについて何度も詫びたり、大して必要もないところで詫び表現を使ったりするのは、日本語の世界が対人関係の調節にきわめて敏感なことを示しているのかもしれない。「お詫びの言葉もございません」という表現はたとえ詫びても関係が修復できないほど、大変なことをしてしまったという気持ちを示している。

相手との関係維持にもっとも気を使わなければならないのは、当然他人との間においてであるから、家族の間ではそれほど頻繁に詫びや感謝は行われない。たとえ他人でも信頼関係ができている相手であれば、それほど気を使うこともない。だから、親しい間柄の相手に対して些細なことで詫びたりすると、水臭いとか、他人行儀だなどと言われることもある。ある上司が部下に対して自らの行為を詫びないことがあるのは、詫びなくても上司と部下という関係性が崩れないことがわかっているからであろう。

日本語の「すみません」のように人間同士の関係維持や関係の修復に使われる「定型表現[4]」は、多くの言語や地域に存在する。相手に負担をかけるようなことを依頼する時や忠告や苦情など言い難いことを言う場合、中国語では〝不好意思〟(「ブーハオイース」)、アラビア語のエジプト方言では“maʕliʃ”(「マーレッシュ」)などの表現が使われる。

また、どの程度のどのような行為が相手にとって負担となるのか、不愉快に思われる

(4) 日頃よく使われる決まりきった表現。朝、昼、晩、その日に初めて会った時に使われるあいさつ表現や初対面のあいさつ、感謝や謝罪を示す表現なども含まれる。

のかは、言語、文化や社会によって異なる。ブラウンとレビンソン(5)（一九八七［一九七八］）では、人には、他人に理解や称賛されたいというポジティブ・フェイスと、他人に邪魔されたくないというネガティブ・フェイスの二つのフェイスを保ちたいという欲求があるとしている。それらのフェイスを脅かす行為をＦＴＡ（Face-threatening acts）と呼び、その度合いは、話し手と聞き手の社会的距離と、話し手と聞き手の力関係と、相手にかける負担の度合いの合計で表され、負担の度合いは文化によって異なるとされている。

Ⅳ 詫びとメディア

日本語の詫び表現の使用が相手との関係修復を目的とするのであれば、相手が受け入れてくれる、つまり許してもらうような表現を考えなければならない。では、どのような詫び方をすれば相手は許してくれるのだろうか。詫びる言葉だけでなく、詫びるべき行為への言及やその程度、詫びる表現や回数、詫びる側と詫びられる側の関係、詫びる場面、そこに第三者がいるかどうか、詫びる手段（対面、メールかあるいは手紙など）、付随する非言語の要素、対面なら表情、お辞儀の仕方、身振り手振りや服装などによっても印象が大きく異なる。

テレビや新聞では、毎日のように個人や組織による謝罪会見が報道される。不祥事を

(5) ブラウンとレビンソン（Brown, P. and Levinson, S. C.）
言語人類学者であるブラウンと言語学・認知科学者であるレビンソンは、言語そのものの構造ではなく、言語の使用に焦点を当てた。*Politeness-Some universals in languages usage*（一九八七）では、アメリカ英語、イギリス英語の録音データだけでなく、フィールド調査で得られたメキシコのツェルタル語、南インドのタミル語や日本語など豊富な自然言語を提示し、社会学のフェイス（face）という概念をもとにポライトネス理論を提唱している。

起こした企業の代表者が記者会見において頭を下げる姿には、いささかしらじらしさを感じることもある。しかし、「深くお詫び申し上げます」という言葉に続いて「本当にすみませんでした！」と深々と頭を下げられると、すこしばかり好感が持てる。言葉が丁寧かどうかということより、誠意が感じられるかどうかで我々は評価をするのかもしれない。

また、詫びる側にとって、詫びる行動は相手に許しを求める目的があるだけでなく、詫びることで自己を納得させ、自身のプライドを保つ目的もある。したがって、詫びる側が詫びたことで気が済んでも、詫びられた側が許す気持ちにならなければ、「何だ、その謝り方は！」「ちゃんと謝ったじゃないですか」というようないさかいが起こるのである。

かつてオリンピック競技の日本代表の一人が開催地に向かう際、日本選手団の公式ユニフォームをだらしなく（？）着ている姿がメディアに流れ、世間の批判を招き、さらにその後開かれた謝罪会見における態度に対して各方面から抗議が殺到したことがあった。

現代は、ソーシャル・ネットワークの普及により、コミュニケーションの手段が多様化している。「すみません」を受け取る世間は巨大化し、談話全体ではなく、パーツで切り取られた情報が流される現代では、謝り方一つでメディアやＳＮＳ(6)において攻撃の標的とされる場合もある。

(6) ソーシャルネットワーキングサービス（Social Networking Service）の略で、登録された者同士が交流できるＷｅｂサイトの会員制サービスのこと。日本ではフェイスブック、ツイッター、ライン、インスタグラムなどがよく使われている。

その一方で、巷では「すみません」の言葉が昔ほど聞かれなくなっているように思える。電車やバスを降りる際に何の言葉も発さずにずんずん他の乗客を押しのけて進む人々の姿を見かけることがある。スマートフォンで検索をしたりゲームに熱中していると、わざわざイヤホンを外して「すみません」と言う気にはならないのだろうか。一方で、親しい友達や身近な仲間とは過剰なまでに頻繁にＳＮＳで連絡し合う様子も見られる。円滑な関係維持に努めようとする範囲にも個人差が出てきているようだ。

参考文献

Austin, John Langshaw（一九六二）*How to Do Things with Words*, Harvard University Press.（『言語と行為』坂本百大訳、大修館書店、一九七八）

Brown, P. and Levinson, S. C.（一九八七〔一九七八〕）*Poliness-Some universals in language usage*, Cambridge University Press.（『ポライトネス―言語使用における、ある普遍現象』田中典子監訳、研究社（二〇一一）

Leech, N. Geoffrey（一九八三）*Principles of Pragmatics*, Longman.（『語用論』（池上嘉彦、河上誓作訳、紀伊國屋書店、一九八七））

Thomas, Jenny（一九九五）*Meaning in Interaction: An Introduction to Pragmatics*, Longman.（『語用論入門―話し手と聞き手の相互交渉が生み出す意味』浅羽亮一監修、研究社、一九九八）

【読書ガイド】

小泉保編（二〇〇一）『**入門　語用論研究―理論と応用**』……………………研究社

語用論の理論的枠組みについて実用性に配慮しつつ平易に解説されている。本書は日本語による語用論研究入門書の嚆矢ともいえる。

ジェフリー・リーチ著、田中典子監訳（二〇二〇）『**ポライトネスの語用論**』……………………研究社

Geoffrey Neil Leech の最後の著書となった *The Pragmatics of Politeness*（二〇一四）の日本語訳。ポライトネス研究を概観した上で、研究の視点や方法についてわかりやすく解説されており、初心者にも読みやすい。「謝罪」「依頼」「申し出」など個々の言語行為についてもコーパス・データをもとに分析が紹介されている。

ペネロピ・ブラウン、スティーヴン・C・レヴィンソン著、田中典子監訳（二〇一一）
『**ポライトネス―言語使用における、ある普遍現象**』……………………研究社

Brown, P. and Levinson, S. C. 著 *Politeness-Some universals in language usage*（一九八七）の日本語訳。語用論の分野で避けては通れないブラウンとレヴィンソンのポライトネス理論を、日英対照語用論研究の草分け的存在である訳者が精緻に訳出した信頼できる一冊である。

依頼の E メール

谷口龍子

ここでは，大学生が希望する留学先の教員に研究指導を依頼するメール文を6言語（日本語，スペイン語，ドイツ語，中国語，インドネシア語，英語）で紹介しています。

人にある行為を依頼することは相手に負担をかけることになり，依頼のやり方によっては相手から断られる可能性もあります。したがってすみやかに依頼を受け入れてもらうためには言語表現や文の組み立てを工夫する必要があります。特に相手が自分より地位が高い人や目上の人に依頼をする場合は十分な配慮が必要となり，きわめて困難度の高い作業と言えます。また，Eメールの場合は対面ではないことから，表情や動作で言葉を補うことができません。正式な書面のような極端な改まりも不自然になり，表現の調整が難しいと言えるでしょう。

同一の要件について複数の言語を対照させることで，形態や文法の類型的な異なりを比較するだけでなく，言語運用の方法の共通点や相違点についても考えてみましょう。

依頼のEメール　日本語解説

谷口龍子

件名：御相談（大学院入学について）

山田太郎先生
はじめまして。

アメリカのグリーン大学４年生のジョージ・デンバーと申します。

突然メールをお送りする失礼をお許しください。

現在，私は動詞の受身表現について日本語と英語を対照させて卒業論文を書いています。卒業後は日本の大学院に進学しこの研究を深めたいと思っていたところ，こちらの先生から東京外国語大学の大学院への進学を勧められました。卒論執筆で山田先生のお書きになった受身表現に関する論文を参考にさせていただいております。日本の大学院入学は難しいようですが，先生のもとでこの研究を続けることができればと願っております。

恐縮ですが，研究計画を添付しますので，御覧いただけますでしょうか。お忙しいところ，お手数をおかけ致しますが，10月の初めごろまでに御返信いただければ幸いです。

どうぞよろしくお願いいたします。

ジョージ・デンバー

1. 依頼行為とは

相手に対して要求をしたり物事を頼んだりすることは，行為要求型（directive）として一つに括ることができます（Searle 1975）。話し手と聞き手との上下関係や親疎の程度，聞き手が話し手の命令に従う立場にいる

かどうか，要求の強制力，要求される行為の負担の程度，話し手と聞き手が行動を共にするかどうか，どのような場や場面での会話か，その場に誰がいるか，要求する行為がどちらにとって利益となるのか，など様々な要素がからんで，命令，指示，要求，依頼，誘い，提案などに分類され，適切な表現もそれぞれ異なります。

中でも依頼行為は，自分の利益のために相手に負担をかける上に，依頼内容を受け入れるかどうかの選択が聞き手に委ねられていることから，表現に十分な配慮を必要とします。依頼の仕方や態度によっては相手の心証を害し，断られる可能性もあるからです。依頼を相手にすみやかに受け入れてもらうためには，相手が適切だと思う言語表現を選ばなければなりません。依頼の言語表現は，言語によって様々であり，好まれる表現形式や標準的な談話構造も異なります。

同じ言語を母語とする者同士の会話であっても話し手の意図と聞き手の解釈が一致するとは限りません。その言語での典型的な表現が使われれば一致しやすいですが，主語や目的語が省略されていたり，通常とは異なる表現や文の構造の場合は，話し手の意図が聞き手に十分に理解されず，勘違いされたりすることもあります。また，職場で目上の者がプライベートな依頼をしたつもりでも，聞き手にとっては拒否できない命令として受け取られることがあるように，話し手と聞き手の関係によって意図と解釈がずれることもあります。

2. Eメールによる依頼

Eメールは，もちろん書き言葉ですが，手紙や葉書と比べるとくだけた単語や表現が使われることが多くあります。一方で，Eメールは，対面やオンラインでのやり取りと異なり，相手の直後の反応に対応しながら進めることができないことから，書き手の意図と読み手の解釈に重大なずれが生じたり，読み手の心情を害する可能性が高くなります。

本テキストにおける依頼行為は，大学院への進学を希望する学生が，自

分より地位が高く（おそらく）年上でしかも面識のない大学の教員に対して研究指導の依頼を行うというきわめてハードルが高いものとなっています。

3. Eメールによる日本語の依頼

メール全体の構成

依頼行為をメールで行う場合，通常は，開始部分，本題，終了部分という三つの構成で書かれます。

開始部分　宛て先，あいさつ，自己紹介
↓
本　題　事情説明，依頼内容，返信の依頼と期限
↓
終了部分　結びのあいさつ，署名

開始部分

宛て名（組織宛ての場合は宛て先），あいさつ，自己紹介に分かれます。宛て先は，会社名や大学宛ての場合は○○御中，部署宛ては「○○各位」，個人宛ての場合は，「○○先生」のように敬称をつけます。本文の場合は，「○○教授」という組織における職位より，メールを送る側と受けとる側との関係を示す「○○先生」という呼び方がよく使われます。面識のない相手には「はじめまして」「初めてメールをお送りします」といった表現であいさつをします。次に自己紹介を行い，所属と氏名を述べます。言語によっては「有名な大学を卒業し～」「国で一番良い大学～」のように自分の出身大学や業績を自慢する文化もありますが，日本語では面識のない相手に対しては出身大学や所属する組織，専門の提示に留め，自己をほめるような表現は使わないのが一般的です。

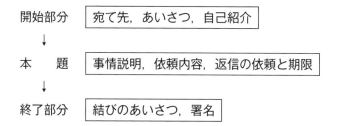

終了部分

用件が依頼である場合は，「よろしくお願いします」という定型表現で締めくくられます。英語や中国語では，“thank you in advance”，“我首先说谢谢你”（＝先にお礼を言っておきます）のように先取りで感謝を示し，メールの最後が締めくくられる場合があります。日本語でもお礼のメールを送る際には感謝の表現を結びとすることもできます。しかし，依頼の承諾をされた段階では，締めくくりとして「よろしくお願いします」が使われます。日本語では依頼をする段階では感謝表現はあまり使われず，相手が依頼行為を遂行したことが確認されてはじめて感謝の意を示します。

4. 日本語の主語と目的語

日本語は，文の表面に主語や目的語が現れないことがよくあります。テキストにある「私は動詞の受身表現について日本語と英語を対照させて卒業論文を書いています」の主語「私」は次に続く「卒業後は日本の大学院に進学し……」「卒論執筆で山田先生のお書きになった……」までかかっています。「私は動詞の受身表現について日本語と英語を対照させて卒業論文を書いています」に主語を加えて「私は，卒業後は日本の大学院に進学し……」「私は卒論執筆で山田先生のお書きになった……」とすると，「私は」を強調するような印象になってしまいます。英語や中国語と比べて，日本語は文としての独立性が弱く，文より大きなまとまり（談話）でつながりを持っているということです。

親疎に関して，ドイツ語では“sie”と“du”，中国語では“您”と“你”のように二人称の使い分けがあります。しかし，日本語ではそもそも主語や目的語が現れないので，敬語の使い分けやスピーチスタイルなどにより主語や目的語が誰かを判断しなければならないことがあります。

5. 授受動詞

テキストにある受身文「こちらの先生から東京外国語大学の大学院への進学を勧められました」と授受動詞文を比べてみましょう。

a) こちらの先生から東京外国語大学の大学院への進学を勧められました
b) こちらの先生から東京外国語大学の大学院への進学を勧めてもらいました
c) こちらの先生が東京外国語大学の大学院への進学を勧めてくれました

a)の直接受身文では，出来事に対する感情は中立です。先生が大学院への進学を勧めたことを恩恵的に捉えていることを示す場合は，b)，c)のように補助動詞「～てもらう」や「～てくれる」を加えます。b)には，相手に依頼して動作を行ってもらうという使役的な意味を持つことがありますが，c)にはこのような使役的な意味はありません。益岡（2011）では，「てもらう」構文は，相手から事態を受ける「受動型てもらう」構文と，相手に働きかけて事態を受ける「使役型てもらう」構文とがあるとし，「受動型てもらう」構文は恩恵性の意味を強く帯びるとしています。テキスト文にある「させていただく」は，「相手の好意的な許可・恩恵を得て，そうする」場合に使うのが本来の使い方ですが，「いただく」が使われているので，許可・恩恵の与え手が高められ，許可はもらってはいないが，山田先生の論文を参考にさせてもらっていることを恩恵と捉えているわけです。益岡（2011）では，「日本語には，人から何かを受けた場合，それが実際には特段の恩恵ではなくても，恩恵と捉えて表現するほうが礼にかなっている」としています。

6. 依頼の表現形式と丁寧さ

日本語の「行為要求」に使われる表現は話し手と聞き手の上下関係，親

疎の違い，さらに場面や状況，依頼内容によって様々な表現に使い分けられます。日本語の依頼表現として「てください」が紹介されることがありますが，「てください」は，実際は行為を要求できる立場にある話し手が指示として使うことが多いです。たとえば，病院の受付から患者に対する「この紙に氏名と住所を記入してください」，市役所の担当者から訪問者に対する「ここに押印してください」，あるいは教室教員から生徒に対する「明日までに宿題を提出してください」などです。依頼行為として「てください」を使うと，聞き手に強制的な印象を与えることもあります。

7. 人称と丁寧さ

相手に行為を要求する際に，「返信をください」と「返信をいただきたい」を比べた場合，後者のほうが丁寧な印象を与えます。前者のように，二人称を主語にとり，直接的な要求をするのではなく，一人称を主語として，相手が行為をすることを自分が願望する間接的な形のほうがより丁寧さが増すと言われています。「(あなたが) 返信をしてくださいますか」より「(わたしが) (あなたに) 返信をしていただけますか」のほうがより丁寧な印象を持つのも同様の理由からです。

さらに，「～までにご返信いただければ幸いです」とすればより間接的な願望となり丁寧さが増します。

これまで述べてきたように，日本語の依頼表現には以下のような段階があります。

丁寧さの度合い

— ～てください
↓ ～てくださいますか
↓ ～ていただけますか
↓ ～ていただけませんか

↓　～ていただけますでしょうか
↓　～ていただけないでしょうか
＋　～ていただければ幸いです／ありがたいです

8. 個々の丁寧さより全体の談話構成が大切

依頼行為において，依頼表現の選択は当然重要ですが，それ以上に留意すべき点として，依頼談話としての文の組み立てが挙げられます。

次の二つの文を比べてみましょう。

a)「○○さん，ノートを貸していただければありがたいのですが。」
b)「○○さん，すみません。お願いがあるんですが……実は先週風邪で授業を休んでしまって……ノートをちょっと貸してもらえませんか。すぐに返しますので。すみませんが，お願いします。」

依頼そのものの表現を比べてみると，a)のほうが丁寧な表現を使っています。では，我々がノートを貸そうという気持ちになるのはどちらでしょうか。おそらく，ほとんどの人はb)に対してより好意的に感じるのではないでしょうか。a)は，呼びかけ—依頼という単純なパターンですが，b)は，呼びかけ—謝罪—発話の意図—依頼の理由—依頼—負担の軽減への言及—再度の依頼のような談話構成となっています。

本テキストの依頼文においても，事情の説明，補足事項，「恐縮ですが」「お忙しいところ，お手数をおかけ致します」などの前置きが使われ，複雑な談話構成となっています。さらに，「10月の初めごろまでに」のようなぼかし表現（hedge）を使うことで読み手の負担を緩和させるような配慮が示されています。

参考文献

益岡隆志（2011）『はじめて学ぶ日本語学』ミネルヴァ書房
Searle, J. R.（1975）A Taxonomy of Illocutionary Acts. *Volume 07 : language, mind, and Knowledge*. University of Minnesota Press.

【読書ガイド】

益岡隆志（2011）**『はじめて学ぶ日本語学』**……………………ミネルヴァ書房

日本語のしくみや日本語学の諸問題を知る上で最適な入門書。トピックは，社会言語学，日本語教育や日本語と外国語との対照研究にまで及んでいる。

三宅和子・野田尚史・生越直樹（2012）

『「配慮」はどのように示されるか』………………………………ひつじ書房

従来の日本語の敬語研究や待遇表現研究の枠組みを超えた「配慮」の捉え方や研究の方向について，具体的な研究例を示しながら紹介している。日本やアジアの「配慮」の歴史的・地球的変容の流れに関する論考も掲載されている。

Gumperz, John（1982）***Discourse Strategies.***

………………………………………………………………………Cambridge University Press.

会話のやり取りにおいて，相手にどのように解釈されるのか，一つの発話がその後の会話の流れをどのように方向付けるのか，会話のメカニズムを示した相互行為の社会言語学研究における基本的な文献です。

依頼のEメール　スペイン語解説

高垣敏博

依頼のEメールの日本語とスペイン語を読み比べて，目につく違いを，1. 儀礼的表現，2. 構文の特徴，3. 丁寧表現，に分けて検討してみましょう。

1. 儀礼的表現

Eメールでは「敬称」「はじめのあいさつ」「おわりのあいさつ」などで違いが見られます。「敬称」は多くの西洋語と同じように，名前の前に添えられる点で日本語と反対の語順になります。姓名についても，「名＋姓」の順になります。

profesor Taro Yamada
先生　太郎　山田　「山田太郎先生」

スペイン語の敬称には他に，姓に冠する señor（男性：例えば señor Fernández フェルナンデス氏），señora（既婚女性），señorita（未婚女性）や年配の人の名前（ファーストネーム）の前につけて，親しみを込めて用いる don（例えば，don Tomás トマスさん），doña（女性，doña Carmen カルメンさん）などがあります。profesor（profesora 女性）の他にも doctor（doctora 女性）など職業によって敬称をつけることもあります。

手紙やメールでは，相手の名前にはふつう「親愛なる」という意味の estimado（estimada 女性）や querido（querida 女性）などをつけます（例，①Estimado profesor Yamada 親愛なる山田先生，Querida María 親愛なるマリア）が，日本語のあいさつ表現の「拝啓」は敬称ではありませんが，似

件名：御相談（大学院入学について）

山田太郎先生
はじめまして。

マドリード自治大学4年生のトマス・フェルナンデスと申します。

突然メールをお送りする失礼をお許しください。

現在，私は動詞の受身表現について日本語とスペイン語を対照させて卒業論文を書いています。卒業後は日本の大学院に進学しこの研究を深めたいと思っていたところ，こちらの先生から東京外国語大学の大学院への進学を勧められました。卒論執筆で山田先生のお書きになった受身表現に関する論文を参考にさせていただいております。

日本の大学院入学は難しいようですが，先生のもとでこの研究を続けることができればと願っております。

恐縮ですが，研究計画を添付しますので，御覧いただけますでしょうか。

お忙しいところ，お手数をおかけ致しますが，10月の初めごろまでに御返信いただければ幸いです。

どうぞよろしくお願いいたします。

トマス・フェルナンデス

Asunto: Consulta (entrada en el curso de posgrado)

①Estimado profesor Taro Yamada:

②Mi nombre es Tomás Fernández, y soy estudiante de cuarto curso de la Universidad Autónoma de Madrid (España).
③Me permito ponerme en contacto con usted en referencia a mi tesina, en la que contrasto las construcciones pasivas en japonés y español; lógicamente, desde el principio he tenido la intención de profundizar en el tema asistiendo a algún curso de posgrado en una universidad japonesa. ④Uno de mis profesores me ha recomendado que me inscriba en el curso de posgrado de la Universidad de Estudios Extranjeros de Tokio. Aunque me han dicho que ⑤es difícil entrar en los cursos de posgrado en las universidades japonesas, ⑥desearía continuar mi investigación bajo su supervisión.
⑦Me tomo la libertad de adjuntarle mi plan de investigación; de ser posible, ⑧le agradecería enormemente que lo revisara. Imagino que debe de estar muy ocupado, pero ⑨me gustaría que me diera su opinión antes de principios de octubre.
⑩Un saludo cordial
Tomás Fernández

たはたらきがあるかもしれません。

日本語の「はじめまして」は「はじめのあいさつ」としては，スペイン語では口語過ぎるので避けられています。そしてすぐに自己紹介（②Mi nombre es Tomás Fernández...「私の名前はトマス・フェルナンデスで…」）から始めています。反対に日本語では，少し唐突な印象を与えるかもしれません。

「おわりのあいさつ」として，日本語では「どうぞよろしくお願いいたします。」が一般的ですが，スペイン語にはこれに対応する表現はありません。また，手紙を締めくくるあいさつの「敬具」などに近い表現としては，⑩un saludo cordial（直訳「心よりのあいさつ」）や同類の cordialmente や atentamente などが一般的です。より親しい相手には，un abrazo（直訳「抱擁」）や un beso（「接吻」）などがよく用いられます。日常的な出会いの場面で，握手や抱擁や頬への接吻の習慣がメールや手紙などにも反映しているといえるでしょう。

2. 構文的違い

構文では，語順と主語，ser 受動文の違いについて見ていきましょう。

[Ⅰ] 語順と主語

語順

スペイン語の語順は基本的に〈主語＋動詞＋目的語（SVO）〉（例，María espera el autobús「マリア（が）＋待つ＋バス（を）」）です。しかし，英語などと比べると，主語が動詞に後置することが多く，スペイン語の特徴になっています。どのような文で主語が動詞に後置されるのか学習者もとまどうのですが，それをルール化することも簡単ではありません。しかし，比較的はっきりしているパタンをいくつか示しておきましょう。

1)〈間接目的語＋動詞＋主語〉構文

(1) Me gusta el café.

間目代　動詞　主語

(私に　気に入る　コーヒーが)「私はコーヒーが好きです。」

(2) A Paquito le duele la muela.

間目・間目代　動詞　主語

(パキートに　痛みを与える　奥歯が)「パキートは奥歯が痛いです。」

me や le は，間接目的語の人称代名詞で動詞に前置されます。間接目的語 A Paquito（パキートに：a は「〜に」の意味の前置詞）には間接目的語人称代名詞 le（三人称単数形）を重複させます。gustar「〜に気に入らせる」や doler「〜に痛みを与える」が主語を後置させる動詞というように分類されます。(1) は例えば，I like coffee. とは成分の語順が逆になっていることがわかるでしょう。多くは心理動詞としてまとめることができますが，類例として asustar「驚かせる」，encantar「喜ばせる」，interesar「興味を与える」，molestar「迷惑をかける」などがあります。

2) 存在，生起，移動などの意味をもつ動詞

(3) a. En la nevera queda leche.

冷蔵庫に　残る　牛乳（が）「冷蔵庫に牛乳が残っている。」

b. Anoche ocurrió un accidente de tráfico.

昨夜　起こった　交通事故（が）「昨夜交通事故が起こった。」

c. Por aquí pasan muchos taxis.

この辺に　通る　たくさんのタクシー（が）

「この辺はタクシーがたくさん通る。」

どれも非意図的な事態を表す自動詞ですが，他にも faltar「不足する」，sobrar「余る」，convenir「都合がよい」などがあります。

3）再帰受動文

スペイン語には，［2.Ⅱ］で見る，〈ser 受動文〉と，つぎの(4)ような〈再帰受動文〉と 2 種類の受動文があります。

(4) En España se produce mucho vino.
　スペインで　生産される　たくさんのワイン（が）
　「スペインではワインがたくさん生産される。」

主語と同じ人称・数の目的語をとって再帰的な意味を表す再帰動詞あるいは再帰構文が用いられます。再帰構文にはいくつかの用法がありますが，その中で受動の意味を表す用法が再帰受動文（または，三人称単複を表す再帰代名詞 se がつねに用いられることから「se 受動文」とも呼ばれます）です。(4)では動詞（producir 生産する）が主語（vino ワイン）に一致して三人称単数形で，三人称の再帰代名詞 se（再帰代名詞には一人称単数から順に me，te，se，複数形は一人称から nos，os，se の変化形があります）を伴っています。再帰受動文でも主語が動詞に後置されるのが一般的で，これも主語後置構文の代表的な一つとなっています。

4）文体的な後置

このように構文的に主語後置といえるパターンの他にも，文体的な主語後置も少なくありません。(5)の例のように主語が長い句や節（イタリックの部分）であるために，文末に置き，安定させるのであろうと考えられます。(5a)は不定詞句，(5b)は関係節（el señor が先行詞）で述語に後置されています。

(5) a. Es imposible *resolver este problema en un día.*
　不可能だ　［1 日でこの問題を解決すること］
　「1 日でこの問題を解決することは不可能だ。」
b. Aquí está *el señor que conociste ayer.*

ここにいる　[男性] [君が昨日知り合った]

「君が昨日知り合った男性がここにいる。」

このようにスペイン語を学ぶときには，主語後置に慣れることが大切になってきます。E メールでは，ほとんどの文が SVO の語順ですが，⑤es difícil *entrar en los cursos de posgrado*…「大学院に入学することは難しい」では(5a)のように主語（節）後置の例になっていることがわかります。

主語

ところで，このようなスペイン語の主語は，実際の発話や文脈の中で，その指示対象が既知であれば省略されるのが自然です。「依頼の E メール」で扱ったスペイン文でも，②Mi nombre es Tomás Fernández「私の名前はトマス・フェルナンデスです」で「私」が導入される（とはいえ，所有形の mi「私の」で，yo「私」は現れていませんが）と，その後の soy estudiante de cuarto curso de …「私は…4 年生の学生です」の文以下，自分のことを述べる文すべてにおいて主語の yo が省略されています。

スペイン語では動詞が人称・数により六つの活用形をもつので，活用形に主語が含意されるため，省略されても主語がわかります。そのためか主語省略が特徴となっていますが，類型的に “pro-drop language”（主語代名詞省略言語）に分類されることがあります。

省略が基本ですが，会話や文脈の中で，つぎのように，複数の主語を対比したり，強調する場面では，明示されます。

(6) ¿De dónde son ustedes? —*Yo* soy de Tokio y *ella* es de Kioto.

[from where are you]　[**I** am from Tokyo]　[and **she** is from Kyoto]

「あなた方はどちらの出身ですか？　—「私」は東京で，「彼女」は京都です。」

Yo「私」と ella「彼女」を明示し，対比していることがわかります。

［Ⅱ］ser 受動文

スペイン語にも，英語の“be 動詞”による受動文や日本語の“レル・ラレル”による受動文と似た〈ser 受動文〉があります。

(7) a. El portero abrió la puerta.
　　守衛　開けた　そのドア　「守衛がそのドアを開けた。」
　b. La puerta fue abierta por el portero.
　　そのドア　開けられた　よって　その守衛
　　「そのドアは守衛によって開けられた。」

例(7b)が典型的な例ですが，〈受身主語 la puerta「そのドア」＋述語 fue abierta（つなぎ動詞 ser 完了過去形＋abrir「開ける」の過去分詞)＋行為者 por el portero（前置詞 por に導かれる)〉の構成は英語の受動文と似ています。

ところが英語や日本語の受動文に比べてその使用頻度は極端に少なく，圧倒的に能動文が好まれます。この傾向は母語話者の直感やコーパスの調査からも確かめられています。ここでは〈ser 受動文〉が作られにくい要因のいくつかについてあげてみましょう。

1）3 項動詞(二つ目的語をとる動詞）で直接目的語を受動文主語にはできるが，間接目的語からはできない

(8) a. Le enviaron una carta.
　　to her (they) sent a letter　「彼らは彼女に手紙を送った。」
　b. Le fue enviada una carta.
　　to her was sent a letter (主語)　「手紙は彼女に送られた。」
　c. *Ella fue enviada una carta.
　　she (主語) was sent a letter　「彼女は手紙を送られた。」

(8c)の間接目的語を主語にする受動文はとても不自然なスペイン語だと考えられます。*の印は不自然，もしくは非文であることを表します。

2)「発言・命令・思考」などを表す動詞

decir「言う」，recomendar「勧める」，dejar「させるてやる」，hacer「させる」，creer「信じる」，pensar「思う」などの動詞を用いた文では，直接目的語に相当する従属節を主語にする受動文はできません。

(9) a. Dicen que es muy rico.
　　they say that he is very rich 「彼はとても金持ちだと言うことだ。」
　b.*Es dicho que es muy rico.
　　(it) is said [that he is very rich] (主語)
　　「彼はとても金持ちだと言われている。」

ところで，スペイン語のＥメールの中にこのような例が見られます。「(私は) 東京外国語大学大学院への進学を勧められました」と日本語では受動文ですが，スペイン語は④のように能動文に訳されています。

(10) ④Uno de mis profesores me ha recomendado que…
　　one of my professors to me has recommended that…

この文を受動文に書き換えて，*Yo he sido recomendado… (I have been recommended…) としてもまったく不適格なスペイン語となってしまいます。

3) 再帰受動文が多用される

すでに見た(4)タイプの再帰受動文は〈ser 受動文〉に比べてその使用頻度はとても高く，こちらが日常的に用いられる受動文ということができます。

ただしこの受動文には受動文主語が「事物」に限られる（「人」は主語になれない），したがって三人称の受動文しか作れない，また行為者（por ～）を明示できない，などの制限があります。

さきほど(8c)(9b)で〈ser 受動文〉にするのが難しいとされた受動文も，再帰受動文では問題なく表すことができます。

(11) a. Se le envió una carta.
to her was sent a letter 「手紙は彼女に送られた。」
b. Se dice que es muy rico.
(it) is said that he is very rich 「彼はとても金持ちだと言われている。」

4)「アスペクト」による制限

ところが受動文に適すると思われる典型的な2項の他動詞の場合でも〈ser 受動文〉には制限が見られます。その大きな要因として，動詞が語彙的にもつ「完了アスペクト」の有無が影響しているからです。ここでいう完了アスペクトとは，動詞が表す事態の中にある瞬間的な時点においてその事態が終わってしまうことを表すもの（以下，(15)の分類の，到達動詞と達成動詞がこれに相当します）で，上で見た abrir「開ける」とともにつぎの descubrir「発見する」も完了アスペクトをもつ完了動詞と考えられます。このような完了動詞の場合は受動化が可能です。

(12) a. Un científico japonés ha descubierto el virus nuevo.
a Japanese scientist has discovered the new virus
「日本人科学者がその新しいウイルスを発見した。」
b. El virus nuevo ha sido descubierto por un científico japonés.
the new virus has been discovered by a Japanese scientist.
「その新しいウイルスは日本人科学者により発見された。」

一方，つぎの conocer「知る」，buscar「探す」では動詞が表す事態の中

のある時点で事態が終了してしまうようなことがなく，持続することを表すので未完了動詞（(15)の分類の状態動詞と活動動詞に相当します）と考えられます。このような未完了動詞では一般的に受動文を作ることが困難になります。

(13) a. Mi tío conocía (conoció) la noticia.
my uncle knew the news (conocía は未完了過去，conoció は完了過去)
「私のおじはそのニュースを知っていた（知った）。」
b. *La noticia era (fue) conocida por mi tío.
the news was known by my uncle (era は未完了過去，fue は完了過去)
「そのニュースはおじによって知られていた（知られた）。」

(14) a. El director buscaba el documento.
the director looked for the document (buscaba は未完了過去)
「部長がその書類を探していた。」
b. *El documento era buscado por el director.
the document was looked for by the director
「その書類は部長によって探されていた。」

いま見たような動詞の「完了性」は動詞が内在的にもつ「語彙アスペクト」(*Aktionsart*; modos de acción) と呼ばれ，Vendler (1967) などによって(15)のように4種類に大別されています。

(15) 語彙アスペクトの分類

完了	到達動詞	descubrir 発見する，empezar 始める，cruzar 横切る
	達成動詞	abrir 開ける，destruir 壊す，construir 建てる
未完了	状態動詞	conocer 知る，querer 愛する，respetar 尊敬する
	活動動詞	buscar 探す，empujar 押す，leer 読む

descubrir「発見する」(empezar「始める」, cruzar「横切る」) などはある瞬間に起こる出来事を表す完了動詞で「到達動詞」と呼ばれます。また, abrir「開ける」(destruir「壊す」, construir「建てる」) などは一定の行為が持続した後, それが終結する完了事態となります。上で見たabrir la puerta「ドアを開ける」であれば, ドアを開けていく行為がしばらく続き, 開きが最大になった時点でこの「開く」という事態が完了します。このようなタイプの動詞が「達成動詞」で, やはり完了動詞と分類されることになります。

一方, conocer「知る」(querer「愛する」, respetar「尊敬する」) は開始点も終結点もない一定不変の「状態 (estado)」が続くことを表す「状態動詞」, またbuscar「探す」(empujar「押す」, leer「読む」) はやはり開始・終結がなく, 持続する行為・動作を表す「活動動詞」で, ともに完了性をもたない未完了動詞であるとみなされます。

このように動詞を4分類すると, 完了動詞である到達動詞と達成動詞からは〈ser受動文〉を作ることができるが, 未完了動詞 (状態動詞と活動動詞) はこれを不可能にするとまとめることができます。4種の動詞の中で, 完了動詞でなければスムーズに受動文を作れないことが〈ser受動文〉の使用頻度を下げるもう一つ大きな阻害要因になることが理解できるでしょう。

ところで, (13b) (14b)のような未完了動詞による場合でも, つぎのように「みんなに (よって)」のように複数, 不特定多数の行為者であったり,「この地域・オフィスでは」のように場所が示されるだけで, 行為者をもたない場合には, 受動文が許容されるようになります。

(16) a. La noticia era (fue) conocida {por todos / en esta región}.
「そのニュースは {みんなに / この地域では} 知られていた (知られた)。」
b. El documento era buscado {por todos / en la oficina}.
「その書類は {みんなによって / オフィスで} 探されていた。」

この点については De Miguel (1992) の議論が参考になります。

このように，スペイン語の〈ser 受動文〉は構文的な制約や，再帰受動文との拮抗関係，動詞の語彙アスペクトの制約など，さまざまな否定的要因によってその使用が著しく制限されていることがわかります。いずれにしても，〈ser 受動文〉は日常的な会話で用いられることはまれで，主に新聞報道など限られた場面でとくに書きことばで使用されています。

3. 丁寧表現

授受表現

日本語のＥメールでは「授受表現（〜していただく）」も「依頼の表現」も，相手を気遣う表現として用いられています。

その一方で，多くの西洋語と同じく，スペイン語にも受給・受益表現は存在しないといっていいでしょう。「あげる」「もらう」「くれる」などの区別はなく，regalar「プレゼントする」，dar「与える」，enviar「送る」などの授与動詞を用いた文では視点により訳し分けることにより日本語と対応させます。

(17) a. Yo regalé unas flores a María.
　　私　贈った　花を　マリアに　「私はマリアに花をあげた。」
　b. Pedro me regaló unas flores.
　　ペドロ　私に　贈った　花を　「ペドロは私に花をくれた。」

つぎのような受益表現も同様です。

(18) a. Yo ayudé al profesor.
　　私　助けた　先生を　「私は先生を助けてあげた。」
　b. El profesor me ayudó.

先生　私を　助けた「先生は私を助けてくれた。」

また，スペイン語では受給表現の一つとして間接目的語代名詞（与格）が用いられることもあります。

(19) a. Yo reparo la moto.
　　私　修理する　バイクを「ぼくはバイクを修理する。」
　b. Yo *te* reparo la moto.
　　私　君に　修理する　バイクを
　　「ぼくは君にバイクを修理してあげるよ。」
　c. Pedro *me* repara la moto.
　　ペドロ　私に　修理する　バイクを
　　「ペドロはぼくにバイクを修理してくれる。」

reparar「修理する」という動詞には必須でない間接目的語代名詞 te「君に」，me「私に」などを随意的に補うことにより，話者の受益の気持ちが明示されるわけです。

日本語のEメールには「研究計画を添付しますので，御覧いただけますでしょうか」の文言が例に見られますが，構文的にこれに対応するものはありません。スペイン語では丁寧表現で訳すことになります。

丁寧表現

そこで，丁寧表現を見てみましょう。婉曲表現と呼ばれることもあります。Eメールの⑧の文は(20)のように訳されています。

(20) ⑧Le agradecería enormemente que lo revisara.
　[to you] [(I) would appreciate] [greatly] [that you checked it]
　[あなたに] [感謝するでしょう] [大いに] [あなたがそれを見ることがあれば]
　「御覧いただければとても感謝いたします。」

agradecer「感謝する」は二重目的語をとる動詞で，間接目的語 le「あなたに」，que lo revisara「それを見ていただくこと」という名詞節が直接目的語のはたらきをしています。

revisara は revisar「点検する」の接続法過去形で仮定法の条件節の意味をもちます。また、主動詞の agradecer「感謝する」は過去未来形（英語の would，should＋動詞に相当）が用いられ仮定法の帰結節の意味合いになります。

この婉曲の過去未来形は E メールの例文⑥ Desearía continuar mi investigación bajo su supervisión.「先生のもとでこの研究を続けることができればと願っております」でも用いられています。動詞 desear「願う」が desearía（過去未来形）となり I *would wish* to continue my study under your supervision. の動詞句のような意味を表します。

さらに，(20) と同じような例が，⑨ Me gustaría que me diera su opinión（I would be glad that you gave me your opinión）「御返信いただければ幸いです」で，dar「与える」の接続法過去「あなたが与えたならば」を用いた条件節と me gustaría が過去未来形で「私は喜ぶことだろう」を表す帰結節の組み合わせで，全体として願いを仮定的に述べることにより婉曲な表現を作っています。

また E メールでは，謙譲表現も見られます。

(21) a.③*Me permito* ponerme en contacto con usted.
I permit myself put in touch with you
「突然メールをお送りする失礼をお許しください。」
b. ⑦*Me tomo la libertad de* adjuntarle mi plan de investigación.
I take myself the freedom of attaching my study plan
「恐縮ですが，研究計画を添付します。」

ただし，ここでは構文というよりは，慣用句の "permitirse＋不定詞"，"tomarse la libertad de＋不定詞" を用い，どちらも「勝手に，自由に～す

る」から「〜させていただく」の意味を派生させていることになります。いずれにしても，堅苦しい文体でのみ用いられる表現といえます。

【読書ガイド】

四宮瑞枝他（2013）**『Eメールのスペイン語』**……………… 白水社

スペイン語でEメールを書くときのモデルが数多く例示されている。

高垣敏博監修（2015）**『スペイン語学概論』**……………… くろしお出版

スペイン語の文法を研究する入門書。音声から談話まで各分野の重要な論点が整理されている。

山田善郎監修（1995）**『中級スペイン文法』**……………… 白水社

スペイン語文法の幅広い事項が網羅的に解説されている。

De Miguel, E. (1992) ***El Aspecto en la Sintaxis del Español: Perfectividad e Impersonalidad.***
……………… Ediciones de la Universidad Autónoma de Madrid.

スペイン語の動詞の語彙アスペクトや事象構造にもとづいて，受動文ほかさまざまなスペイン語の文を分析している。

Takagaki, T. 編 (2018)
Exploraciones de la lingüística contrastiva español-japonés.
……………… Ediciones de la Universidad Autónoma de Madrid.

日本語とスペイン語の対照研究の概説書で受動文についての章も含まれる。

Vendler, Z. (1967) ***Linguistics in Philosophy.***
……………… Cornell University Press.

語彙アスペクトを研究するときの基本書。

依頼のEメール　ドイツ語解説

成田　節

依頼のEメールのドイツ語版を日本語の原文と比べながら，ドイツ語の文法的・表現的な特徴をいくつか紹介します。

1. 言葉の使い分け

ドイツ語には，英語のyouに当たる二人称の代名詞が2通りあります。家族，友達，学生同士，親しい同僚などに対して使う**親称**のduと，普通の社会的な関係にある相手に対して使う**敬称**のSieです。このメールは面識のない日本の大学教授に宛てて書いているのでSieを使っています。

呼びかけと終わりの挨拶には色々なパターンがありますが，メールでは非常に丁寧なSehr geehrter Herr Prof. Yamada「とても尊敬する山田教授様」[1]とMit freundlichen Grüßen「恭しい挨拶と共に」を使っています。親しい友人へのメールならば，普通の呼びかけはファーストネームを使いLieber Taro「親愛なる太郎へ」あるいはLiebe Hanako「親愛なる花子へ」となります。代表的な終わりの挨拶はHerzliche Grüße「心からの挨拶を」やLiebe Grüße「親愛なる挨拶を」などです。

2. 語順

語順から見ると，ドイツ語の文は定動詞の位置によって，定動詞第2位，定動詞文頭，定動詞後置の3タイプに分けることができます。**定動詞**とは，主語の人称（一人称・二人称・三人称）と数（単数・複数）に合

1 相手が女性ならばSehr geehrte Frau Prof. Yamadaとなります。HerrはMr.に，FrauはMs.に当たります。

件名：御相談（大学院入学について）

山田太郎先生
はじめまして。

エアランゲン大学４年生のトーマス・ミュラーと申します。

突然メールをお送りする失礼をお許しください。

現在，私は動詞の受身表現について日本語とドイツ語を対照させて卒業論文を書いています。卒業後は日本の大学院に進学しこの研究を深めたいと思っていたところ，こちらの先生から東京外国語大学の大学院への進学を勧められました。卒論執筆で山田先生のお書きになった受身表現に関する論文を参考にさせていただいております。日本の大学院入学は難しいようですが，先生のもとでこの研究を続けることができればと願っております。

恐縮ですが，研究計画を添付しますので，御覧いただけますでしょうか。

お忙しいところ，お手数をおかけ致しますが，10月の初めごろまでに御返信いただければ幸いです。

どうぞよろしくお願いいたします。

トーマス・ミュラー

Betreff: Anfrage bezüglich eines Masterstudiums an der Fremdsprachen-Universität Tokyo
Sehr geehrter Herr Prof. Yamada,
mein Name ist Thomas Müller. Ich studiere seit 8 Semestern Japanologie an der Friedrich-Alexander Universität Erlangen-Nürnberg. Ich schreibe Ihnen auf Empfehlung von Frau Professor Schmidt.
Zurzeit schreibe ich an meiner Bachelorarbeit zum Thema „Das Passiv im Japanischen und im Deutschen". Ich würde gerne nach dem Bachelorabschluss im Masterstudiengang an einer japanischen Universität weiterstudieren, um meine Forschung zu vertiefen. Hierfür hat mir meine Professorin die Fremdsprachen-Universität Tokyo empfohlen.
Beim Schreiben meiner Arbeit konsultiere ich u.a. Ihre Aufsätze zum Passiv. Mir ist bewusst, dass es nicht leicht ist, in den Masterstudiengang an einer japanischen Universität aufgenommen zu werden. Es wäre eine große Ehre für mich, wenn ich bei Ihnen mein Studium zum Thema Passiv fortführen könnte.
Ich erlaube mir, Ihnen mein Forschungsvorhaben als Anhang zu schicken. Es würde mich sehr freuen, wenn Sie es einmal durchlesen könnten.
Für eine Antwort bis Anfang Oktober wäre ich Ihnen sehr dankbar.
Ich danke Ihnen im Voraus für Ihre Mühe.
Mit freundlichen Grüßen
Ihr Thomas Müller

わせて語尾が定まった動詞（助動詞も含む）のことです。次の例文の太字がそれぞれの定動詞です。

(1) a. Ich **lerne** Deutsch.　　b. Thomas **lernt** Japanisch[2].
私は / 学ぶ / ドイツ語を　　トーマスは / 学ぶ / 日本語を

(2) a. Ich **habe** Deutsch gelernt.　　b. Thomas **hat** Japanisch gelernt.
私は / (完) / ドイツ語を / 学ぶ（過分）　トーマスは / (完) / 日本語を / 学ぶ（過分）[3]

(1)では lernen「学ぶ」という動詞が用いられています。a も b も現在形の文ですが，a では一人称・単数の主語 ich に合わせた語尾 -e がついて lerne，b では三人称・単数の Thomas に合わせた語尾 -t がついて lernt という形になっています。(2)は完了の助動詞 haben（英語の have に相当）の現在形と lernen の過去分詞 gelernt が結びついて現在完了形の文になっていますが，その haben が a では ich に合わせて habe，b では Thomas に合わせて hat という形になっています。一方，文末の過去分詞 gelernt は主語の人称・数にかかわらず形は一定です。

(2)の現在完了形の例文にも見られますが，ドイツ語では助動詞と本動詞のように密接に結合する語同士が隣接せず，目的語など他の要素を間に挟みこむような語順になります。これを**枠構造**と言います。E メールのドイツ語版にも以下のような文に枠構造が見られます。

(3) Hierfür **hat** mir meine Professorin die Fremdsprachen-Universität Tokyo empfohlen.
これに関して / (完) / 私に / 私の教授が / 東京外国語大学を / 勧める（過分）
「これに関して私の教授は私に東京外国語大学を勧めました。」

(3)では完了の助動詞 hat と empfehlen「勧める」の過去分詞 empfohlen

2 ドイツ語には英語のような現在進行形はありません。(1)は「学ぶ」という意味にも「学んでいる」という意味にもなります。
3 完：完了の助動詞，過分：過去分詞

で現在完了形になっています。以下，定動詞の位置による三つのタイプを見ていきましょう。

［I］定動詞第2位

主文の平叙文では定動詞は前から2番目に置かれます。これはドイツ語の語順の基本中の基本です。一方，主語が常に文頭にあるとは限りません。上に挙げた(3)でも hierfür「これに関して」が文頭にあり，これに定動詞 hat と与格目的語 mir「私に」が続き，主語 meine Professorin「私の教授が」は4番目に出てきています。メールの本文には文が13ありますが，その内の5文で文頭を主語以外の要素が占めています。上記(3)の他に二つ例を挙げます。

(4) Beim Schreiben meiner Arbeit **konsultiere** ich u. a. Ihre Aufsätze zum Passiv.
私の論文の執筆の際に / 参照する / 私は / なかんずく / 受動態についてのあなたの論文を
「私の論文を執筆する際に私は受動態に関するあなたの論文も参考にしています。」

(5) Mir **ist** bewusst, dass es nicht leicht ist, …
私に / いる / 意識されて / ［こと / それが / (否定) / 簡単 / である］
「それが簡単ではないことは私にはわかっています」

文頭は，(4)では「私の論文の執筆の際に」という「時」の表示であり，主語 ich は第2位の定動詞 konsultiere の後に置かれています。(5)の文頭の mir「私に」は与格なので主語ではありません。ドイツ語の主語は，主格の名詞句（または代名詞）で，人称と数が定動詞と一致するものというように，文法的に規定されます。ただし，(5)で主語の働きを担うのは名詞句や代名詞ではなく，コンマの後の副文「それが簡単ではないこと」です。つまり(5)は，［私にはわかっている［それが簡単ではないことが］］という構造になっているのです。

この他に次のような補足疑問文，つまり疑問詞を含む疑問文でも定動詞が2番目に置かれます。

(6) Warum **lernen** Sie Japanisch?
なぜ / 学ぶ / あなたは / 日本語を
「あなたはどうして日本語を学ぶ / 学んでいるのですか？」

[II] 定動詞文頭

このタイプはメールの本文には出てきませんでしたが，(7)のような決定疑問文，すなわち疑問詞がなく，イエス・ノーで答えることのできる疑問文や，(8)のような命令文では，定動詞が文頭に置かれます。決定疑問文の(7)は上昇イントネーションで，命令文の(8)は下降イントネーションで発音します。

(7) **Lernen** Sie jeden Tag Japanisch？（↗）
学ぶ / あなたは / 毎日 / 日本語を
「毎日日本語を学んでいますか？」

(8) **Lernen** Sie jeden Tag Japanisch！（↘）
学ぶ / あなたは / 毎日 / 日本語を
「毎日日本語を学びなさい！」

[III] 定動詞後置

次の(9)は上に挙げた(5)の dass es nicht leicht ist「それが簡単ではないこと」の部分ですが，これは英語の従属節 that it is not easy に相当します。この例では that と dass，it と es，is と ist，not と nicht，そして easy と leicht というように，単語は英語と完全に1対1で対応していますが，語順には大きな違いがあります。つまりドイツ語の従属節では定動詞が文末に置かれるのです。これを定動詞後置と言います。メールには他に(10)のような定動詞後置の例が出ています。wenn（英 if）で始まる条件文で，

定動詞 könnten は können「できる」の接続法 2 式という形で，「もし～できるとしたら」と，あたかも非現実であるかのような言い方にして丁寧さを表しています。

(9) …, dass es nicht leicht **ist**, …
こと / それが / (否定) / 簡単 / である
「それが簡単ではないこと」

(10) wenn Sie es einmal durchlesen **könnten**
もし / あなたが / それを / 一度 / 読み通す / ～できる（としたら）
「あなたがそれを一度通読できるとしたら」

上の (6) のような補足疑問文も，定動詞を後置すると従属節になり，次のような間接疑問文が作れます。ちなみに，主文の定動詞 möchte は第 2 位です。

(11) Ich möchte Sie fragen, warum Sie Japanisch **lernen**.
私は / ～たい / あなたに / 尋ねる / [なぜ / あなたが / 日本語を / 学ぶ（のかを)]

定動詞が主文の平叙文では第 2 位を占めるのに，従属節になると後置されるので，ドイツ語の語順は難しいと感じる学習者もいるようですが，接続詞が従属節の始まりを，定動詞が終わりを標《しる》すので，複雑な文でも構造がわかりやすいという長所があります。

ここまでは定動詞を軸にドイツ語文の語順を 3 タイプに分けて見てきましたが，ここで英語の to 不定詞句に相当する **zu 不定詞句**を見てみましょう。

(12) Ihnen mein Forschungsvorhaben als Anhang zu schicken
あなたに / 私の研究計画を / 添付ファイルとして / zu / 送る
「あなたに私の研究計画を添付ファイルとして送ること」

Ihnen を「あなたに」，mein Forschungsvorhaben を「わたしの研究計画を」，als Anhang を「添付ファイルとして」，zu schicken を「送ること」というように，文成分単位でそのままの順で訳語に置き換えると自然な日本語になります。英語と違い不定詞が最後に置かれ，to に相当する zu はその直前に置かれます。

メールにはもう一つ zu 不定詞句が出てきました。「私の研究を深めるために」という目的を表す表現です。ドイツ語の zu 不定詞句は基本的には「～すること」という意味で，「～するため」と目的を表す場合は zu 不定詞句の先頭に um という語を添えます。

(13) um meine Forschung zu vertiefen

um / 私の研究を / zu / 深める

「私の研究を深めるために」

このように，ドイツ語の文成分の配置については，SVO か SOV かというように単純には割り切ることはできません。ただ，定動詞後置や zu 不定詞句に見られるように，動詞を最後に置く日本語の語順と似ているところが大きいとは言えるでしょう。

3. 受動態

日本語メールの「日本の大学院入学は難しいようですが」の下線部は，「日本の大学の修士課程に受け入れられること」という受動文に置き換えてからドイツ語にしました[4]。(14) の下線部です。

(14) Mir ist bewusst, dass es nicht leicht ist, in den Masterstudiengang an

4「入学する」に相当する einreten という自動詞もありますが，これだと試験や審査という意味を含まず，「難しい」と合わないので，「(許可して) 受け入れる」という意味合いの他動詞 aufnehmen を使いました。

einer japanischen Universität aufgenommen zu werden.

私にはわかっている / それが簡単ではないことが / 日本の大学の修士課程に受け入れられることが

in den Masterstudiengang「修士課程に」に an einer japanischen Universität「日本の大学での」が係り, aufnehmen「受け入れる」の過去分詞 aufgenommen と受動の助動詞 werden の組み合わせで「受け入れられる」となります。ここでは不定形の werden の直前に zu を置いた zu 不定詞句となっていますが，たとえば「私は日本の大学院の修士課程に受け入れられた。」という過去形の文ならば，受動の助動詞を過去形の wurde にして前から 2 番目に置いて(15)のようになります。

(15) Ich wurde in den Masterstudiengang an einer japanischen Universität aufgenommen.

「私は日本の大学院の修士課程に受け入れられた＝入学した。」

このように，ドイツ語の受動文は受動の助動詞 werden と本動詞の過去分詞の組み合わせで作ります。さて，「こちらの先生から東京外国語大学の大学院への進学を勧められました。」ですが，これはドイツ語では(16)のように能動態で表すのが普通です（(16)は上に挙げた(3)と同じ文です）。

(16) Hierfür hat mir meine Professorin die Fremdsprachen-Universität Tokyo empfohlen.

「これに関して私の教授は私に東京外国語大学を勧めました。」

日本語では「X が Y に Z を勧める」の Y を主語として，「Y が X に/から Z を勧められる」という受動文が問題なく作れます。「勧める」に対応するドイツ語の empfehlen は与格（～に）と対格（～を）の目的語を取る

動詞ですが，受動文では対格の目的語しか主語にすることができず，与格の目的語「私に」を主語にする「私は…進学を勧められた」に相当する受動文を作ることはできません。実は bekommen「もらう」と過去分詞の組み合わせでも一種の受動文を作る可能性もあり，「私は私の教授から TUFS を勧められました。」を(17)のように表すことも文法的にはあり得るのですが，ネイティブスピーカーの判断では，やはり(16)のような能動文の方が自然だということです。

(17) Ich habe von meiner Professorin die Fremdsprachen-Universität Tokyo empfohlen bekommen.

私は / (完) / 私の教授から / 東京外国語大学を / 勧める（過分）/ もらう（過分）[5]

「私は私の教授から東京外国語大学を勧めてもらいました。」

日本語の受動文には，意味の点から大きく分けて二つのタイプがあると言われています。一つは，動作の受け手の立場から出来事を描き，「動作から影響を受ける」という意味を表すタイプ，もう一つは，動作主を背景化し，動作の受け手に焦点を合わせて出来事を描くタイプで，「誰が（どうする)」ではなく，「何を・誰を（どうする)」という側面に目を向けた表現です。ドイツ語の受動文は基本的には後者のタイプです。つまり，受動文の主語が「動作から影響を受けた」という意味を表すために用いるのではなく，「誰が何を・誰をどうする」の「誰が」を背景に押しやり，「何を・誰を」の方を前面に出す表現なのです。

この違いを，日本語の小説とそのドイツ語訳で具体的に見てみましょう。(18)は村上春樹『ノルウェーの森』，(19)は吉本ばなな『キッチン』の例文とそれぞれのドイツ語訳です。いずれも日本語原文では「私」を主語とする受動文で，受け手の立場から，「影響を受けた」ことを表していると言えますが，ドイツ語訳では「私」を目的語とした他動詞構造になってい

5 empfehlen「勧める」の過去分詞 empfohlen と bekommen で「勧めてもらう」になり，bekommen の過去分詞と hat で現在完了形「(勧めて）もらった」になっている。

ます。

(18) でも親の見栄であそこ（＝私立の女子高）に入れられちゃったのよ。

Aber aus Geltungsbedürfnis haben meine Eltern mich dahin geschickt.

でも / 自己顕示欲求から / (完) / 私の両親は / 私を / そこに / 行かせる（過分）

「でも自己顕示欲求から私の両親は私をそこに行かせた。」

(19) 田辺家に拾われる前は，（毎日台所で眠っていた。）

Bevor mich die Tanabes aufgelesen haben,

～前は / 私を / 田辺家が / 拾った

「私を田辺家が拾う前は」

ドイツ語の受動文は基本的には動作主を背景化する表現であって，受け手が動作から影響を受けるという意味合いは弱いので，「受け手が影響を受ける」ことは「動作主が受け手に影響を与える」という他動詞文で表すのがより自然なのだと考えられます。上記(15)に関しても，「私が受け入れられた＝入学した」ことが重要で，「誰が受け入れた」かは自明で重要ではないので受動文が用いられているのです。

4. 恩恵の授受

日本語のメールの「卒論執筆で山田先生のお書きになった受身表現に関する論文を参考にさせていただいております。」は，上に挙げた(4)のように「私の論文を執筆する際に私は受動態に関するあなたの論文を参考にしています」と組み替えてドイツ語にしました。「参考にさせていただく」は，「参考にする」ことにより主語が恩恵を受けていることを表現していますが，ドイツ語でこのような恩恵の授受を明示的に表すことはあまりありません。同様に「(恐縮ですが，研究計画を添付しますので，) 御覧いただけますでしょうか。」では「御覧いただく」によって，相手が書き手に対して恩恵を与え（てくれ）ることが表現されていますが，この部分も恩

恵の授受を明示的に表さずに，「あなたがそれを一度読むことができるとしたら，私は大変うれしいでしょう」のような条件文とその帰結としての感情表現に組み替えてドイツ語にするのが自然です。

(20) Es würde mich sehr freuen, wenn Sie es einmal durchlesen könnten.
それは / だろう / 私を / とても / 喜ばせる / [もし / あなたが / それを / 一度 / 通読する / ことができるとしたら]

「〜てあげる」や「〜てくれる」のように，ある行為による恩恵の授受を表す手段はドイツ語にもあります。(21)の mir（私に）や(22)の ihm（彼に）のような与格で恩恵の受け手を表すのです。

(21) Er hat mir die Tür aufgemacht.
彼は /（完）/ 私に / ドアを / 開ける（過分）
「彼は私にドアを開けてくれた。」

(22) Ich habe ihm die Tür aufgemacht.
私は /（完）/ 彼に / ドアを / 開ける（過分）
「私は彼にドアを開けてあげた。」

ただ，小説とその翻訳を調べてみると，日本語では「〜てあげる」や「〜てくれる」が出てくる部分のドイツ語対応箇所に(21)や(22)のような与格——あるいは意味的に対応する für 〜「〜のために」という前置詞句など——が出てこないことが非常に多く，日本語では恩恵の授受——特に「〜てくれる」——がいかにに頻繁に表されているかということがよくわかります。

ここではほんの一部しか紹介できませんでしたが，外国語と日本語を比べることによって，日本語の特徴（の一面）がより明確に見えてくると思います。

【読書ガイド】

清野智昭（2014）『**ドイツ語のしくみ（新版）**』……………………………白水社

ドイツ語がどのような言葉であるかを，とてもわかりやすく説明した入門書。「ドイツ語になった日本語」などの目から鱗のコラムも多数収録されていて，飽きずに学ぶことができる。

清野智昭・山田敏弘（2011）『**日本語から考える！ ドイツ語の表現**』… 白水社

日本語学の専門家が日本語に特徴的な表現を提示し，それを自然なドイツ語ではどのように表現するかを解説している。日本語とドイツ語の発想の違いが浮き彫りにされて何度もはっとさせられる。

清野智昭（2008）『**中級ドイツ語のしくみ**』…………………………………白水社

言語学の考え方を土台にしてドイツ語のしくみを解き明かすという中級者向けの参考書であるが，とても読みやすく，なるほどと思うようなコラムも含めて，レベルアップを目指すには最適。

マルコ・ラインデル著，久保川尚子訳（2011）

『**手紙・メールのドイツ語**』…………………………………………………三修社

プライベートでもオフィシャルでも，さまざまな状況に応じたメールと手紙，またクリスマスカードなどの書き方，個々の表現のニュアンスなどまでよく分かるとても実用的な参考書である。

依頼のEメール　中国語解説

三宅登之

依頼のＥメールの中国語版を題材に，中国語の文法上のしくみと特徴を概観します。

そもそも中国語はどのような単位から構成されているのでしょうか。「依頼のＥメール」の中国語の文章（以下，「本文」と称します）を見ると，表記の上では句点「。」で区切られた「文」から成り立っていることが見て取れます。その「文」は，いきなり無規則に出来上がったものではなく，小さな単位が文法規則に基づいて組み合わさって出来上がったものです。以下では，中国語を組み立てていく単位を，小さな単位から「語」→「フレーズ」→「文」の順に見ていきましょう。

1. 語

中国語の文を組み立てていく，自由に使える最小の単位が，語（“词 cí”）です。文法的な機能に基づいて語を分類したものを品詞と言いますが，中国語には名詞，動詞，形容詞，数詞，量詞，代詞，副詞，介詞，接続詞，助詞，感嘆詞，擬声詞の 12 の品詞があります[1]。

ちなみに，漢字は表意文字でごく一部の例外を除いては漢字 1 字は意味を持っていますが，だからといって漢字 1 字が全てそのまま語として独立して用いられるわけではありません。例えば本文中に“研究 yánjiū”（研究する）という動詞が用いられていますが，この動詞は 2 字で 1 語であり，例えばその中の“研 yán”という字，そして“究 jiū”という字は，

1 ただしこの品詞の分類については異なった考え方もあります。ここでは中国語の規範的な辞書である『现代汉语词典第 7 版』（商务印书馆，2016 年）に基づきます。

件名：御相談（大学院入学について）

山田太郎先生
はじめまして。

中国西京大学４年生の李偉と申します。

突然メールをお送りする失礼をお許しください。

現在，私は動詞の受身表現について日本語と中国語を対照させて卒業論文を書いています。卒業後は日本の大学院に進学しこの研究を深めたいと思っていたところ，こちらの先生から東京外国語大学の大学院への進学を勧められました。卒論執筆で山田先生のお書きになった受身表現に関する論文を参考にさせていただいております。日本の大学院入学は難しいようですが，先生のもとでこの研究を続けることができればと願っております。

恐縮ですが，研究計画を添付しますので，御覧いただけますでしょうか。

お忙しいところ，お手数をおかけ致しますが，10月の初めごろまでに御返信いただければ幸いです。

どうぞよろしくお願いいたします。

李　偉

件名：有关研究生入学的情况的咨询

山田太郎老师：

您好！

我是中国西京大学本科四年级的学生李伟。请允许我在您百忙之中占用您一点时间，非常抱歉。

现在，我正在写有关中日动词被动表达对照研究的论文。毕业以后我想进行进一步的深入研究，因此我们学校的老师推荐我去贵校进行进一步深造。我在写论文的时候，也参照了山田老师您写的有关被动表达的论文。虽然去日本读研究生很困难，但是我还是衷心地希望能跟着老师继续进行这项研究。

我在这封邮件的附件里，把我的研究计划书给您发了过去，您能帮我看一看吗？非常抱歉，在您这么忙的情况下给您添麻烦了。如果可以的话，希望能够在10月初以前收到您的回信。

拜托您了。谢谢！

李　伟

いずれも「究める」という意味を持ってはいますが，その1字だけでは語ではなく，語を組み立てる際の材料にしかなれません。

2. フレーズ

語を組み合わせて文を作る時には，ただ多くの語を横並びに配するのではなく，まず二つの語が文法的な一定の方式に基づいて組み合わさり，フレーズ（“词组 cízǔ”）[2] が構成されます。中国語の主なフレーズには以下のものがあります。

①主述フレーズ：我 wǒ（私）【主語】＋休息 xiūxi（休む）【述語】（私は休む）
②動目フレーズ：看 kàn（見る）【動詞】[3]＋电影 diànyǐng（映画）【目的語】（映画を見る）
③動補フレーズ：看 kàn（見る）【動詞】＋懂 dǒng（わかる）【補語】（見てわかる）
④修飾フレーズ：新 xīn（新しい）【修飾語】＋房子 fángzi（家）【中心語】（新しい家）
⑤並列フレーズ：北京 Běijīng（北京）【並列成分】＋和 hé（と）[4]＋上海 Shànghǎi（上海）【並列成分】（北京と上海）
⑥連述フレーズ：坐飞机 zuò fēijī（飛行機に乗る）【動詞1】＋去 qù（行く）【動詞2】（飛行機に乗って行く）

これらのフレーズは，いわば文になる前の素材であると考えることができます。例えば，連述フレーズ“去北极探险 qù běijí tànxiǎn”（北極へ行

2「句」，「連語」など他の用語も用いられます。
3 動目フレーズと動補フレーズについては，目的語や補語という文法成分と動詞という品詞が同列に並んでいるのは本来はおかしいのですが，目的語や補語を伴う文法成分を“述语”と言い，これをそのまま「述語」と訳すと，主語に対する述語（“谓语”）と同じ名称になり紛らわしいので，便宜的に動詞という言い方を使うのが一般的です。
4“和”は並列関係を示す接続詞。

って探検する）は，“他们去北极探险 tāmen qù běijí tànxiǎn”（彼らは北極へ行って探検する）では主語“他们”に対する述語に，“去北极探险一定挺有意思 qù běijí tànxiǎn yídìng tǐng yǒuyìsi”（北極へ行って探検するのはきっとすごく面白い）では述語“一定挺有意思”と結んだ主語に，“打算去北极探险 dǎsuan qù běijí tànxiǎn”（北極へ行って探検するつもりだ）では動詞“打算”の目的語に，“去北极探险的人 qù běijí tànxiǎn de rén”（北極へ行って探検する人）では助詞“的”を介して“人”にかかる連体修飾語になるというように，フレーズが他のフレーズの中に包含されて様々な文法成分となり，さらに大きな文法成分を作り上げることができます。また，素材であるフレーズは，それ自体にイントネーションがかぶさり，必要な場合は語気助詞が付け加われば，“去北极探险！　Qù běijí tànxiǎn!”（北極へ行って探検しよう！）のように，そのままで文として使うことができます。このように，中国語のフレーズと文は，フレーズという小さな部品が組み合わさって大きな文を作るのではなく，一つの抽象的な「型」（type）としてのフレーズが，具体的な場面において，実際の「例」（token）である文として実現するという関係になっています。つまり，フレーズと文の構造が異なる英語などと違って，中国語ではフレーズと文は基本的には同じ構造で，文は独立して用いられたフレーズであると考えるべきものなのです。

本文の中の一例で文の構造を見てみましょう。

現在，我正在写有关中日动词被动表达対照研究的论文。
Xiànzài, wǒ zhèngzài xiě yǒuguān Zhōng-Rì dòngcí bèidòng biǎodá duìzhào yánjiū de lùnwén.
（現在，私は中国語と日本語の受身表現の対照研究に関する論文を執筆しているところです。）

まず，最初の“现在”（現在）は文全体を修飾する連用修飾語になっています。

その後の部分は，“我”（私）が主語で，それに対してその後の部分全体が述語の，主述フレーズです。その述語の構成は，

正在写（執筆している）／有关中日动词被动表达对照研究的论文（中国語と日本語の受身表現の対照研究に関する論文）

という動目フレーズになっています。さらにその動目フレーズの内部が，

正在（～している）／写（書く）

という連用修飾語と中心語からなる修飾フレーズであり，目的語の部分は，

有关中日动词被动表达对照研究的（中国語と日本語の受身表現の対照研究に関する）／论文（論文）

という，連体修飾語と中心語の組み合わせからなる修飾フレーズとなっています。

このように，実際に用いられる文はしばしば複雑な階層構造をなしていることが多いのです。中国語の文を読みとく際には，この文の階層構造を把握できるかどうかがポイントとなります。

3. 文

[I] 構造に基づく分類

中国語の文（“句子 jùzi”）にはどのようなものがあるか，まずここでは構造に基づいて整理してみましょう。

実際に中国語を使う場合には，複雑な内容を表現するという必要性から，一つの文を二つ以上組み合わせて，より長い文を作ることがしばしば行われます。前者を「単文」，後者を「複文」と言います。

文

- 単文
  - 主述文
  - 非主述文

    下雨了。Xià yǔ le./老杨！　Lǎo Yáng!

    （雨だ。）　（楊さん！）
- 複文

  “虽然 suīrán ～，但是 dànshì ～” など

1. 動詞述語文[5]

   我看电影。Wǒ kàn diànyǐng.（私は映画を見ます。）

2. 形容詞述語文

   这个很贵。Zhèige hěn guì.（これは高いです。）

3. 名詞述語文

   现在四点。Xiànzài sì diǎn.（今４時です。）

4. 主述述語文

   我们学校学生很多。Wǒmen xuéxiào xuésheng hěn duō.（私たちの学校は学生が多いです。）

複文を構成する際には接続詞や副詞を使って単文を組み合わせ，その論理関係を明示することがあり，特に書き言葉ではよく見られます。本文にも接続詞を用いた複文の例があります。この文では，“虽然～，但是～”という接続詞の呼応で「～だが，しかし～」という逆説の関係を表しています。

虽然去日本读研究生很困难，但是我还是衷心地希望能跟着老师继续进行这项研究。

Suīrán qù Rìběn dú yánjiūshēng hěn kùnnan, dànshì wǒ háishi zhōngxīn de xīwàng néng gēnzhe lǎoshī jìxù jinxing zhè xiàng yánjiū.

---

5 以下，述語部分を下線で示します。

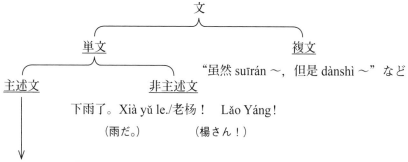

（日本の大学院入学は難しいようですが，先生のもとでこの研究を続けることができればと願っております。）

単文は，主語と述語から構成される「主述文」と，“下雨了。Xià yǔ le.”（雨だ。），“老杨！　Lǎo Yáng!”（楊さん！）のように主語のない「非主述文」に分かれます。主述文はその述語がどのような成分かによって，動詞フレーズが述語になる動詞述語文，形容詞フレーズが述語になる形容詞述語文，名詞フレーズが動詞の助けを借りなくても述語になる中国語の特徴とも言える名詞述語文，そして主述フレーズがさらに大きな主述フレーズの述語となる主述述語文の四つに分かれます。本文は手紙文であるという特性からほぼ全て動詞述語文で書かれていますが，唯一，複文の前半節の，

去日本读研究生很困难（日本の大学院入学は難しい）[6]

が，主語“去日本读研究生”（日本に行って大学院生になること[7]）に対する述語“很困难”（とても難しい）が形容詞フレーズからなる形容詞述語文となっています。

動詞述語文について，本文で一つ特徴的な構文が使われているので確認してみましょう。中国語では動詞が目的語を伴う他動詞構文の際には，前記「動目フレーズ」で示したように，動詞が先，目的語がその後という語順になります。本文でも，“写”（書く）＋“论文”（論文）や，“参照”（参照する）＋“论文”といった動目フレーズが用いられており，これらの目的語の部分に複雑な連体修飾語がつき，その結果長い文となっています。ただ本文中で一つだけ，語順の上では目的語が動詞の前に置かれている文があります。

6 ここでは接続詞“虽然”を除いた部分を示します。

7 中国語のこの主語の部分は「日本に行って大学院生になる」という動詞フレーズです。中国語ではこのように動詞フレーズがそのままで主語になることができ，名詞性の成分に変える必要はありません。この場合日本語では「日本に行って大学院生になること」や「日本に行って大学院生になるの」のように，「こと」や「の」が必要です。

我在这封邮件的附件里，把我的研究计划书给您发了过去，（後略）
Wǒ zài zhè fēng yóujiàn de fùjiàn li, bǎ wǒ de yánjiū jìhuàshū gěi nín fāleguòqu,
（私はこのメールの添付ファイルで，私の研究計画書を先生にお送りいたしました）

これは，介詞“把 bǎ”を用いた“把”構文と呼ばれる文型です。この文では，動詞は“发”（送る，送信する）で，その動作の対象である“我的研究计划书”（私の研究計画書）は意味からすると動詞の後にきてよさそうですが，この文では介詞“把”の目的語となり，介詞フレーズ“把我的研究计划书”（私の研究計画書を）が連用修飾語として動詞より前に置かれています[8]。

形態変化のない中国語では，このような語順のバリエーションを掌握できるかどうかが，極めて重要なポイントとなります。

[II] 機能に基づく分類

一方，場面や文脈における文の果たす機能に基づくと，中国語の文は以下の五つに分類することができます。

①平叙文：我喝咖啡。Wǒ hē kāfēi.（私はコーヒーを飲みます。）
②疑問文：你喝咖啡吗？　Nǐ hē kāfēi ma?（あなたはコーヒーを飲みますか？）
③命令文：快走！　Kuài zǒu!（早く行きなさい！）
④感嘆文：好极了！　Hǎojí le!（すばらしい！）
⑤呼びかけ文：老杨！　Lǎo Yáng!（楊さん！）

8 この文では動詞の後に方向補語“过去”が付加されているなど，“把”構文の使用には様々な要因が絡んでいるので，単純に“把”の目的語を動詞の後の位置に戻すことができるわけではありません。

本文ではEメールであるという性質上，基本的には平叙文が用いられます。ただ，複文の後半の節においては，

您能帮我看一看吗？
Nín néng bāng wǒ kàn yi kàn ma?
（御覧いただけますでしょうか？）

という疑問文も見えます。中国語の疑問文は表記の上では必ず文末に疑問符“？”を付します。この文は，形式上は疑問文の形を用いていますが，本文中では純粋な質問をしているわけではなく，一種の依頼の働きをしています。疑問文は文脈によってはこのように依頼の機能を持ったり，反語文として用いられたりと，疑問の意味以外にも広く活用されることが少なくありません。

呼びかけ文は通常は文字通り相手に呼びかけて注意を引きつける文なのですが，本文の最初に出てくる

您好！　Nín hǎo!（こんにちは）

も，広い意味では呼びかけ文とみなすことも可能でしょう。

【読書ガイド】

中国語のしくみについてさらに一歩進んで学習するには，以下のような本がお薦めである。

池田巧（2014）『**中国語のしくみ《新版》**』……………………………… 白水社

本書は，文法用語抜きで学べる入門書シリーズ「言葉のしくみ」のうちの，中国語に関する入門書。中国語に少しでも興味をもった人が，まずは肩肘張らず気軽に読んで中国語の全体像をつかむことができる本である。

三宅登之・李軼倫（2013）『**中国語の基礎 発音と文法**』………… NHK 出版

同じ初学者向けの学習書でもこちらは本格派。中国語を，基礎からきちんと学習したい人向けの学習書である。発音・文法ともに，この本を学習することで着実に実力をつけることができ，豊富な文法解説があるので中級レベル以降も文法項目の確認に利用することができる。

依頼のEメール　インドネシア語解説

降幡正志

ここでは，依頼のEメール（インドネシア語）について，日本語の原文と比べながらインドネシア語に関する解説を「手紙やEメールの形式について」「構文の特徴について」「その他の表現について」の三つに分けておこないます。

1. 手紙やEメールの形式について

［I］書き出しと結語

手紙やEメールの書き出しとして，フォーマルな場合や目上の人に宛てる場合には，yth.（yang terhormat「尊敬すべき」の略）を用います。また一般的に敬称として男性にはBapak（「父」の意），女性にはIbu（「母」の意）を用いますが，Prof.（profesor「教授」）のように地位を表す語を用いる場合にはBapakやIbuをあえて使わないこともあります。その次にdengan hormat「尊敬とともに」を続けると，さらに丁寧になります。yth.で書き始めた場合，その結語として一般的に「敬具」に相当するhormat saya「直訳：私の敬意」を用います。

より近しい関係の相手に対しては，［受取人の名前］yang baik（yang baik「良き，親切な」）をよく使います。それに対する一般的な結語はsalam（「挨拶」の意）です。

手紙では結語に続けて署名が必要となりますが，Eメールでは自身の名前を記すのみとなります。

［II］本文の書き始め

本文は，時候の挨拶などを述べず，基本的に用件で直接始めます。ただ

件名：御相談（大学院入学について）

山田太郎先生
はじめまして。

インドネシア，ジャカルタのインドネシア大学４年生のリニ・プスピタと申します。

突然メールをお送りする失礼をお許しください。

現在，私は動詞の受身表現について日本語とインドネシア語を対照させて卒業論文を書いています。卒業後は日本の大学院に進学しこの研究を深めたいと思っていたところ，こちらの先生から東京外国語大学の大学院への進学を勧められました。卒論執筆で山田先生のお書きになった受身表現に関する論文を参考にさせていただいております。日本の大学院入学は難しいようですが，先生のもとでこの研究を続けることができればと願っております。

恐縮ですが，研究計画を添付しますので，御覧いただけますでしょうか。

お忙しいところ，お手数をおかけ致しますが，10月の初めごろまでに御返信いただければ幸いです。

どうぞよろしくお願いいたします。　リニ・プスピタ

Hal : Kemungkinan untuk Studi di Program Pascasarjana
Yth. Bapak Prof. Dr. Yamada Taro,
Dengan hormat,
Perkenalkan, saya Rini Puspita, mahasiswa S1 tingkat akhir dari Universitas Indonesia, Jakarta, Indonesia.
Saya mohon maaf karena saya mengirim e-mail ini secara tiba-tiba.
Saya sedang menyusun skripsi tentang ungkapan pasif dalam bahasa Jepang yang dibandingkan dengan bahasa Indonesia. Saya mempunyai keinginan sesudah tamat dari program S1 ingin memperdalam studi tersebut di Program Pascasarjana di Jepang. Sementara itu, dosen pembimbing saya di sini menganjurkan saya agar melanjutkan studi di Program Pacasarjana di Universitas Kajian Asing Tokyo（Tokyo University of Foreign Studies）. Saya merujuk beberapa karya Bapak tentang ungkapan pasif dalam penyusunan skripsi saya. Saya mendengar sangat sulit untuk memasuki program pascasarjana di Jepang. Walaupun demikian, saya berkeinginan untuk dapat mempelajari topik tersebut di bawah bimbingan Bapak.
Dengan ini saya lampirkan proposal studi saya untuk dipertimbangkan.
Saya mohon sudilah kiranya Bapak memberikan jawaban kepada saya sekitar awal bulan Oktober yang akan datang. Sebelumnya saya mohon maaf yang sebesar-besarnya karena mungkin mengganggu kesibukan Bapak.
Demikianlah permohonan dari saya. Atas segala perhatian dan bantuan Bapak, sebelum dan sesudahnya saya ucapkan banyak terima kasih.
Hormat saya,　Rini Puspita

しサンプル文のように，初めて手紙やEメールを送る場合には「はじめまして」にあたるperkenalkanを用いることもあります。

[III] 本文の結び

最後の段落は，フォーマルな文体ではDemikianlah（～）「(～は）以上の通りです」を通常用い，続けてperhatian「注意，関心」やbantuan「援助」，kerjasama「協力」などについてのお礼を述べます。よりくだけた間柄では，これもまた「以上の通りです」を意味するSekianあるいはSekian dulu「まずは以上の通りです」なども用いられます。

2. 構文の特徴について

[I] 名詞句の語順

インドネシア語の特徴の一つとして，名詞句が［被修飾語－修飾語］の語順を取ります。例えば「日本語」はbahasa Jepang（bahasa「言語」，Jepang「日本」），「私の指導教員」はdosen pembimbing saya（dosen「大学教員」，pembimbing「指導者」，saya「私」），となります。初級の日本語学習者は，しばしばこの語順のまま「私の名前」を「名前，私」（nama「名前」）のように言うことがあります。

[II] 基本的な文構造と主語

他動詞からみた文構造はSVO（主語＋動詞＋目的語）となります。しかし，インドネシア語は名詞や形容詞なども述語となり，その意味では，基本的な文の構造は［主語－述語］であるといえます。例えばサンプル文の初頭に“Saya Rini Puspita.”「私はリニ・プスピタです」という文がありますが，これはsaya「私」が主語，Rini Puspita「リニ・プスピタ（人名)」がそのまま述語となっています。フォーマルな文ではコピュラとしてadalah「～である」などが多用されますが，その一方でコピュラを用いずに名詞がそのまま述語となる文もよく出てきます。

フォーマルな文体では，主語と述語をそろえて述べることが要求されますが，会話では文脈や状況から明らかな場合に，以下のように主語（あるいは他の要素）を述べないこともよくあります。

Sudah makan?
［完了］食べる　「もう食事しましたか？」

Ya, sudah.
ええ［完了］　「ええ，食べました（済んでいます）。」

［III］時制や時相について

インドネシア語には時制による動詞の変化はありません。時を表す語句があればいつのことかがわかりますし，時相（アスペクト）を表す助動詞も多く用いられます。また，それらがなくても文脈で判断することもあります。サンプル文では「～している最中」を表す助動詞 sedang を用いて sedang menyusun skripsi「卒業論文を書いているところです」(menyusun「編集する，執筆する」，skripsi「卒業論文」）とあるのに対し，saya mempunyai keinginan（～）「私は（～）という希望を持ちます」(mempunyai「持つ，所有する」，keinginan「希望」）というフレーズが出てきますが，この mempunyai にも sedang を用いて sedang mempunyai「持ちます」ではなく「持っています」という日本語が対応するかもしれません（ただし「持っているところです」となる可能性もあります)。

［IV］いわゆる受身文について

サンプル文では「受身の形」として「勧められる」が挙げられています。これに対応するインドネシア語は，以下のようになっています。

Dosen	pembimbing	saya	di	sini	menganjurkan	saya	agar....
教員	指導者	私	～で	ここ	勧める	私	～するように

「ここでの私の指導教員は，（～）するように私に勧めます」

この部分だけを見ると，インドネシア語には「勧められる」に対応する受身の形がないように思われますが，いわゆる受身文は実際には非常に多く用いられます。

まず上記の文は，次のように言い換えることができます。

Saya	dianjurkan	oleh	dosen	pembimbing	saya	di	sini	agar …
私	勧められる	～によって	教員	指導者	私	～で	ここ	～するように

これら二つの文の大きな違いは，前の文では menganjurkan「勧める」は meN- という接頭辞を伴っているのに対し，後の文の dianjurkan「勧められる」は di- という接頭辞を伴っていることです。サンプル文では，たまたま sementara itu「その一方で，そのような中で」というフレーズに続いているため menganjurkan を用いた文のほうが話の流れとして出てきやすいのですが，文脈によっては dianjurkanm を用いた文も少なからず使われます。

サンプル文では，接頭辞 di- を伴う語として dibandingkan「対照させる（対照される）」と dipertimbangkan「検討する（検討される）」が出てきています。接頭辞 di- は「受動のマーカー」すなわち「れる／られる」に相当すると理解されがちです。この点，すなわち接頭辞 di- イコール受動（受身）と認識することは，インドネシア人日本語学習者にも，日本人インドネシア語学習者にも共通して見られ，di- を「れる／られる」と機械的に訳してしまう傾向が強くあります。実際には接頭辞 di- を伴う語を用いた他動詞は被動作主（動作対象）が主語である場合に対応して用いられるものであり，機械的に受動（受身）と考えて「れる／られる」と訳すのではなく，「この車は私の父が買った」のように文脈に応じてその文をとらえて訳し方も工夫する必要があります。

［V］いわゆる受身文に関する追加(1)：接頭辞 ter-

受動（受身）について，実はインドネシア語には他にもおもしろい表現方法があります。まずは接頭辞 ter- を伴う語による表現の例を紹介します。

Anak　itu　membawa　tas　saya.
子ども　それ　[meN-] 持っていく　カバン　私
「その子どもは私のカバンを持っていった。」

上の文は，主語の anak itu「その子ども」が動作主であり，述語の membawa「運ぶ，持っていく」が接頭辞 meN- を伴っていることで文法的に対応しています。

Tas　saya dibawa　oleh　anak　itu.
カバン　私　[di-] 持っていく　〜によって　子ども　それ
「私のカバンはその子どもが持っていった。」

この文では，動作対象である「私のカバン」が主語になっているため，接頭辞 di- を伴った dibawa が対応して用いられています。基本的には，この文は「私のカバンについては，その子どもが持っていく（運ぶ）という動作をした」ということを述べていて，文脈や状況によって「その子どもが好意的に運んだ」ことを示すこともあれば，「(意に反して) その子どもが持っていってしまった」ことを示すこともあります。

Tas　saya terbawa　oleh　anak　itu.
カバン　私　持っていってしまった　〜によって　子ども　それ
「私のカバンはその子どもに持っていかれた。」

すでに述べた membawa や dibawa は，「運ぶ，持っていく」という動作

について言及するということができます。一方，上の文で用いられている terbawa は「運ぶ，持っていく」という動作によって生じた状態にも目を向けているということができます。terbawa は発話者の意図に反していたり動作主が無意識に行ったりなど「意に反して」という意味を表すことから，この語は通例ネガティブな意味となるため，上記の文は「(意に反して）私のカバンが持っていかれてしまった」ことを表します。

[Ⅵ] いわゆる受身文に関する追加(2)：共接辞 ke--an

接頭辞と接尾辞が同時に付くことで一つの働きをする接辞法を，ここでは共接辞と呼んでおきます。共接辞 ke--an の一つの機能として，対応する主語が，ke--an に挟まれた語の意味に関わるなんらかの影響（その多くは被害）を受けることを表すというものがあります。この用法は，日本語の間接受身あるいは第三者受身に対応するとも考えられます。

Saya kehujanan.
私　雨に降られる　「私は雨に降られた。」

kehujanan は hujan「雨，雨が降る」に ke--an が付されて，対応する主語（ここでは saya「私」）が「雨に関わる影響（被害）を受ける」すなわち「雨に降られる」ことを表します。

Saya ketinggalan　bus.
私　置いていかれる　バス　「私はバスに乗り遅れた。」

共接辞 ke--an を伴う語は，必要に応じてその内容を補う語を後に続けることがあります。ketinggalan は tinggal「残る，とどまる」に ke--an が付されていて，主語である saya「私」が tinggal「残る，とどまる」という意味に関連する影響（被害）を受ける，すなわち「置いていかれる，取り残される」ことを表します。その後に補足として bus「バス」が続くこ

とにより「バスにおいていかれる，バスに乗り遅れてしまう」となります。

Saya kecurian　dompet.
私　　盗まれる　財布　　「私は財布を盗まれた。」

この文では，curi「盗む」が ke--an を伴うことにより，対応する主語が「盗む」ことに関わる影響（被害）を受ける，つまり「盗まれる」ことを表します。盗まれた対象物（dompet「財布」）は，その後に補足として続いています。

Saya tidak　kebagian　　　kue.
私　［否定］　分け前にあずかる　菓子
「私はお菓子の分け前にあずかれなかった。」

日本語でも「先生に褒められた」のように「れる／られる」がポジティブな意味を表す場合がありますが，bagi「分ける」に ke--an が付されてできている kebagian「分け前にあずかる」は，被害ではなくポジティブな意味を表します。ただし上の文では否定語 tidak を伴うため「分け前にあずかれない」となっています。

3. その他の表現について

［I］授受表現「させていただく」

日本語の「～させていただく」という言い回しに相当する表現は，インドネシア語には特にありません。サンプル文では「論文を参考にさせていただいております」に対して単に merujuk「参考にする，参照する」を用いています。文脈にもよりますが，恩恵を受けていることを表す際に，例えば “Saya sangat tertolong (karena ....)”「私は（～により）とても助かっています」（sangat「非常に」，tertolong「助けられる」）などといった表現

を使うこともしばしばあります。

いくつかの他動詞は，接尾辞 -kan を使うことにより「～してやる／～してもらう」といった受益の意図を表すことがあります。この場合，「～してやる」はいわゆる二重目的語をとることがしばしばあり，「～してもらう」は，しばしば受益者が主語となります。以下に membeli / dibeli「買う」と membelikan / dibelikan「買ってやる／買ってもらう」を用いた文を例として示しておきます。

Adik saya membeli sepatu.
弟／妹 私 買う 靴 「私の弟／妹は靴を買った。」

Sepatu itu dibeli oleh adik saya.
靴 それ 買う ～によって 弟／妹 私 「その靴は私の弟／妹が買った。」

Ayah saya membelikan saya sepatu baru.
父 私 買ってやる 私 靴 新しい
「私の父は私に新しい靴を買ってくれた。」

Saya dibelikan sepatu baru oleh ayah saya.
私 買ってもらう 靴 新しい ～によって 父 私
「私は父に新しい靴を買ってもらった。」

受益の意図を表す接尾辞 -kan の用法はフォーマルな文体では頻度は高くないのですが，受益者を主語とする文を作ることができるなど一般的な他動詞とは異なる構文をとれることからも，興味深くかつ大切な文法事項であるといえます。

[II] 依頼の表現

「よろしくお願いします」という言い回しも，インドネシア語に訳しに

くい表現の一つです。基本的には，お礼を述べることが「よろしくお願いします」といった意図を伝えることになります。サンプル文では本文の末尾でお礼を述べる際に「事前と事後に」に相当する表現を加えていますが，「事前に」だけ付け加えることもあります。また，「厚く御礼申し上げます」に相当する表現として yang sebesar-besarnya「最大限の」を用いることもできます。なお，yang sebesar-besarnya はサンプル文の中で mohon maaf「許しを請う」との組み合わせで出てきます。

Saya mengucapkan terima kasih (atas ...).
私　述べる　ありがとう　(～に対して)
「(～につき) 御礼申し上げます。」

Atas ..., saya mengucapkan terima kasih sebelumnya.
～に対して　私　述べる　ありがとう　～の前に－その
「～につき，事前に御礼申し上げます (よろしくお願いします)。」

Atas ..., sebelum dan sesudahnya saya mengucapkan terima kasih.
～に対して　～の前に　及び　～の後に－その　私　述べる　ありがとう
「～につき，事前と事後に御礼申し上げます (よろしくお願いします)。」

Saya mengucapkan terima kasih yang sebesar-besarnya (atas ...).
私　述べる　ありがとう　[関係詞]　最大限の (～に対して)
「(～につき) 厚く御礼申し上げます。」

「御覧いただけますでしょうか」も直接的にインドネシア語に訳しにくい表現です。依頼をする場合には，フォーマルな文体では mohon「願う，乞う」を用います (よりくだけた文体では minta「願う，乞う」が多用されます)。

サンプル文では mohon が 3 回使われており，このうち 2 回は mohon

maaf「許しを乞う」として出てきます。もう1回は「御覧いただけますでしょうか」に相当するところで，“Saya mohon ....”「私は～を（～するように）お願い致します」とあり，sudilah kiranya が「～していただけますでしょうか」のようなへりくだった意図を付け加えます。

最後の段落で “Demikianlah permohonan dari saya.”「私のお願いは以上のとおりです」とありますが，このうちの permohonan は mohon が接頭辞 per- と接尾辞 -an を伴ってできている「お願い，願い事，申請」という語です。

[III] 人称代名詞と呼称

インドネシア語にも人称代名詞はありますが，英語の I や you のように誰でも（誰に対しても）使うというわけにはいきません。

サンプル文では「私」すなわち一人称を表す際に人称代名詞 saya を用いています。この saya は丁寧な語です。

一方，二人称を表す語としてサンプル文では Bapak が用いられています。これはもともと「父」を表す語で，代名詞というよりは親族名称を呼称として使っています。女性に対しては「母」を意味する Ibu を使います。二人称の代名詞として Anda があり，いちおうは丁寧な語ではあるけれども中立的すぎる感があり，先生のように目上あるいは尊敬すべき相手に対しては使うべきではありません。

なお，身近な間柄では，一人称代名詞 aku「僕，俺，私」や二人称代名詞 kamu「君，おまえ」がよく使われます。

【読書ガイド】

小笠原健二・V. R. クマラニングルム（2016）

『新版　一冊目のインドネシア語』……………………………… 東洋書店新社

基本的な文法を網羅しており，かつインドネシアの文化的背景についても細かい注意を払って解説している。入門のテキストとしてはもちろん，学習が進んだのちに振り返って確認する際にも大いに役立つ。

降幡正志（2014）**『インドネシア語のしくみ《新版》』**……………… 白水社

インドネシア語の基本的なしくみについて，読み物の形式で解説している。気軽に読める構成になっており，これから学ぼうとしている人にも，すでに学んだ人が復習するためにも好適。

降幡正志・原真由子（2020）

『ニューエクスプレスプラス　インドネシア語』……………… 白水社

ダイアログと文法解説を 4 ページのセットとした 20 課からなる入門書。本文中では接辞法の説明を最小限にとどめ，基本的な文型や特に気をつけるべきところに力をいれている。初学者にとって取り組みやすい学習書。

依頼のEメール　英語解説

大谷直輝

ここでは，依頼のEメール（英語版）の解説をしていきます。最初に，英語での依頼のEメールの形式を簡単に説明した後，サンプルの文面の中の重要な点について解説をします。最後に，丁寧な表現とはどのようなものかという点について，間接性という視点から考えていきたいと思います。

1. 形式について

一般的にEメールの形式は，英語と日本語でそれほど違うものではありません。伝える内容が同じですから，結局のところ，相手に対して敬意を表しつつ，必要な情報を分かりやすい順序で示しながら依頼をすることが大切です。大学院の入試に関する相談をする場合は，特に，自分がどのような人物であり，どのようなことに興味を持っているか，そして，自分の研究内容と相手の研究内容にどのような共通点があるかなどを示す必要があるでしょう。

最初に，書き出しですが，相手へ呼びかけた後，自己紹介をします。呼びかけは，Dear Professor Taro Yamadaのように，手紙やEメールの宛名に使われる定型表現であるDearと肩書を記した後に，下の名前（あるいはファーストネーム），名字（あるいはファミリーネーム）の順に並べます。呼びかけの後は，自分が何者であるかを示します。自己紹介では自分が所属する組織（大学や会社）や，自分の研究内容や興味がある点を示すとよいでしょう。自己紹介をした後で，依頼の内容に移ります。依頼相手には同じような依頼メールがたくさん届くと思いますので，可能であれば具体的な研究計画を添付するとよいでしょう。また，依頼相手は忙しい可

件名：御相談（大学院入学について）

山田太郎先生
はじめまして。

アメリカのグリーン大学４年生のジョージ・デンバーと申します。

突然メールをお送りする失礼をお許しください。

現在，私は動詞の受身表現について日本語と英語を対照させて卒業論文を書いています。卒業後は日本の大学院に進学しこの研究を深めたいと思っていたところ，こちらの先生から東京外国語大学の大学院への進学を勧められました。卒論執筆で山田先生のお書きになった受身表現に関する論文を参考にさせていただいております。日本の大学院入学は難しいようですが，先生のもとでこの研究を続けることができればと願っております。

恐縮ですが，研究計画を添付しますので，御覧いただけますでしょうか。

お忙しいところ，お手数をおかけ致しますが，10月の初めごろまでに御返信いただければ幸いです。

どうぞよろしくお願いいたします。

ジョージ・デンバー

Title: Request (Admission to graduate school)

Dear Professor Taro Yamada,

My name is George Denver and I am a student at Green University in the U.S. I am writing to you today to ask a favor.

I am currently writing a dissertation on Contrastive Analysis of Passives in Japanese and English. I intend to enter a graduate school in Japan after graduation.

After consulting with my professor, he recommended that I try to enter the Tokyo University of Foreign Studies.

While writing the dissertation, I referred to your paper on passives. Studying in a graduate school in Japan seems difficult, but I hope to be able to continue my research with you.

Please find attached my research plan. Could you take a look at it, please?

If possible, I would appreciate it if you could send me a reply by early October.

Thank you very much in advance for your kind assistance.

Yours sincerely,
George Denver

能性も高いので，いつ頃までに返信が欲しいか丁寧に伝えてもいいと思います。メールの最後は，Sincerely や Sincerely yours のような結びの語を記した後，自分の名前，所属，連絡先等を記します。

Eメールの文面は読みやすさを心掛けてください。例えば，次の⑴と⑵では，伝えられる情報は同じですが，読みやすさが違うと思います。

⑴ 私は山田太郎です。私は東京外国語大学の学生です。私は言語学を専攻しています

⑵ 私は山田太郎です。東京外国語大学に私は所属しています。言語学は長い間勉強しています

二つの文を比べてみると，⑴の方が読みやすいと思います。それは主語を「私」に固定することによって，読み手が一つの視点から文章を読むことができるからです。一方，⑵では，トピックが「私」から「大学」や「言語学」に移っていると感じられ，文章の流れを追っていくのが難しくなります。「何」を伝えるかと同時に「どう」伝えるかを意識するとよいでしょう。

2. 文面の文法的な特徴

次に，英語のEメールのサンプルの文面を参考にして，英語でEメールの依頼文を書く際の注意点を書いていきます。

[Ⅰ] 敬称について

敬称は男性には Mr. が，女性には Ms. が一般的です。また，女性については未婚女性と既婚女性を区別する敬称もあり，未婚女性には Miss が，既婚女性には Mrs. が用いられます。しかし，結婚の有無により女性だけが敬称を変えなければいけないことに疑問を持つ人も多く，また，最近では結婚という形式も多用になっていることから，相手がその敬称を好んで

いることが分からない場合は，Miss や Mrs. を使うのを避けた方がいいでしょう。また，大学教員にメールを送る場合は，Mr. や Ms. よりも，肩書である Professor を使うのが無難でしょう。相手が，准教授や講師であっても Professor を使います。また，Professor の短縮形の Prof. や Dr. なども用いられます。これらの肩書は，男女ともに使える敬称であるため性別を気にせず使うことができます。余談ですが，日本語でも教員に対してメールを送る場合は「○○先生」のような書き方が一般的で，「○○様」は避けられます。メールでは，「○○様」という呼びかけは，立場が下の人や同等の人に使う傾向が見られ，立場が上の人には，一般的には用いられません。

また，先方の教員がメールにて Dear Taro のようにファーストネームで呼びかけてくる場合であっても，よほど親密になるまでは，学生は教員に対して，Prof. Smith のように，肩書とラストネームで呼びかけるのが一般的です。

[II] ○○を添付しますという表現

サンプルメールで用いられている Please find attached my research plan は「添付の研究計画を御覧ください」という意味の表現です。「○○を添付しますので，御覧ください」という場合にこの表現はよく用いられますが，これは通常の英語の語順とは異なります。上記の文は，他動詞文であり，find の後には名詞句が続きますが，名詞句の語順が標準的ではありません。英語の名詞句では通常，the blue bird や my sweet home のように，冠詞，形容詞，名詞の語順になりますが，上の例では，形容詞の attached が名詞を修飾するにもかかわらず，attached は冠詞と名詞の間ではなく，冠詞の前に現れています。文法的には Please find my attached research plan が正しい語順となりますが，どちらの語順もフォーマルな文体で用いられます。特に，attached が修飾する名詞句が長い場合は，attached が冠詞の前に現れる型が好まれます（Please find attached the file you requested など）。ほかにも「添付の書類／ファイルを御覧ください」という表現には，

次のようなものもあります。

(3) a. Here is the file attached.
　　b. I have attached the document to this email.
　　c. Attached is the file you requested.

また，E メールの場合は attached が好まれますが，手紙の場合は enclosed (同封された) が一般的で，Please find enclosed the documents のように言います。

[Ⅲ] 分詞構文

英語の書き言葉に多用される表現に，分詞構文があります。分詞構文は動詞と接続詞の機能を兼ねたものであり，主節とともに使われます。例えば，They are walking in the park talking to each other は，「彼らはおしゃべりをしながら，公園を歩いている」という意味ですが，They are walking in the park while they are talking to each other のように接続詞と主語を補うことができます。分詞構文の意味上の主語は一般的に主節の文法的な主語と一致します。分詞構文は，現在分詞あるいは過去分詞で始まり，主語と接続詞が現れないため多義的で様々な解釈が可能です。

(4) a. Seeing the pictures (≒When I saw the pictures), I remembered my old friends.
　　b. He stood on the grass, looking at the sunrise (≒while he was looking at the sunrise).
　　c. Feeling tired (≒Because I felt tired), I took a short nap.
　　d. Used properly (≒If this toy is used properly), this toy will last a month. (if)

(4) の分詞構文において，(4a) では「～する時 (when)」，(4b) では「～し

ながら（while）」，(4c)では「～ので（because）」，(4d)では「もし～なら(if)」のような接続詞を補って解釈されます。また，(4a) (4b) (4c)のような現在分詞構文は能動的な事態として，(4d)のような過去分詞は受動的な事態として解釈されます。

(4)の各例が示すように，分詞構文を解釈するには，分詞構文と主節の関係を考慮したり，分詞構文とその主節が現れるより大きな文脈を参照しながら，両者がどのような関係にあるかを推測する必要があります。そのため，分詞構文は通常の接続詞文に比べて，解釈に労力が必要となります。一方，分詞構文と主節の関係が明確でない場合，分詞構文に接続詞を加え，二つの文の関係をはっきりさせることもできます。(5)はサンプルＥメールの文面で使われている分詞構文です。

(5) a. After consulting with my professor, he recommended that I try to enter the Tokyo University of Foreign Studies.
b. While writing the dissertation, I referred to your paper on passives.

依頼のＥメールは書き言葉であり，フォーマル度が高い文体で書かれます。同時に，依頼内容を正確に伝える必要があるため，曖昧性を極力減らす必要があります。そのような背景から，サンプルのＥメールの文面では，接続詞をともなう分詞構文が用いられているのでしょう。

[Ⅳ] 論文の種類

日本語の「論文」に対応する単語は英語に複数存在します。essay は授業などで課題となる小論文を指します。paper は学術的な論文を表します。また，学位論文を見ていくと，卒業論文は graduation thesis や bachelor's thesis，修士論文は master's thesis と呼ばれます。博士論文には一般的に dissertation が多く使われます。

[V] 結語について

結語とは文面の終わりを示す言葉です。E メールの結語には，sincerely, regards, love などがありますが，依頼文などのフォーマルな内容の場合は sincerely がおもに使われます。Sincerely は単独でも使われますが，様々な形があり，Sincerely yours や Yours sincerely なども一般的に使用されます。前者はアメリカ英語で，後者はイギリス英語で用いられる傾向が見られます。相手との親密度の違いによって，結語は変わります。少し親しくなると，Best regards や Best wishes なども用いられるようになります。これらの表現は，Sincerely よりはフォーマル度が落ちますが，大学関係や仕事関係に関するメールで使われます。カジュアルな場面では，All the best や Love なども用いられます。

[VI] 結語の後の差出人情報について

正式な依頼メールを送る場合，結語の後に，差出人の情報を載せることが必須です。差出人情報には，下記のように，名前，所属，連絡先，メールアドレスなどを書くとよいでしょう。

Taro Yamada
Tokyo University of Foreign Studies
Graduate School of Global Studies
3-11-1 Asahi-cho, Fuchu-shi, Tokyo, Japan 183-8534
E-mail : yamada@tufs.ac.jp

何度かメールをやり取りして，相手と親しくなると，所属や連絡先は省略をしてもかまいません。

3. 丁寧な表現とはどのようなものか

最後に，丁寧な表現とはどのようなものかについて考えてみます。日本語は敬語が発達した言語なので誰に対して話すのか，あるいは誰のことを話すのかによって話し方を変えなければいけません。例えば，「山田さんが来ています」と「山田さんがいらっしゃっています」では，山田さんに対する敬意の度合いが異なります。英語では，敬語のような，誰について話すかによって用いられる語が違うといったことはほとんどないため，丁寧な表現はないと誤解されることもあります。しかし，実際は，英語にも文面を丁寧にするための様々な方法があります。初めての人に対する依頼メールは，そのような方法がもっとも見られる文体の一つです。一つ例を挙げると，(6)の文には丁寧な依頼をするための工夫がたくさん見られます。

(6) If possible, I would appreciate it if you could send me a reply by early October.

この文で伝えたいことは「10月の初めごろまでに返事が欲しい」ということです。しかし，この内容を伝えるため，簡潔に命令文を使って Send me a reply by early October のように言うことは非常識です。命令や要求をする場合に用いられる命令文は，お願いや依頼をするために用いるには不適切です。一方，(6)では，条件を表す if や，現実の出来事ではなく可能性を表す possible, would, could を使うことで，「もし可能であるならお願いします」というニュアンスを加え，希望を押し付けないように工夫をしています。

このような丁寧さは段階的なものです。次の文では，命令から依頼へと少しずつ丁寧さが増しています。

(7) a. Answer the phone.

b. I want you to answer the phone.

c. Will you answer the phone?

d. Can you answer the phone?

e. Would you answer the phone?

f. Could you answer the phone?

(7)では，(a)から(f)にいくにつれ表現がより丁寧になっていきます。この丁寧さの増加と密接な関係があるのは間接性です。(7)では，2種類の間接性が表現の丁寧さに関係します。一つ目の間接性は時制です。(7)の文は発話時における依頼をしているのですが，(7e)と(7f)では，過去形が使われています。現在の依頼を，現在時から離れた時制である過去形を用いて表すことによって，間接性が高くなり丁寧になります。二つ目の間接性は発話行為です。(7a)から(7f)の例を見ると，直接的に相手に命令をする(7a)に対して，(7b)では自分の希望を表明することにより間接的に依頼がなされています。同様に，(7c)-(7f)でも，相手に依頼内容を行う能力や意志があるかを問うことにより間接的に依頼をしています。例えば，(7c)は，字義通りには「電話に出る意志があるか」どうかを問う疑問文ですが，そこから「電話に出てくれますか」という依頼の意味が間接的に発生して，この言い方が一つの丁寧な形として定着しています。

ほかにも，様々な間接性が表現の丁寧さと密接に関係しています。(8)の各文では，下線部が文の丁寧さと関わっています。

(8) a. I was hoping you might be able to lend me some money.

b. I'm kind of hoping to leave early today.

c. Mr. President, if I may speak frankly, I'm not sure that's a good idea.

d. I just wanted to ask you if you could possibly come to our party on Friday.

(8a)では，主節でwas hopingという過去進行形が使われています。現

在形より過去形の方が丁寧という話はしましたが，単純形より一時的な事態を表す進行形の方が，より丁寧であると言われています。例えば，「ここに来る前どのような仕事をしていたの」と聞く場合も，What did you do before you came here? よりも，What were you doing before you came here? の方が丁寧な聞き方です。過去全体を聞く過去の単純形に対して，過去進行形は過去における一時的な状態を聞くため，一時期でもしていた仕事を答えればいいので，聞き手が質問に答える負担が少なくなり，丁寧になると言えます。また，従属節内の might be able to のような助動詞は，実行可能性を聞いているので，ここでも，現実世界における直接的な要求に比べて間接性が増しています。(8b) では，kind of のような断定を避ける緩和表現が用いられています。ここでは，自分の希望によって相手に対して負担を強いる可能性があるため，緩和表現を用いて自分の希望がそれほど強くないことを示しています。(8c) では，if I may speak frankly のような節を加え，「率直に言っていいのなら」と条件を付けることによって，目上の立場にある大統領に対する敬意を示しています。(8d) にはこれまでに述べてきた様々な間接性が見られます。順に見ていきますと，過去形 (wanted)，法助動詞 (could)，法副詞 (possibly)，緩和表現 (just) などが含まれており，極めて丁寧な表現と言えます。ただし，実際の会話で丁寧にする要素をこれほどつなげるようなことはまれであり，むしろ，過剰に丁寧な表現を使うことによって，皮肉等のニュアンスが出てきてしまうこともあります。

【読書ガイド】

ウー・ニコラス（2011）

『ネイティブならこう書くこう返す E メール英語表現』…… ベレ出版

50 の場面におけるメールの文面が記されており，特に，全ての場面で，依頼と返信の両文面が示されているので，どちらの立場でメールを書く場合も実践的に使うことができる。

→「依頼の E メール」は P114～スタートします。

第2章 人間と文学を語る

文学作品には様々な人間の営みが表れていて、歴史や文化の地層に触れることができます。韻文では和歌と俳句を採り上げ、どのように表現が行われるのかを紹介しています。散文では、国民的作家とされる夏目漱石と村上春樹の読み解き方の一つを紹介しています。怪異小説の翻案は、文学作品が国境を越えて広がる面白さを伝えてくれると思います。楽しんで読むこと、自分たちの時代や国に引き付けて考えることをお勧めします。

……日本の古典文学……

恋を歌う
―古典和歌の豊かな森から―

村尾誠一

日本には、少なくとも千五百年にわたり詠《よ》まれ続けてきた詩がある。短歌《たんか》と呼ばれる、五・七・五・七・七という音数の区切りだけをルールにした三十一字からなる詩である。「みそひともじ」と呼ばれることもある。世界の詩の中では珍しく、脚韻(1)などの韻を踏むことはない。

江戸時代以前には、和歌《わか》と呼ばれることが普通であった。和歌は長歌《ちょうか》をも含む名称である。長歌は、五・七を繰り返し、最後を七・七で結ぶ詩型である。しかし、『万葉集』では多く見られるが、それ以後には細々としか作られることはなく、和歌と言えば短歌であった。旋頭歌《せどうか》(2)など他の型もあるが、極めて少ない。明治になって、古い伝統から決別するために和歌という名称が避けられるようになった。

(1) 詩において、定められた句の末尾に、同じか類似の音韻を配すること。例えば、偶数句の末尾は、同じ母音で終わらせなくてはならないというような、詩のルール。

(2) 五七七・五七七の歌型をとる歌。『万葉集』には六二首見られる。

幸いなことに、無数といってよいほどの和歌が現在まで伝わっている。中世以前の作品は、近世の一部も含めて、『新編国歌大観《しんぺんこっかたいかん》』（角川書店）に集成され、十巻の大辞典のような形でまとめられている。現存する歌集で最も古いものは『万葉集《まんようしゅう》』であり、成立年次やその事情は明らかではないが、八世紀半ばには成立したと思われる。そこには四千五百首の歌が収められており、確実なところでは七世紀以降の歌が集められている。

和歌は様々な物や事を詠んできた。まさに、豊かな森である。その中でもひときわ輝きを示しているのが恋歌《こいうた》である。無論、四季の歌の豊富さや、旅や離別の歌、死者を悼む歌、さらには官僚生活や宮廷での生活を詠んだ歌など、和歌の射程は広い。しかし、恋歌は和歌の中でも重い。

古典の時代には恋歌は生活の具であった。恋人同士のコミュニケーションの手段であった。恋文に和歌は必須であり、和歌なしには恋人同士の交流はなかった。また、恋の思いを自ら確認し、その苦しみを紛らわせてくれるのも和歌であった。端的にいえば、和歌なしでは恋は存在しなかった。

恋は男から女に贈られた求愛の歌からはじまる。そして、二人だけの夜を過ごした翌朝には、男から和歌が届き、女がそれに返す。後朝《きぬぎぬ》の歌という。やがて、男の通いが絶えて、女の恨みの歌でもって恋は終わる。実に多くの男女間の贈答の歌が、恋の現場での思いを我々に知らせてくれている。『万葉集』では、恋歌のことを「相聞《そうもん》」と名付けていて、まさに男女間のやり取りの意である。

古典の恋歌は、当時の恋が、夜に男が女の元を訪れる通《かよ》いの型で行われることを前提にしていた。結婚もその延長上にあり、さらには、一夫多妻制が前提であった。平安朝における婚姻も、通い婚である招婿婚(3)の一夫多妻制(4)であることが常識とされてきた。しかし、それが平安時代の実態と合った知見であるかは、現在さかんに議論されている。が、恋歌の世界では、その常識が前提となっているのである。

古典和歌の森を覗くのには『百人一首《ひゃくにんいっしゅ》』が最良である。古典和歌が、その母体となった貴族の世界、宮廷の世界と共に、最も輝いていたのは、鎌倉時代初期、十三世紀のはじめ頃までである。それまでに活躍した代表的な歌人を百人選び、それぞれの代表作一首から構成された、百首の和歌からなる小さな歌集である。撰者については様々な問題はあるが、十二世紀から十三世紀にかけて（一一六二～一二四一）の大歌人藤原定家《ふじわらのていか》であると考えられる。

『百人一首』の作品世界も広いのだが、その半数近くが恋の歌である。本来、障子（現在の襖）の色紙として構想されたからなど、その理由も語られるが、基本的には、恋歌が和歌の中でも重要であった証である。そして、撰者定家が、自分の秀歌として自撰したのも恋歌であった。

来ぬ人を松帆《まつほ》の浦《うら》の夕なぎに焼くや藻塩《もしほ》の身もこがれつつ

「松帆の浦」は瀬戸内海の淡路《あわじ》島《しま》の港である。なぜこの地名が出てくるかは後述する。「松」には恋人を「待つ」意味が掛《か》けられている。日本語に豊富な同音異義語(5)を活用

(3) 男性が女性の家に入るという、婿入り婚の婚姻形態。

(4) 一人の夫が、複数の妻を持つという、婚姻形態。

(5) ここでの「松」と「待つ」のように、同じ発音を持つが意味の異なる言葉。

して、一つの音で二つ（以上の）意味を表す技法は掛詞《かけことば》と呼ばれ、和歌では重要な技法である。「夕なぎ」は夕方の風の吹かない時間、海辺には「朝なぎ」と共に、そうした時間がある。「藻塩」は海草を焼いて塩を得る古来の製塩法である。じりじりと火で海草を焦がして残った塩を得ることになる。来なくなってしまった恋人を待たなければならない、身を焼くような思いが、伝わってくる。恋歌の名作である。この歌を現代語に訳せば、

来ない人を待つ松帆の浦。その夕凪の無風状態の中でじりじりと藻塩を焼く煙があがっている。焼かれる藻のように、我が身を、来ない人への思いで焦がしている。

となろう。

しかし、不思議ではないだろうか。藤原定家は男性である。現代社会の恋人同士の待ち合わせでは、男が女を待つのは普通だが、古典の世界ではあり得ない。前に書いたように、男が女の元に通う型で恋は進行する。待つのは女だけである。

この歌は、実は十三世紀のはじめに宮中で行われた歌会《うたかい》で詠まれた作品である。建保四（一二一六）年閏六月の「内裏歌合《だいりうたあわせ》」という歌会で詠まれた作品である。歌会は歌人が集まり歌を詠み合う会だが、共通の土俵を作るために題が与えられる。事前に与えられる兼日題《けんじつ》（宿題）と、その場で与えられる当座題《とうざ》とがある。共通して詠むべき主題が示されるのである。

だから、恋題が与えられれば、恋は遠い日の記憶となってしまった老人も、恋とは無

関係な僧侶も、皆、恋の最中にある人になりかわらなくてはならない。恋人を待つという主題、「待恋《まつこい》」、女が男の訪れを待つという題が与えられれば、筋骨たくましい武士も、悩む女になりかわらなくてはならない。

実は、現在伝わるおびただしい恋歌のかなりの部分が、このように題を与えられて詠まれた歌である。自らが体験したこともないような恋の感情を詠む作品も少なくない。恋をしたことがない人は少ないにしても、男女が入れかわった体験はあまりないはずである。

日本の古典世界では、稚児と呼ばれる少年が、場合によっては女性の装いとなって僧侶や貴人に仕える文化があり、中世では特に芸能(6)の関係で重要だが（近世の歌舞伎では女形も重要）、それは一応は例外としておこう。だから、作られた恋歌だということになる。作り物の恋歌はむなしいだろうか。古典の恋歌の絶唱は、こうして作られた作品が多いのである。

ちなみに、定家のこの作品は、歌人を左右の二チームに分けて、各チームから一首ずつ歌を出し合い優劣を競い合う歌合《うたあわせ》という歌会のものだった。優劣の最終判定者を判者《はんじゃ》と言い、この会では定家がつとめた。判者は自らの作品は負けにするのが普通だが、あえて、この歌は勝ちとした。しかも相手は不敗が原則の天皇、順徳天皇の作品である。さらに、後に自らが撰者となった勅撰和歌集『新勅撰和歌集《しんちょくせんわかしゅう》』に自撰している。具体的に定家の自負の様が知られる作品である。

(6) ここでは、主に能を念頭に置いている。特に美少年で知られた世阿弥。

男女が互いの気持ちを思い合うのが恋なのだから、相手の立場になってその感情を詠めるのは当然だという考えもあり得るだろう。しかし、和歌の場合、詠まれた恋歌が蓄積され、それが、恋の進行に従って整理されている。十世紀の『古今和歌集《こきんわかしゅう》』以来、天皇の命令により何度も編まれた勅撰和歌集《ちょくせんわかしゅう》がそれである。ちなみに、総てで二十一の勅撰和歌集が編まれ現在まで伝わる。最後の集は、永享十一（一四三九）年に完成した『新続古今和歌集《しんしょくこきんわかしゅう》』である。

その勅撰和歌集では、多くの場合恋歌は五巻で構成される。恋がきざす「初恋《はつこい》」から、すべてが終わった「絶恋《たえるこい》」まで、その恋の巻は、恋の進行に従って歌が並べられている。「初恋」は、現代語とは異なり、初めて体験する恋ではなく、恋がきざす段階である。やや性役割の図式化が著しいが、一般には男の立場からの感情とされる。そうした恋心は秘しておくべきだという美学があり、その美学は「忍恋《しのぶこい》」という題で示される。何よりも噂や評判（当時の言葉では「名」）が流れるのを警戒する。

しかし、夢路での出会い(7)や、女の家を覗く垣間見《かいまみ》(8)という習慣などを経て、恋歌が交わされるような仲となる。このあたりの贈答は、勅撰和歌集でも現実に交わされた名作が載せられることが多い。その後、晴れて結ばれるのが「逢恋《あうこい》」である。やがて、様々な理由で逢うことが間遠になり「逢不逢恋《あいてあわざるこい》」などの段階を経て、女が男を待つことが多くなる、先に述べた「待恋」である。このあたりから恋歌は女の視点にシフトする。恋の巻では巻三の後半から巻四のはじめあたりとなろう。そして男が通ってこなくなるの

---

(7) 当時の人々は、相手が自分のことを思っていれば、夢に出て来て逢えるものと信じていた。

(8) 垣根の透き間や、土塀の崩れなどから、屋敷の中を覗くこと。建物の端近くに出て来た女の様子を見ることができた。

を女が恨む「恨恋《うらむこい》」となり、最後は恋が絶えてしまう「絶恋」となる。

勅撰和歌集は歌人にとっては必読であり、こうして整序された恋歌の集まりから学ぶことにより、性を異にした立場の恋歌も容易に詠むことができるのである。

さらに、恋の思いと言えば、日本古典文学には豊かな物語の伝統があり、歌人達にも読まれ続けた。『源氏物語』をはじめとして『伊勢物語』など、現在まで伝わらないものも含めて、多くの物語は恋を主題としている。男女双方における恋の物思いが詳細に描かれている。物語に描かれた恋の場面は、歌人達の想像力に強く働きかけるのである。

題を与えられて歌を詠むことを題詠《だいえい》と言い、和歌史の早くからそれは行われていたが、本格的になるのは十一世紀になってからであり、勅撰和歌集や物語、さらには個人の和歌集である私家集《しかしゅう》など、手本にするに値する作品が蓄積されるのに伴う。そして、それらの作品が古典として尊重される鎌倉時代以後の中世になると、題詠もいよいよその比重を大きくする。

作られた恋歌が絶唱となる理由は、こうした先行する作品からの学びが大きな力となるからなのである。実は、ここで引いた定家の歌も、松帆浦《まつほのうら》の美女の物語を語る『万葉集』の古歌に、詩想を刺激されているのである。聖武天皇が播磨国に出かけた折に笠金《かさのかね》村《むら》が作った長歌（巻六所収）である。

名寸隅《なきすみ》の　舟瀬《ふなせ》ゆ見ゆる　淡路島　松帆の浦に　朝凪に　玉藻刈りつつ　夕凪に
藻塩焼きつつ　海人娘女《あまをとめ》　ありとは聞けど　見に行かむ　よしのなければ　ますらをの

心はなしに　たわやめの　思ひたわみて　たもとほり　我《あれ》はそ恋ふる　舟梶《ふなかぢ》をなみ

最後に、『百人一首』で、女性が男の気持ちになって歌った一首をあげよう。天皇の娘であった高貴な女性、定家と同時代の式子内親王《しきしないしんのう》の作品である。

玉の緒《を》よ絶えなば絶えねながらへば忍ぶることの弱りもぞする

「玉の緒」は命のこと。玉を糸で貫くネックレスのような物に命を喩える。「もぞする」は「するといけないから」という古文特有の語法。

玉の緒のような命よ、絶えるならば絶えるがよい。もし命長らえ、秘かに思う気持ちを隠す力が弱ってしまうといけないから。

命にかえてでも、恋の気持ちを秘めていたいという絶唱である。恋の気持ちを秘める「忍恋《しのぶこい》」は、先にも見たように、恋心のきざした男の美学である。物語では、それが美学にとどまらず、現実の問題として抱え込まなくてはならない男が何人も登場する。例えば、『源氏物語』で光源氏の晩年の妻女三宮《おんなさんのみや》に密通し、源氏に露見して恐れおののきながら命が絶えた、柏木《かしわぎ》という人物など。

なお、この歌は、式子内親王が賀茂斎院《かものさいいん》という役目で、天皇の代理として賀茂神社(9)に仕えた女性であったので、恋をすることができない環境にいた宿命の女性の絶唱として愛されてきた。しかし、斎院時代は二十一歳までであり、さらには、作品自体、百首歌という歌会での題詠の作である。何よりも忍恋というのは、男の気持ちの恋歌として伝統的な主題なのである。

---

(9) 京都を代表する神社で、皇室の尊崇も厚かった。その神社の祭りである葵祭《あおいまつり》は、当時の都では、随一の祭であった。

【読書ガイド】

後藤祥子（一九九二）「**女流による男歌―式子内親王歌への一視点**」（『平安文学論集』一二六）……………風間書房

従来、作者である式子内親王の伝記にひきつけて鑑賞され好まれてきた、本文に掲出した「玉の緒よ」の歌が、実は、男の立場で詠まれた歌であることを、実証した論文。専門論文であるが、推理小説を読むような楽しさで読むことができる。真にすぐれた論文とはどのようなものであるか、実感させられる。

谷知子（二〇一〇）『**百人一首（全）（ビギナーズ・クラシックス 日本の古典）**』……………角川ソフィア文庫

『百人一首』の注釈書は極めて多いが、その中でも迷いなく薦められる一書。語り口はソフトで、初学者にも抵抗がないが、最新の研究成果も踏まえて、的確な記述がなされている。コラムとして和歌文学の基本的な知識が記述されているのも便利である。

村尾誠一（二〇一一）『**藤原定家（コレクション日本歌人選011）**』……………笠間書院

拙著をあげて恐縮だが、四千五百首の定家の作品の中から五十首を選び、どのような歌を詠んだ歌人であるかを、作品を通して知る事ができるようにしている。また、定家の生涯を辿る形で歌を配置したので、定家がどのように生きてきたかも知る事ができるように工夫したつもりである。

俳句による日本語・日本文化教育の実践

……現代俳句……

菅長理恵

俳句による日本語・日本文化教育の実践には、「言語的側面」「文化的側面」「表現タスク」という三つの側面がある。

「言語的側面」で最も特徴的なのは、俳句の五・七・五ルールにみられる「拍」である。日本語はモーラ言語[1]であり、一つ一つの音がほぼ等しい長さを持つため、音の数を一定のリズムで「数える」ことができる。それが「拍」である。和歌・俳句といった日本の短詩型が音数律を有するのは、このような日本語の音声的な特徴に基づいている。

現在、俳句は世界の様々な言語でＨＡＩＫＵとして作られ、読まれることも多くなっている。言語によっては日本語の俳句に習って五・七・五というシラブル[2]で作られている。

しかし、日本語のモーラと英語などのシラブルは異質であり、五・七・五シラブルで作

(1) 言語によって、音の長さの捉え方が異なるが、一つ一つの音の長さが一定である言語をモーラ言語という。英語の場合は、音をシラブルで数えるが、一つ一つのシラブルは子音の数によって長くも短くもなる。日本語の場合は、基本的に一つの子音に一つの母音がついて一モーラとなる。

(2) 注（1）を参照。

られた英語俳句は、日本語の俳句よりも内容的に長いものになる。したがって、フランスにおけるHAIKAI[3]のように、俳句の本質を「短詩」と見る場合には、三行、もしくは、三つのパートに分けられる詩というような形式がとられる。

俳句の「拍」を数える時、よく指を使う。日本人は、開いた手の親指から順に折っていって五まで数え、六からは握った状態の小指から順に立てていく。このような数える時の指のおり方も、実は、文化習慣によって異なる。クラスに異なる文化背景を持った学習者がいる場合、それぞれの違いを比較してみるのも、文化学習として興味深い。

また、「文化的側面」として最も特徴的なものは、「季語」を使うというルールである。このルールについては様々な面からの説明が可能であるが、三つの点を紹介しておきたい。

一つ目は、四季があるという日本の気候風土が背景になっていることである。季節ごとに身の回りの風物が異なり、衣更《ころもがえ》[4]や初物・旬[5]など、生活が季節の推移と密着している。春の「花見」、夏の「祭り」、秋の「月見」、冬の「こたつ」など、季語を通して日本人の生活習慣・文化に触れることができる。また、昔からある季語に加え、近現代になってから加わった「冷房」や「花粉症」などの季語もあり、生活習慣の変化によって、新たな季語が生まれてくるというダイナミズムも見られる。

二つ目は、古今集[6]以来、勅撰和歌集[7]では春の部・夏の部というような「部立て」という分類がされてきたという文学史的な背景である。春の部の中の和歌は、春浅い頃から

---

(3) 正岡子規による「俳句」という名前が定着する以前、明治初期に「俳諧」として紹介されたため、フランスでは、HAIKUではなく、HAIKAIと呼ばれる。

(4) 季節によって、着るものを替えること。洋服が一般化する前には、寒い時期から温かくなるにつれて、綿入れ（布と布の間に綿が入った着物）→袷（あわせ・裏地のついた着物）→単衣（ひとえ・裏地のない着物）のように替える習慣があった。現在では、六月と一〇月に中学・高校等の制服が夏服・冬服に替わる。また、一般家庭でも、気温の変化に伴って、気候に合わなくなった服を片づけ、気候に合った服を取り出す習慣を衣替えという。

(5) その季節に初めて食べるものを「初物」、たくさんとれて安く手に入り、栄養も豊富な時期の食べ物を「旬」という。

(6) 日本初の勅撰和歌集。正式名称は『古今和歌集』だが、『古今集』と呼ばれることが多い。

(7) 天皇（または上皇）の命令（勅令）により編纂された和歌集。『古今集』（九〇五頃）から『新古

春の盛りを経て夏へという推移にしたがって配列されており、季節の推移を追うことができる。俳句の季語を集めた『歳時記』も、このような和歌の伝統にしたがっている。一口に「春」と言っても、まだ風も冷たい時期を示す「春浅し」という季語や、暖かく春らしい時期ののどかさを表す「春うらら」という季語、春から夏へと季節が移っていく時期を示す「ゆく春」など、季節の推移を細やかにとらえているのが季語である。

三つ目は、日本の詩が叙景(8)という特徴を持つことである。一般的に詩は大きく「叙情詩」と「叙事詩」に分けられる。それに対して、日本の和歌や俳句は「叙景詩」に分類することができる。そして、和歌に限らず日本の文学作品では、情景の描写が感情を代弁する。例えば『源氏物語』で「生い茂った草むらに月の光だけが差し込んでいる」という情景描写があれば、それは、そこに住む人の「哀しみ・淋しさ」を代弁していると理解することができる。「花曇り」という季語は、桜の花盛りでありながらどんよりとした天気を意味し、華やいだ雰囲気と冴えない気分とを含意する。つまり、そのような叙景の表現があれば、感情を表す言葉がなくとも気持ちを伝えることができ、結果的に、詩は短い描写だけで済むのである。俳句では、「悲しい」と言わずに悲しさを、「嬉しい」と言わずに嬉しさを伝えることができる作品が良い作品であると考えることができる。

「表現タスク」としては、「穴埋め俳句」「鑑賞」「作句」「句会」などが考えられる。

「穴埋め俳句」というのは、俳句作品の一部分を伏せ字にしておき、どんな語句が入るか考えさせたり話し合わせたりするものである。オリジナル作品をあてるのが目的で

今集』（一二〇五）までの八代集が有名であるが、『新続古今集』（一四三九）まで二十一の勅撰和歌集があり、二十一代集と呼ばれる。

(8)「叙景」「叙情」「叙事」の「叙」は詩の言葉で書き表すことであり、「叙景」とは「風景・景色」を叙する＝書き表すことである。同様に、「叙情詩」は「感情」を叙する詩、「叙事詩」は「事柄（出来事）」を叙する詩である。

はなく、自由な発想で考える。ただし、どうしてその語を選ぶのかについて説明ができなければならない。全く違った趣の作品が生まれる面白さもあり、話し合いの中で自分とは違う発想に触れる楽しさもある。また、自分なりに考えた上で原句を知ると、オリジナル作品の語句がどのような意図で選ばれているのかをより深く味わうことができる。また、季語が入る部分を空欄にして、様々な季語を当てはめてみると、季語の働きをよりよく理解することができるであろう。

「鑑賞」では、どのような情景か、季節はいつか――それはどの語句からわかるか、作者の気持ちは――それはどのような表現からわかるかという三点をおさえた上で、個人的な感想を述べる。俳句で「花」と言えば桜の花のことであり、「月」といったら「秋」の月を指す（したがって、それ以外の季節について詠む時は「春の月・朧月」、「夏の月」、「冬の月・寒月」などの言葉を使う必要がある）といったルールを知っておく必要はあるが、それ以外の手がかりは全て五・七・五の中にある。したがって出てくる鑑賞は全て一律かというとそうではなく、句の情景から何を連想するかが人によって異なり、鑑賞に幅や広がりが生じることも少なくない。そういった自由な読みが可能であることを知ると、学生たちは生き生きとし、自分なりの鑑賞をしようという意欲を見せる。この「鑑賞」では、ぜひ、教師自身が魅力的だと感じる俳句を取り上げてほしい。そして、学生たちとともに、解釈、鑑賞の広がりや深まりを味わっていただきたい。

「作句」は実際に俳句を作ってみることである。総じて、留学生は積極的に取り組むことが多く、表現の工夫に意欲的である。作品は、短冊に一行で、もしくは模様のあるA4の紙に三行で書いて張り出し、発表する。書く時に筆ペンを使うのも、日本文化に触れているという実感があって好評である。俳句には人柄が如実に現れることが多く「○○さんらしい」といった声が出る一方、普段無口な学生がこんな感じ方・表現をするのかという驚きを覚えることもある。これらの作品は、教師側で記録を取った後、学生に持ち帰らせることができ、記念になる。

時間に余裕があれば「句会」を行う。句会のやり方は参加人数や場所によっていろいろな形があるが、クラスで行う場合は、以下のようにする。

①細長い紙に無記名で作品を書いて出す（投句）――漢字には読み方を付す
②別紙に清書する（清記）――筆跡で作者がわかるということがないようにする
（データを打ち込んで、プリントアウトすると簡単であり、記録も残せる）
③清記用紙を回覧して、いいと思う句を選ぶ（選句）
④選んだ句を一人ずつ読み上げる（披講）
⑤全員の披講が終わったら、一句ずつ、どこが良いと思ったかコメントする（講評）
――高得点の句から順にコメントしていくことが多い
⑥講評が終わったら、作者名を明らかにする（名のり）

選句では、三句選んだら三句とも誰かの選と一致していたということもあり、そんな時は、「心の友ですね」と言う。共感するところが同じ、よく似た感性を持つということだからである。講評では、自由に意見を述べ合う。先生の句も学生の句も平等に扱われ、作者がわからないので、遠慮なくほめたり疑問を述べたりすることができる。

以下に、九〇分一コマの場合の実践例を紹介する。

まず、五・七・五ルールと「拍」について説明し、季語の使用と叙景詩という特徴、叙景＝叙情であるから俳句は短くて済むこと、「うれしい」と言わずにうれしいことがわかるようにするのが良いという諸点について確認する。代表的な季語を紹介した後、例句を示し、全員で鑑賞を試みる。先に述べたように、どんな情景か、季節はいつか——どの語でわかるか、どんな気持ちか——どの表現でわかるかという三点について押さえる。そして最後にタスクとして作句もしくは鑑賞文を課す。ほとんどの学生が俳句作品に挑戦し、鑑賞文を選ぶのは数名である。表現についての相談にはのってよいし意味に関わる誤りは指摘するが、基本的に添削は行わずに発表させる。このような実践で最も重要なことは、どのような例句を採り上げるかである。もちろん、定番の古典作品も欠かせないが、やさしい日本語・すなおな発想の小中学生作品も扱いやすい。また、鑑賞において共感を呼ぶのは同年代の高校生・大学生の作品である。

具体的な作品をいくつか紹介してみよう。

（1）ももの花　いもうとはまだ　三つです（小学生の作品）

三月三日桃の節句の情景。気持ちを表す言葉は使われていないが、妹を「かわいい」と思っている気持ちが伝わってくる。

（2）給食が　春のメニューに　なっていく（中学生の作品）

日本の学校文化に欠かせない「給食」がテーマ。どんなメニューに春を感じるか話し合うと面白い。

（3）先生の　隣に座る　暑さかな（高校生の作品）

先生との微妙な距離感を示して秀逸。生徒が先生に対してどのような気持ちを持っているのか話し合わせてみると面白い。「かな」という切れ字を使っているところが高校生らしい。俳句の型として使える。

以下は穴埋め俳句の例である。

（1）をりとりて○○○とおもきすすきかな

（2）金風《きんぷう》や□より生《あ》るる詩が一つ

（1）は日本の秋を代表する植物「すすき」を手にとった時の感触を詠んでいる。授業ではすすきを一〇本ほど採取してきて壺に活け、教室に持ち込む。学生たちに実際に手にとってもらい、その感触をどのような言葉で表現するか考えてもらう。決して重くはないが、確かに手に伝わってくる感触がある。一人一人で考えてもなかなか言葉が出てこないことが多いので、グループで話し合ってもらう。四人前後のグループが、一番活発な話し合いになるようである。柔らかな、予想外の重みを感じた驚きを、原句では「はらりと」で表現している。日本語の擬《ぎ》態語《たいご》(9)について学ぶ機会としても活用できる作品である。

（2）の「金風」というのは、秋風のことである（陰陽五行説(10)において、世界は「木火土金水」の五つの元素で構成される。方角や時間、色など、さまざまなものがこの五行(11)で表されるが、季節も、春・夏・土用(12)・秋・冬があてはめられ、秋は「金」にあたる）。秋は、「〇〇の秋」という言葉が多くあるように、様々な活動によい季節である。ここでは、詩が生まれるのであるから、芸術の秋、文学の秋、読書の秋、などが連想される。どんな時に詩が生まれるかを考え発表させるのは楽しい活動である。すでに「金風」という季語が使われているため、空欄には季語以外のものを入れるのが望ましい。原句では、ブランクに「誤字」が入る。意外なものから詩が生まれた驚きを詠んでいる句である。

　俳句のルールは実に単純（以下の三つ）であり、誰でも作ることができる。そして、表現の可能性を探ると、その奥行きは深く、幅広い。様々な楽しみ方が可能な文芸である。

---

(9)「はらりと」のような、物事の様子を表す言葉。他にもふわり、ひらひら等、多種多様。

(10) 中国古代からある思想。世界を「陰」と「陽」の二つに分ける陰陽説と、世界が五つの元素から構成されていると考える「五行説」が融合したもの。

(11) 世界を構成する元素は「木・火・土・金・水」の五つであり、万物がこれらの五つに分けて捉えられる。曜日の名もここから来ているし、干支の十干も「きのえ（木の兄）」「きのと（木の弟）」「かのえ（火の兄）」「かのと（火の弟）」のように、名前がついている。

(12) 夏の終わりの「土用の丑の日」が有名だが、本来、次の季節になる直前の期間、どの季節にも属さない中間的な時期を「土用」といい、年に四回ある。四つの季節を五行でそれぞれ春＝木、夏＝火、秋＝金、冬＝水のようにあてているため、残りの一つ「土」が、どの季節にもあてはまらない中間の時期にあたる。

は　発見したこと（awareness）を詠む
い「いつ」がわかるように「季語（seasonal signal）」を使う
く　組み立ては五・七・五

授業の際には、何よりも、教師が自分の好きな俳句[13]を扱い、その良さを伝えることが大切である。学生といっしょになって、俳句の世界を楽しんでいただきたいと思う。

(13) 句集は膨大な量があるため、まずは、手頃な『歳時記』を一冊買うことをお薦めする。歳時記には、季語の解説のほか、必ず例句が載っている。

【読書ガイド】

飛高隆夫・野山嘉正編（二〇〇七、二〇〇八）『**展望現代の詩歌9　俳句Ⅰ**』『**展望現代の詩歌10　俳句Ⅱ**』『**展望現代の詩歌11　俳句Ⅲ**』……明治書院

戦後の代表的な俳人について、詳しい人物紹介と作品鑑賞がされている。現代俳句について解説が欲しい人におすすめ。

山本健吉（一九八九）『**基本季語五〇〇選**』……講談社学術文庫

歳時記の中でも特に息長く愛され続けるベストセラー。英訳されて世界中からアクセスできるウェブページにもなっている。THE FIVE HUNDRED ESSENTIAL JAPANESE SEASON WORDS（http://www.2hweb.net/haikai/renku/500ESWd.html）

夏目漱石と近代日本

……近代日本の文学……

柴田勝二

　近代日本を代表する作家である夏目漱石の作品の多くは、時代を超えて現在まで読み継がれている。夏目漱石、本名夏目金之助が江戸、後の東京に生まれたのは一八六七年一月で、これは二六〇年間つづいた江戸時代の最後の年に当たっている。つまり漱石の満年齢は明治時代の年と同じで、まさに明治という新しい時代とともに生きた人物であった。胃潰瘍で亡くなったのは大正五年すなわち一九一六年で、したがってその生涯は五〇年に満たず、しかも作家となったのは三十代の後半であったために、その作家生活はわずか一一年という短さであった。しかしその間に近代日本の問題を鋭く捉えた作品を次々と発表し、近代を代表する作家と見なされるようになった。

　夏目漱石が生きた明治時代は、江戸時代の終わりにそれまで長くつづいた鎖国[1]を解き、

(1) 江戸幕府がとった対外政策。日本人の海外往来禁止、キリスト教の禁制、貿易関係の中国人、オランダ人以外の外国人の日本渡航の禁止などによる孤立状態をさす。一八五三（嘉永六）年のペリーの来航まで続いた。

西洋諸国と交流をもつようになった時代で、西洋文明の摂取による国家の近代化が急がれていた。そうした時代を反映するように漱石自身は明治二〇年代、つまり二十歳代にはもっぱら英文学の学究としての道を進んでいくことになる。漱石は一八九三（明治二六）年に東京帝国大学の英文科を卒業し、大学院に進むとともに東京師範学校[2]の英語教師となり、研究と教職の両方に携わっていく。

漱石は少年期には漢文学[3]を愛好し、漢学の塾である二松学舎に一年間通ったこともあるが、そこから英文学へと専攻分野を変更した背景に、明治という西洋志向の強い時代の潮流があったことはいうまでもない。新しい時代に適合するべく漱石も西洋の文化を吸収することを選択したのだった。けれども漢文学と英文学の間には大きな距離があり、その隔たりに漱石はとまどわなくてはならなかった。漱石は文学研究の主著である『文学論』の「序」で、英文学を学んだものの、大学を卒業する頃には英文学にだまされたような気がしたということを述べている。それは自分が幼少期から親しんだ漢文学と比べて、英文学の味わいがどうしても実感できないという感覚であった。

漱石は帝国大学を卒業後、一八九五（明治二八）年に四国の松山市の中学校[4]で英語教師になり、翌年には熊本の第五高等学校に転じている。その後漱石は五高教授に在籍のまま一九〇〇（明治三三）年から一九〇三（明治三六）年にかけてイギリスに留学し、英文学を研究することになる。『文学論』はこの時の研鑽の成果を帰国後にまとめたものであったが、留学の時点になっても、漱石は英文学に対する違和感を打ち消すことが

（2）東京教育大学（現、筑波大学）の前身。一八七二（明治五）年に、文部省直轄の日本最初の師範学校として創設された。教員養成の中心機関として発展し、とくに明治期においては他の官立・公立師範学校のモデルとして指導的役割を果たした。

（3）経（経書）・史（歴史）・子（諸子百家）・集（詩文集）の四部に大別される、中国の古典文学。ないしは漢文で綴られた文学作品全般。漱石は『文学論』「序」で語っているように、「左国史漢」つまり『左氏春秋伝』『国語』『史記』『漢書』といった漢文学の世界に少年期から親しんでいる。

（4）旧制の愛媛県尋常中学校（松山中学校）。当時の中学校は学齢的には現在の高等学校に相当する。

できなかったのである。

これは研究者としてはかなりつらい事態であるといえるだろう。漱石の英語力はきわめて高かったが、作品の表現に込められたものを汲み取り、微細な次元で味わうことができないと感じていたのである。そこから漱石は、日本人である自分に英文学の研究そのものが可能であるかどうかという本質的な疑念に突き当たり、それに対して肯定の答えを出すためにイギリスでも苦悩しつづけることになる。もともとあった神経症的な症状を次第に悪化させ、下宿からまったく外出しないという日々がつづいたりする。漱石が発狂したという噂が日本に伝えられたりもしたが、苦悩と迷いの末に漱石は一つの立脚点に辿り着く。それが「自己本位」という立場で、漱石は自己の個人としての感受性に基づく判断によって英文学を考察、批評してもよいのだという結論に達したのだった。

講演の「私の個人主義」では「私が独立した一個の日本人であつて、決して英国人の奴婢でない以上はこれ位の見識は国民の一員として具へてゐなければならない上に、世界に共通な正直と云ふ徳義を重んずる点から見ても、私は私の意見を曲げてはならんのです」と語られている。興味深いのは漱石が自己の感性的判断に則って英文学の作品を対象化してもよいのだと考えながら、「一個の日本人」という自身のナショナリティーが浮かび上がっていることである。これは個人の感性が培われるのが、そのなかに生まれ育った文化の枠組みにおいてである以上、ある意味では当然ともいえるが、その点で漱石の見出した「自己本位」という立場は、個人としての自己を尊重するとともに、そ

---

(5) 旧制五高、旧制一高はそれぞれ現在の熊本大学、東京大学に相当する。

(6) 俳人・歌人。一八六七～一九〇二。評論「歌よみに与ふる書」などによって、俳句・短歌の革新を訴え、また写生文の理念を説いた。カリエスによる長い病床生活を強いられたが、精力的な活動を止めることなく、俳句・短歌を近代文学のジャンルとして確立した。

(7) 合資会社ホトトギス社が発行する俳句雑誌。一八九七（明治三〇）年に正岡子規の友人である柳原極堂が松山で創刊し、翌年高浜虚子が東京で引き継いだ。夏目漱石が小説『吾輩は猫である』、『坊っちゃん』を発表したことでも知られる。明治期には総合文芸誌として、大正・昭和初期には保守俳壇の有力誌として隆盛した。

(8) 俳人。一八七四～一九五九。正岡子規に師事し、『ホトトギス』

の自己を包摂している自国のあり方に振り向かせる契機ともなった。実際漱石の作品群には、自身の眼差しによって捉えられた同時代の日本の姿が盛り込まれつづけることになる。

漱石がイギリス留学から帰国したのは一九〇三（明治三六）年一月で、三月に熊本の五高から一高(5)に転じ、同時に東京帝国大学の英文科の講師も務めるようになる。帰国後も精神状態は良好ではなかったが、友人であった俳人の正岡子規(6)の弟子で、『ホトトギス』(7)を主宰していた高浜虚子(8)が、漱石に小説を書くことを勧め、それがこの雑誌に掲載されて大きな反響を呼ぶことになる。その作品はいうまでもなく『吾輩は猫である』で、これを出発点として漱石は小説家としての活動を始め、たちまち当代きっての人気作家となった。一九〇七（明治四〇）年には一高・帝大(9)の講師を辞めて東京朝日新聞社に入社して作家専業となり、『虞美人草』から晩年の『明暗』に至るまでの作品が生み出されていく。

漱石の文学についてはこれまで近代人の自我という観点から眺められることが多かったが(10)、漱石自身が講演や評論で述べているのは、外部世界の本質を捉えることが文学者の仕事であるということである。たとえば一九〇八（明治四一）年の講演「創作家の態度」では、文学者の態度で肝心なのは「いかなる立場から、どんな風に世の中を見るか」ということであると語っている。また前年の一九〇七（明治四〇）年におこなわれた講演「文芸の哲学的基礎」では、文学の理想は「真」の把握にあると語っている。こ

を主宰した。創作においては定形と季語を尊重し、客観写生による自然描写を重んじた。

(9) 旧制の国立総合大学。ここでは一八七七（明治一〇）年に帝国大学令により創設された東京帝国大学を指す。分科大学として法科、医科、工科、文科、理科の各大学を置き、その後農科大学が加えられた。一八九七（明治二〇）年に京都帝国大学が創設され、その後明治末期から昭和期にかけて東北、九州、北海道、大阪、名古屋、京城、台北の各帝国大学が設置された。

(10) この観点から漱石文学を論じた代表的な論者としては、江藤淳や山崎正和がいる。江藤は『夏目漱石』（一九七四）で、個人の自我にこだわりながらも、それを「悪」として受け取ってしまう分裂のなかに生きた作家として漱石を捉え、山崎は『淋しい人間』（一九七八）で、自我の曖昧な部分を潔癖にそぎ落とすことによって「淋しい人間」となってしまったのが、『こゝろ』の「先生」に代表される漱石的人物の特徴であると述べている。

の二つの講演の主張を重ねれば、文学者の職務とは「世の中」の「真」の姿を摑み取って、それを物語の形のなかに込めて提示することであることになるが、実際漱石の主要作品はそうした理念と方法によって書かれている。

たとえば一九〇六（明治三九）年に書かれた『坊っちゃん』にはそれがはっきりと見られる。この作品の主人公は東京の物理学校を卒業して、漱石自身が教えていた学校と重ねられる、四国の中学校に数学教師として赴任し、そこで生徒や上役の教頭たちと衝突したりする騒動を起こし、そのあげく教頭に制裁を加えて中学校を辞職し、東京に戻ってくることになる。主人公は直情径行の性格で、自分を軽んずる人間とは衝突することを避けない青年として描かれている。重要なのはこの作品が、明治時代の日本における最大の国際的出来事であった日露戦争の翌年に書かれていることである。軍力に優るロシアを相手にしたこの戦争において、戦前の予想に反して日本はかろうじて勝利を収めた。アジアの小国と見なされていた日本がロシアに勝ったことは、日本の国際的評価を高めることになったが、『坊っちゃん』の主人公が喧嘩好きで、上司との衝突も厭わない性格によって描かれているのは、明らかにロシアという大国との戦争を遂行した日本の姿と照らし合っている。

もちろん漱石は戦争を賛美するためにこの作品を書いたのではないだろう。主人公は教頭との争いに勝っても結局中学校を辞めざるをえなくなり、中学校での権力は依然として教頭が握ったままである。そこに日露戦争に勝ったところで、日本が本当にロシアを凌ぐ一流国になったわけではないという漱石の醒めた認識が込められている。また主人公が「坊っちゃん」と称され、それが作品のタイトルにもなっているのは、まさに漱石がこの戦争の主体である日本に対して捉えた「真」を表現している。つまり漱石の眼には、明治が始まって四〇年近く経ち、ロシアとの戦争にも勝った日本が未だ「坊っちゃん」つまり子供の域にあると映っているのである。

未成熟な近代国家としての日本を愛情と批判を交えた眼差しによって描きつづける漱石の方法は、東京朝日新聞社に入社し、「ジャーナリスト」としての意識が高められていく明治四〇年代の作品にはより強く盛り込まれている。この時期において中心的な位置を占めていた「世の中」の問題は、日露戦争終結後に推し進められていく韓国併合[11]への動きであった。日本は一九〇五（明治三八）年一二月に韓国統監府を置き韓国を「保護国」化し、一九〇七（明治四〇）年に結ばれた第三次日韓協約では外交・内政の両面にわたって韓国は自律性を失うに至った。さらに一九〇九（明治四二）年には韓国の司法・監獄事務委託に関する日韓覚書への調印によって韓国は自律的な司法権も奪われ、翌一九一〇（明治四三）年八月に日韓併合が遂行されることになった。

日韓併合が成ろうとしていた一九〇九年、一〇年に書かれた作品である『それから』『門』には、この出来事が色濃く投影されている。『それから』では三年前に友人に譲った女性と再会することで主人公代助は彼女への情念を再燃させ、最後には友人から彼女を奪い取るに至る。『門』はその続編的な作品で、主人公宗助は友人から奪った女性を

---

(11) 一九一〇年八月二九日に公布施行された「日韓併合に関する条約」に基づき日本が行った韓国の領有。日露戦争後韓国における日本の政治的、軍事的な地位の優位性が進み、一九〇五年の日韓協約によって日本は韓国の外交権を獲得し、韓国は国際法上の保護国となって統監がおかれた。その後ハーグ密使事件、伊藤博文の暗殺、義兵による叛乱など、日本による統治に抵抗する広範な運動があったが、一九一〇年八月二二日第三代統監寺内正毅と首相李完用の間で「日韓併合に関する条約」に調印がなされ、一九四五年八月にまで至る併合が断行された。

妻として暮らしているものの、彼らは子供に恵まれず、それを自分たちが夫婦となった経緯の報いであるかのように感じている。この二つの作品に共通する、主人公の男性が友人から女性を奪い取るという構図は、同時期に進行していた、日本が隣国の韓国を併合しようとする行為の写し絵にほかならない。しかも『門』の主人公夫婦が子供に恵まれないという設定に示唆されるように、日本の帝国主義的な拡張が決して豊かな未来をもたらさないという批判的な眼差しがその構図に織り込まれているのである。

一九一四（大正三）年の『こゝろ』は、こうした形で進んでいった明治という時代を、それが終焉した時点から総括しつつ、未来への展望を込めようとした作品である。上中下の三巻によって成るこの作品には、上中巻の語り手である若い「私」と、彼が鎌倉の海岸で出会って知己となり、明治天皇の死に殉ずるようにみずから命を閉じ、下巻においてその遺書が提示される中年の男である「私」の、二人の語り手が存在するが、若い「私」によって「先生」と称される後者による遺書の内容は、まさに明治日本が辿った軌跡を象《かたど》るものである。そこでは先生が若い頃、今の妻と結婚するために、友人のKを出し抜き、それによって絶望したKは自殺を遂げたという悲劇が語られている。先生が三角関係の勝利者となるのは、『それから』や『門』と同じだが、この二作の背後にあったものが韓国との関係であり、愛する人を失う人物が韓国民衆の暗喩であったことが、『こゝろ』では先生とのせめぎあいに敗れる人物に「K」という呼称が与えられていることによってより明確に示唆されているといえる。

そして『こゝろ』の先生に子供がおらず、社会的活動を封印した空虚な人間として登場しているのは、『門』を受け継ぎながら、そこに込められていた日本の帝国主義的拡張への批判をさらに強めた構図として受け取られる。したがって先生が明治の終わりとともに自殺をするのは、先生が明治天皇への信奉などをそれまで語っていないだけに、展開としては不自然さを感じさせながらも、合理性をもった結末であるといえる。つまり先生にこの選択をさせることによって、漱石は戦争と侵略に終始した明治時代を葬ろうとしたのであり、その経緯を述べた遺書を若い「私」に託すことによって新しい大正という時代への期待を込めようとしたのである。

皮肉なことに、この作品の完成直後日本は第一次世界大戦に参戦し、漱石の期待は叶えられることはなかった。しかしいずれにしても漱石はこうした形で、出発時から晩年まで一貫して自身の生きる近代日本を見つめ、その姿を愛着と批判を込めて描きつづけた。そのため読者は漱石の作品を読んでいくことで明治から大正への近代日本の展開を見ることができるのであり、漱石が近代最大の「国民作家」と称されることになったのは、その意味においても自然な成り行きであったといえるだろう。

【読書ガイド】

小森陽一（一九九五）『**漱石を読みなおす**』……ちくま新書

一九世紀から二〇世紀にかけての時代の転換期を生きた漱石の足取りを辿りつつ、正岡子規との関係、留学先であったロンドンの状況などを照射し、その人間像と時代性との照応を明らかにする。

柴田勝二（二〇〇六）『**漱石のなかの〈帝国〉――「国民作家」と近代日本**』……翰林書房

漱石を近代的自我と格闘した作家ではなく、功利主義と帝国主義に覆われていった時代を生き、それを作品に寓意的に表現した作家として捉える。

柴田勝二（二〇一五）『**夏目漱石　「われ」の行方**』……世界思想社

漱石の生涯と思想と文学を、強固な自我を持ちつつ、その「我」を通して「非我」としての外部世界を表現した文学者の軌跡として総合的に浮かび上がらせる。

朴裕河（二〇〇七）『**ナショナル・アイデンティティとジェンダー――漱石・文学・近代**』……クレイン

帝国主義の時代の様相を作品の表現に刻みつけた漱石の世界を、その時代の犠牲になった韓国に生を受けた研究者としての眼差しによって批判的に捉える。

村上春樹と東アジア

……近代日本の文学……

柴田勝二

一九八〇年代以降の日本文学を代表する作家である村上春樹は、日本だけでなく欧米、アジア諸国の全域にわたる広範囲の読者を獲得して、現在世界でもっとも関心を集める作家の一人となっている。一九七九年の『風の歌を聴け』を起点とする村上の活動期間はすでに四〇年を超え、その間に膨大な量の作品を発表してきているが、当然その主題や内容には相当の変化が見られ、作家に対する捉え方もそれに応じた変遷を示している。

デビュー当時の村上のイメージは、アメリカ文学の影響下で創作を始め、登場人物も日本の政治状況や社会現実にさほど関心を示さず、もっぱら自身の趣味に従った気分の良さを求める青年たちを描く作家というものであった。そこから社会からの「デタッチメント」という言葉がしばしば村上の文学に対して与えられたが、これは村上自身がおこなった表現がやや曲解を含んだ形で流通していったものである。この問題に言及している臨床心理学者の河合隼雄との対談（『村上春樹、河合隼雄に会いに行く』一九九六）で、村上は「コミットメント」(1)を基本的に六〇年代末の時代感情として語っており、「それがたたきつぶされるべくしてたたきつぶされて、それから一瞬のうちにデタッチメントに行ってしまうのですね」という言い方で、六〇年代末に沸騰した反体制運動が終息して七〇年代へと移行していった流れを表現している。すなわちデタッチメントとは、青年たちが全共闘に代表される政治運動から乖離せざるをえなくなった状況を表現する言葉であり、村上自身が社会現実に背を向けた意識の持ち主であるわけではない。確かに初期作品の登場人物は積極的な政治意識を表出したりしないが、むしろそうした姿における青年たちを描くことで、村上は七〇年代以降の社会的な気分をすくい上げようとしていた。(2)

村上は六〇年代末の情念的な時代に愛着を持つ人間であり、政治や歴史への関心も少なからず持ち、それを作品に盛り込んできている。それが顕著に現れるとされるのは、一九三九年に満州と外蒙古の国境で勃発したノモンハン事件を中心的な素材の一つとする『ねじまき鳥クロニクル』（一九九四〜九五）においてだが、この作品に見られる日本とアジアの歴史的関係への関心は、デビュー当初の作品においても主題化されている。

とくに村上作品に盛り込まれた「中国」の表象については、藤井省三の『村上春樹のなかの中国』（二〇〇七）に詳しいが、これによれば村上の創作には魯迅の影響が見ら

---

(1)「コミットメント」はここでは時代の政治的状況に直接関与することを指す。一方「デタッチメント」は政治を含む現実社会の潮流から距離を取った態度を示すことを意味している。

(2)「コミットメント」「デタッチメント」という言葉ないし概念によって村上作品を論じようとした代表的な批評家に加藤典洋がいる。加藤は『イエローページ 村上春樹』（一九九六）の『ねじまき鳥クロニクル』（一九九四）を論じた章で、河合隼雄との対談での発言を受けて、村上がこれまでの作品で「「内閉」へのかかわりが、いわゆる「世界」へのかかわりより深い世界へのコミットなのだと語ってきた」以上、「デタッチメントではなくてコミットメント、ではなく、デタッチメントがコミットメントであること、コミットメントだったことにいま気づいた、という言い方こそが、彼にはふさわしい、という気がするのであ

れ、とりわけ希望に満ちた時代の喪失を起点的なモチーフとする姿勢が共通しているという。魯迅との関係はここでは触れないが、検討の中心的な対象となっている『中国行きのスロウ・ボート』（一九八〇）には村上の中国への贖罪的な心性が軸をなしている。なかでも主人公がアルバイトの仲間だった在日中国人の少女を、山手線の逆回りの電車に乗せて、門限に遅れさせてしまった挿話と、高校生時代に知り合いだった在日中国人の男が売っている百科事典の購入を断った挿話は、表層的な次元で藤井のいう「中国人への罪」という方向性を示している。

　外国雑誌による村上へのインタビューを集めた都甲幸治の「知られざる村上春樹の顔」（二〇〇七）を見ると、外国人の取材に対しては、村上が国内向けにはほとんど表さない政治・歴史的な関心をかなり率直に語っていることが分かる。中国との歴史的関係にしても、村上は「僕の父は第二次世界大戦のあいだ中国に行きました。中国での戦争についての話を父がたくさんしてくれたおかげで、僕も興味を持ったのです」（『Bomb』）と語り、そのせいか「とにかく僕は中華料理がまったく食べられません。はっきりどうしてかはわからないですけれど、ダメなのです」と言っている[3]。また別のインタビューでは、自分が戦後生まれであるにもかかわらず、「父親の世代のやったことに僕たちは責任があります。彼らが生み出した記憶を僕らも共有しているからです。戦争中になされたことに僕たちは責任があります。こうした残虐行為について書いた理由はそれなんです」（『Le Magazine Littéraire』）という明確な発言をしている。

る」と述べている。これは本節での村上への把握とも重なっているが、「デタッチメント」を主人公と作者のレベルで区別して考える必要があるだろう。夏目漱石も『それから』（一九〇九）や『こゝろ』（一九一四）で、明らかに「デタッチメント」のなかに生きる人物を描きながら、それによって同時代の状況への「アタッチメント」をおこなっていたのである。

(3) 村上は後にエッセイ「猫を捨てる」（二〇一九）で、父親の千秋の従軍経験について綴っている。これによれば、千秋は中国で従軍していた際に、中国兵の捕虜を処刑する場面に居合わせたことがあり、それが彼に重い心の傷を残したようである。その経験が春樹にも伝えられ、彼の中国観の一因をなしたことは否定しえない。

こうした村上の言葉は額面通りに受け取られるものであり、またこうした意識が、一九九〇年代半ばになってにわかに浮上してきたわけでもない。『中国行きのスロウ・ボート』が早い時期に書かれているように、それは出発時から村上の内に抱かれていたものであり、半ばは村上自身がおこなってきたカムフラージュによってそれが見過ごされてきたにすぎない。『中国行きのスロウ・ボート』と同じ一九八〇年に発表された『貧乏な叔母さんの話』も、表面的には「中国」にまったく触れないにもかかわらず、村上のこうした歴史意識が仮託された寓話として読むことができる。ここで語り手の「僕」は、ある日自分の「背中には小さな叔母さんが貼りついていた」ことに気づくが、それは現実の近親者ではなく、「貧乏な叔母さんということば」(傍点原文)であり「観念的な記号のようなもの」としか表現しようのない存在である。しかし「僕」は自分の「貧乏な叔母さん」が自分の背中に貼りつき、「僕の意志とは関係なく存在しつづける」ものであるために、そのイメージや存在を自由に消し去ることのできない対象として捉えている。

この「貧乏な叔母さん」とはすなわち、明確ではないけれども拭いがたい負い目の意識を自分に付与しつづける存在のことであり、それはとりもなおさず村上にとっての「中国」の比喩にほかならない。「僕」が「貧乏な叔母さん」との関わりについて語る、「一度生じたものは僕の意志と関係なく存在しつづけるのです」という言葉は、インタビューにおける村上の「父親の世代のやったことに僕たちは責任があります」という発言と相似形をなしている。「貧乏な叔母さん」を発生させたのが自分の意志ではないにしても、この曖昧な負い目を背負うことを自分の責任として引き受けようとする姿勢が、この作品に込められているのである。それは『中国行きのスロウ・ボート』に描かれる「罪」が、実体としてはきわめて微弱なものであることとも照応している。(4)「僕」は間違った電車に中国人の少女を乗せてしまったことや、百科事典を中国人のセールスマンから買わなかったことを、かすかな負い目として受け取ったはずだが、日本人相手であれば忘却したかもしれないこうした経験が、彼の内にわだかまりつづけたのは、やはりその相手が中国人だったからである。その負い目の記憶が小説のモチーフをなしているのは、この作品の中国人たちも「貧乏な叔母さん」の範疇に含まれることを物語っている。この二つの短編を重ねて読むことによって、村上春樹の中国ひいては戦争時の侵略の対象となった東アジア諸国への意識をうかがうことができるのである。

村上作品の系譜において、「父親の世代のやったことに僕たちは責任があります」という言葉に込められたモチーフを明瞭な形で写し出しているのが、二〇〇四年に発表された『アフターダーク』である。この作品では東京のラブホテルで中国人娼婦が日本人の客に暴行され、日本語を話せない彼女とコミュニケーションを取るために、大学で中国語を専攻している浅井マリという少女が深夜にホテルに呼び出されるという形で物語が展開していく。マリにはエリという美しい姉がいるが、彼女は二ヵ月前から眠りつづけている状態にあり、作中の時間においても眠りつづけるエリの姿の描出が、中国人娼

(4)『中国行きのスロウ・ボート』は語り手の「僕」が何らかの関わりを持った日本在住の三人の中国人の追憶を語った短編小説である。一人は小学生時代に模擬試験を受けた会場となった中国人学校の教師、一人は同じアルバイト先で働いていた中国人の少女で、「僕」は彼女を逆回りの山手線の電車に乗せてしまい、家の門限に間に合わなくさせてしまった。もう一人は高校時代の知人で百科事典のセールスをしている中国人の男性で、「僕」はそのセールスを断ったのだった。

婦の暴行事件を探索していく、マリやホテルの従業員たちの行動の合間に織り込まれていく。ここでは日本と中国との歴史的関係が、肉体を媒介とする個人間の関係に寓意される形で表象されている。この問題に対する村上の意識を主として担っているのは、主人公といえる浅井マリで、彼女が中国語を専攻していること自体が、中国との関わりを彼女が意識していることを示唆する設定であることに加えて、彼女は小学生時代にいじめにあい、登校拒否に陥っていた状況を打開するために、中国人のための学校に通うようになり、そこで高校まで過ごしたのだった。マリもまたいじめという暴力に晒された者であり、それが契機となって「中国」に接近するに至った経緯は、暴力への受動性が、彼女と中国を媒介する要素であることを物語っている。

『アフターダーク』における暴力が日中間の歴史的、政治的なそれを下敷きにしていることは、この作品が書かれたのが、それがとりわけ強く喚起される時期であったことからもうかがわれる。『アフターダーク』が発表された二〇〇四年の前後は、中国との軋轢が深まっていった時期であった。前年の二〇〇三年には西安で日本人留学生の演じた寸劇が、不道徳なものと見なされて中国人学生の暴動が起こり、翌二〇〇四年にはサッカーワールドカップのアジア杯で、中国人観客によって日本チームに激しいブーイングが浴びせられた。さらに『アフターダーク』が発表された翌年の二〇〇五年四月には北京で大規模な反日暴動が起こり、日本大使館をはじめとする多くの日本関係施設が投石などの攻撃の対象となった。(5)

---

(5)『アフターダーク』に同時代の日中関係が入り込んでいることは、水牛健太郎の評論「過去・メタファー・中国—ある『アフターダーク』論」(二〇〇五)で詳しく論じられている。ここで水牛はこの作品における中国人娼婦への暴行が、「日本のかつての満州と呼ばれる地域を含む、中国東北部への侵略ないし進出」の「メタファー」であることは疑いないと述べている。実際水牛も指摘するように、この暗喩ないし寓意はきわめて分かりやすい次元で成り立っている。

もともと中国との関係に対する強い意識を持つ村上が、こうした状況に感応する形でこの作品を書いた蓋然性は高いだろう。それを勘案すれば、中国人娼婦を暴行した男がコンピューターの技術者であることも、この寓意の図式を強化する設定であることが分かる。白川という名前の暴行者がコンピューターの技術者であるという設定は、技術立国を旨として進んできた近代日本の暗喩にほかならないが、その一方で彼が普段は実直な勤め人であることが示されている。彼は妻に電話して仕事が徹夜になることを告げ、その際牛乳を買って帰ることを妻に頼まれると、気軽にその頼みを引き受け、実際帰りのタクシーを途中で止めて、コンビニエンス・ストアに立ち寄って牛乳を購入したりしている。こうした尋常な人間が暴力への傾斜をはらむことは、それが民衆のうちに遍在する要素でもあることを物語っている。さらに深夜に起きて活動しているマリと対比的に、彼女の姉のエリが眠りつづける女性として描かれることもこの寓意の環を強める要素である。エリが眠りつづけることは、戦時下における日本の東アジアへの暴力に対して〈眠り〉つづけようとする日本人の意識を暗示しており、しかし展開の終盤で彼女が目覚める可能性が示唆されていることは、日本人の歴史意識の覚醒に対する希求が込められているといえる。

けれども『アフターダーク』で主題化される暴力への傾斜は、必ずしも〈日本人〉という主体にのみ帰着するものではないだろう。『ねじまき鳥クロニクル』では暴力の遍在性に力点が置かれ、主人公の妻であるクミコの兄がエリートの学者であると同時に暴力の主体であることがほのめかされているだけでなく、ありふれた小市民である主人公自身もみずからが統御できない形で暴力にのめり込んでしまう場面が現れるように、暴力は人間の内奥に普遍的にはらまれた傾斜として描かれている。だからこそそうした個体の集合によって遂行される戦争が巨大な暴力の場と化してしまうのであり、この作品や『海辺のカフカ』(二〇〇二)では人間同士が自壊していく時空として戦争が位置づけられていた。

村上春樹の東アジアへの意識が主に中国を対象とする形で作品に表象されてきた一方、韓国に対する眼差しは、『スプートニクの恋人』(一九九九)や『1Q84』(二〇〇九～二〇一〇)に在日韓国人が登場する程度で、さほど明確には盛り込まれていない。それは村上の対外的な政治意識がもっぱら戦争を契機とする形で喚起されるために、植民地化されることで逆に戦争の直接の相手とならなかった韓国は表象されにくいということかもしれない。村上作品に登場する在日韓国人たちは、日本社会に同化しきれない一方で、自身の故国にも同一性を見出しえない人びとである。しかし近年の慰安婦問題などによって、暴力の地平でこの国との関係があらためて問われる可能性もある。(6) そうした方向で村上が新しい展開を示すことも読者としては期待してよいだろう。

---

(6) 二〇一三年に発表された『色彩を持たない多崎つくると、彼の巡礼の年』はいわゆる従軍慰安婦問題を寓意的に取り込んだ作品として捉えられる。ここで主人公のつくるは、大学生の頃に、突然仲間たちに絶交を申し渡されたのだったが、一六年後にその理由を探索する旅に出、自分が仲間の女性の一人をレイプしたことになっていることを知って驚愕する。この作品に描かれる、女性へのレイプとそれが発生させる、当人には理不尽と思える非難は従軍慰安婦の問題を、日本の立場から眺めた図式を想起させる。ちなみに作品が起筆されていたであろう発表前年の二〇一二年を起点とすれば、一六年前とは、国連人権委員会での「クマラスワミ報告」によって、この問題に対する日本の責任が問われることになった一九九六年に相当している。

【読書ガイド】

柴田勝二（二〇〇九）『**中上健次と村上春樹――〈脱六〇年代〉的世界のゆくえ**』……東京外国語大学出版会

対照的に眺められがちな村上と中上健次の作品世界を、ともに青春時代を過ごした六〇年代を相対化し、その後のポストモダンの時代をどのように受け止めるかという問題意識を共有する表現として捉える。

都甲幸治（二〇〇七）「**村上春樹の知られざる顔**」……『文學界』七月号

外国雑誌における村上のインタビューを扱い、政治的意識が希薄であると思われがちだった村上が、外国人に向けてはかなり積極的に語っている歴史や社会に対する意識を探っていく。

藤井省三（二〇〇七）『**村上春樹のなかの中国**』……朝日新聞社

出発時から村上作品に様々な形で盛り込まれてきた「中国」の表象を洗い出し、とくに村上に影響を与えていると見られる魯迅との関係を考察する。

村上春樹・河合隼雄（一九九六）『**村上春樹、河合隼雄に会いにいく**』……岩波書店

村上がユング心理学者である河合隼雄と、物語を書くという行為の心理学的な意味、村上作品の主題でもある意識と無意識の関係などについて語る。

日本文学とアジアの文学

……比較文学……

川口健一

日本は古来、大陸文化摂取を経て独自の文化を形成した。漢字から万葉仮名(1)、さらに平仮名・片仮名を創った。八世紀初期には万葉仮名による『古事記《こじき》』、および漢文体による『日本書紀《にほんしょき》』が成る。同じく八世紀に漢詩集『懐風藻《かいふうそう》』が編まれ、歌集『万葉集《まんようしゅう》』も成って、文字表記による日本文学の歴史が始まる。

アジアの他の国々においてはどうであろうか。

ここでは漢字文化圏（東アジア）の国々（日本・中国・朝鮮・ベトナム）の古代から前近代までの文学について、概観と比較を試みる。

---

(1) 漢字の音を借りて日本語を表記した文字。一字一音の字音かなが原則。訓かなの用字法も見られる。『万葉集』においてさかんに用いられたことから、この呼び名がある。万葉仮名をもとに、平安時代には平仮名が生み出された。一方、片仮名は補助的な文字として、僧侶たちの間で次第に発達した。片仮名が表記文字として確立するのは、平仮名よりも数世紀遅れた。

(2) 中国唐朝の制度・文物を摂取するために朝廷が遣わした使節。六三〇年の第一回派遣から八九四年の中止まで、入唐は一五回に及んだ。遣唐使中止により、中国との国交は中絶し、つぎに再開されたのは室町時代においてであった。

(3) 天皇の命令によって編まれた漢詩集。九世紀（平安朝前期）には、唐文化の影響下、漢詩文が盛行した。『凌雲集』、『文華秀麗集』は嵯峨天皇弘仁年間（八一〇～二四）、『経国集』は淳和天皇天長年間（八二四～三四）に編まれた。

(4) 平安朝中期（八九七～一〇八六）以後形成された日本的特色を成す文化。仮名の発明による和

I 日本文学

奈良時代から平安前期にかけては、遣唐使(2)などによる唐文化摂取の影響下、唐風文化が支配的になり、九世紀には三つの勅撰漢詩集(3)（『凌雲集《りょううんしゅう》』・『文華秀麗集《ぶんかしゅうれいしゅう》』・『経国集《けいこくしゅう》』）が編まれた。しかし、九世紀末の遣唐使廃止以後、大陸文化土台の上に、いわゆる国風文化(4)が起こり、次第に発達した。平安中期には最初の勅撰和歌集『古今和歌集《こきんわかしゅう》』が編まれ、和歌が漢詩と対等な位置を占めるに至った。他に、平安末期までに六集の勅撰和歌集が成立し、この動きは次の時代に引き継がれた。

また平安中期には初めて物語文学が起こった。『竹取物語《たけとりものがたり》』は仮名書きによる最初の物語であり、和歌による歌物語『伊勢物語《いせものがたり》』とならんで物語文学の源流となった。他にもさまざまな物語が世に出たが、最高傑作は『源氏物語《げんじものがたり》』（紫式部《むらさきしきぶ》）である。紫式部は和文と漢学の優れた素養を身につけ、広く芸術に通じていた。平安後期には説話物語(5)も生まれ、『今昔物語集《こんじゃくものがたりしゅう》』は和漢混交の文体が後世の文学に影響を及ぼした。

鎌倉・室町時代には、平安期に続いて『新古今和歌集《しんこきんわかしゅう》』はじめ、一四集に及ぶ勅撰和歌集が編まれた。また『平家物語《へいけものがたり》』、『太平記《たいへいき》』などの軍記物語(6)が起こり、琵琶法師(7)や辻語り(8)を通して巷間に流布した。一方で、中国禅僧の渡来や中国帰りの留学僧による中国文化の摂取を経て、鎌倉と京都には五山文学(9)が興隆した。鎌倉の建長寺や円覚寺などはこの時に渡来した中国禅僧の開山になる。室町期には、九世紀末の遣唐使廃止以来途絶

歌・物語文学の発達、住宅建築としての寝殿造り、浄土教の影響を受けた仏教美術の発生など、日本独自の文化が生まれた。

(5) 神話、伝説、民話などを内容とする物語。『今昔物語集』は仏教説話が多数を占めるが、民間説話も集大成されている。影響を受けた説話物語に、鎌倉時代の『古今著聞集』、『十訓抄』などがある。

(6) 鎌倉・室町時代に盛行した武家の戦乱をテーマとする歴史物語。多くは作者・成立年代不明。和漢混交の明快・勇壮な文章を文体的特徴とする。節をつけ、楽器に合わせて語る語り物で、民間に流布した。

(7) 琵琶をひき、語り物を語った法師（僧侶）。『平家物語』、『太平記』などの軍記物語が語りを業とする法師によって琵琶に合わせて語られ、貴族や武士、庶民の間に広まった。

(8) 道路が交差する四つ辻や人通りの多い道筋で、往来する人を相手に語り物を語ること。また、それを仕事とする人。

(9) 鎌倉末期から室町時代に、鎌倉五山、京都五山の禅僧を中心に

えていた日中国交が正式に回復し、幕府にとって明朝との外交に五山僧の漢文力が不可欠であった。彼らは装飾的な四六駢儷体《しろくべんれいたい》(10)で漢文を書く能力を有していた。

江戸時代には中国小説の翻訳がさかんになされ、翻案や創作が生まれた。『剪燈新話《せんとうしんわ》』(11)の舶来は古く、江戸以前のことである。江戸の文学に最も大きな影響を及ぼした中国白話小説は『三国志《さんごくし》演義《えんぎ》』と『水滸《すいこ》伝《でん》』である。これらは、『通俗三国志《つうぞくさんごくし》』（一七世紀）、『通俗忠義水滸《つうぞくちゅうぎすいこ》伝《でん》』（一八世紀）の書名で翻訳が出た。また、『水滸伝』からはさまざまな翻案小説が生まれた。

新たな様式の文芸として、黄表紙《きびょうし》(12)、洒落本《しゃれぼん》(13)、読本《よみほん》(14)などが起こった。

黄表紙は絵解き本で、従来の赤本《あかほん》・青本《あおぼん》(15)に替わるものとして現れた。『金々先生栄花《きんきんせんせいえいがの》夢《ゆめ》』（恋川春町《こいかわはるまち》）に始まり、『心学早染艸《しんがくはやぞめぐさ》』（山東京伝《さんとうきょうでん》）など、世相をからめた絵解きが庶民に迎えられた。

遊里文学(16)である洒落本は江戸庶民文学の成果の一つである。江戸中期に起こり、『古《こ》今吉原大全《こんよしわらたいぜん》』が出るに及び、全盛期を迎えた。しかし、筆禍事件(17)なども発生し、やがて禁止令が出された。

洒落本とならぶ江戸文学のもう一つの成果は読本の誕生で、最も活躍した作者は曲亭《きょくてい》馬琴《ばきん》である。馬琴は『水滸伝』や『三国志演義』などから構想の示唆を得て、大作『南《なん》総里見《そうさとみ》八犬伝《はっけんでん》』（九八巻全一〇六冊）を上梓した。

興隆した漢文学。五山の「山」とは寺のこと。鎌倉五山は、建長寺、円覚寺、寿福寺、浄妙寺、浄智寺。京都五山は、天竜寺、相国寺、建仁寺、東福寺、万寿寺で、南禅寺はこれら五山の上におかれた。江戸時代の儒学発達の源流となった。

(10) 漢文の文体名。「儷」は同列に並ぶ、「駢」は対になって並ぶの意。四字と六字の対句を多用し、音調を重んじる技巧的で華麗な文体。

(11) 『剪燈新話』（瞿佑、一三七八）の日本伝来は天文年間（一五三二～五四）の初め頃と推定される。天文年間の作とされる『奇異雑談集』には、『剪燈新話』中の三話が翻訳されている。

(12) 表紙が黄色の草双紙。草双紙は挿絵入り小説の一種。『金々先生栄花夢』が出された安永四（一七七五）年から文化三（一八〇六）年までの時期に江戸で出された草双紙を総じて黄表紙と呼ぶ。

(13) 江戸後期の小説の一種。滑稽と通を持ち味に、江戸ことばで遊里の生活・風俗を描く。一八世紀中頃から一九世紀初期に流行した。

(14) 江戸時代の小説の一種。黄表

II　中国文学

中国は古くから固有の文字を有しており、漢字の祖先とされる甲骨文字[18]は殷《いん》代（紀元前一六世紀〜紀元前一一世紀）後期にさかのぼる。文学においても古くから名作が生み出されている。「離騒《りそう》」の作者屈原《くつげん》は紀元前四世紀から紀元前三世紀にかけて生きた詩人であり、政治家である。

中国では各王朝下それぞれ特色ある文学作品が生み出された。後世中国および他の国々の文学への影響関係という点からは、唐代と明代の文学がとりわけ重要である。

唐代には詩文が盛んになり、李白《りはく》、杜甫《とほ》、白居易《はくきょい》など優れた詩人を輩出した。また八世紀後半の中唐の頃には伝奇小説が生まれ、中国後世の文学に影響を及ぼした。特に、元代、明代に多くが戯曲[19]の手本となった。アジアでは日本の文学、とりわけ平安朝や江戸期の文学に大きな影響を与えた。

宋・元を経て明代には白話小説[20]が生まれた。怪異短編集『剪燈新話』（瞿佑《くゆう》、一三七八）は東アジア各国に受容され、翻案や新たな創作の源泉となった。後世中国では『剪《せん》燈余話《とうよわ》』（李禎《りてい》）が続き、また模倣作『覓燈因話《べきとういんわ》』（邵景詹《しょうけいせん》）はさらに後世の白話小説に影響を与えた。

『今古奇観《きんこきかん》』（抱甕老人《ほうおうろうじん》）も東アジアの文学に影響を与えた作品の一つである。これは馮夢竜《ふうぼうりょう》の「三言《さんげん》」（『喩世明言《ゆせいめいげん》』・『警世通言《けいせいつうげん》』・『醒世恒言《せいせいこうげん》』）および凌濛初《りょうもうしょ》の「二拍《にはく》」（初《しょ》

紙などと違って、「読む」ことによって物語の流れを追うことが眼目。伝奇的な内容を特徴とする。代表的作者は、山東京伝と曲亭馬琴。

(15)　これらは子供向けの絵本。表紙の色から名づけられた。

(16)　遊里とは女郎屋が集まっている所。遊里での生活・風俗を描く洒落本は遊里文学として括られる。中国では『板橋雑記』（余懐）が遊里文学の代表作。

(17)　ここでは、洒落本の表現内容の好色性などのために、絶版処分や版木没収などの処罰を受けるできごとをさす。例として、好色禁止令により山東京伝が受けた処罰など。一八〇二年には洒落本禁止令が出される。

(18)　中国殷代に亀甲や牛骨に刻された文字。漢字の前身となる。殷代の歴史を知る上で重要な史料となっている。

(19)　一般には演劇の台本のこと。ここでは台本形式で書かれた文学作品。元代には演劇が発展し、元の雑劇（元曲）と呼ばれる。元末には、旧南宋の地域でも演劇がさかんになり、次の明代に継承され

刻《こく》・二刻《にこく》『拍案驚奇《はくあんきょうき》』）、合計二〇〇編から四〇編を選んだ短編集である。編者の抱甕老人については、本名はじめ詳しいことは知られていない。馮夢竜の三つの短編集「三言」と凌濛初の二つの短編集「二拍」は合わせて「三言二拍《さんげんにはく》」と呼ばれる。「三言二拍」は日本にも伝わった

また四大奇書『三国志演義』、『水滸伝』、『西遊記《さいゆうき》』、『金瓶梅《きんぺいばい》』も東アジア、特に日本の文学に大きな影響を与えた。『金瓶梅』を除き、これらの作品は宋代に講釈師によって盛り場で語られ、元代には戯曲として演じられていたものが明代に長編小説として形をなしたものである。

清代の『聊斎志異《りょうさいしい》』（蒲松齢《ほしょうれい》）は中国怪異小説の白眉とされる。大作『紅楼夢《こうろうむ》』（曹雪芹《そうせつきん》）も中国文学史に確たる地歩を占めている。

III 朝鮮文学

朝鮮半島では四世紀以降、高句麗・百済・新羅が分立していたが、七世紀後半に新羅が半島を統一した。新羅は何度も遣唐使を送り、中国との文化接触をはかった。なかには唐に渡り科挙に合格し、役人となって活躍した崔致遠《さいちえん》（八五七〜？）のような名だたる儒者[21]も現れた。

高麗時代の一〇世紀半ばに科挙[22]が導入され、李氏朝鮮末期まで継続した。漢字文化が

る。これ（南曲）と区別して元曲は北曲とも称される。『西廂記』（北曲）と『琵琶記』（南曲）が文学作品としての代表的な戯曲。

(20) 口語体中国語で書かれた小説。話しことばのことを中国語で白話という。これに対し、書きことばで書かれた小説を文言小説という。

(21) 儒学（儒教に関する学問）を修め、普通には、社会的にそのような人士として認められた人。前近代においては、役人、文学者、教育者などとして重要な役割を担った。

(22) 官吏登用試験。元々、中国隋朝初期に開始された。朝鮮では九五八年、ベトナムでは一〇七五年の開始。制度の改変を経て、郷試・会試・廷試の三段階となった。これら三国では、時期は異なるが、二〇世紀初期までこの制度が存続した。

朝鮮社会に浸透し、一二世紀半ばには『三国史記《さんごくしき》』（金富軾《きんふしょく》、五〇巻）が編まれた。これは史書であるが、物語性を帯びた記述も見られる。文学の面では、高麗期は概して発展が遅れた。この王朝では仏教を国教とした。

　李氏朝鮮期には儒教が仏教に取って代わり国教となり、社会は儒教色に染まっていった。この時期の漢文小説では金時習《きんじしゅう》（?～一四九三）の『金鰲新話《きんごうしんわ》』が重要で、日本文学にも影響を与えた。著述時期は、金時習が慶州の金鰲山に居を構えた一四六五～七一年の間とされる。この作品は朝鮮では早くに散逸し、日本で四〇〇年近く写本で伝わっていたものが明治期に東京で復刊された。『金鰲新話』は中国明代『剪燈新話』の翻案であるが、現存する物語は五編のみである。

　一五世紀には朝鮮語を表記するための文字「訓民正音《くんみんせいおん》」（ハングル）が創製された。しかし、この表音文字は漢学者には受け入れられず、また公文書は相変わらず漢文で書かれた。また一方で、漢文にせよ、小説は漢学者たちの忌み嫌うところであった。朝鮮の小説には作者と成立時期不明の作品が多いのはこのことに起因する。

　中国前漢時代に出た『列女伝《れつじょでん》』（劉向《りゅうこう》）のハングル訳が一六世紀半ばに成り、小説翻訳に弾みをつけるきっかけとなった。女性の教訓書的な性格を併せ持つこの書は、ハングルの読み書きができる多くの女性に読まれた。他には『今古奇観《きんこきかん》』なども翻訳された。

　朝鮮小説史に確たる位置をしめるのは『洪吉童伝《こうきちどうでん》』（許筠《きょきん》）である。義賊(23)の主人公洪吉童の活躍を描くこの物語は、章回小説の形式による最初の作品である。回ごとに簡潔

(23) 金持ちや不徳の輩が蓄えた金品財宝を奪い、貧民救済に振り向ける義侠心に富む盗賊。

な説明を加えながら物語が展開するこの形式は中国長編小説において採られた。作者許筠（一五六九〜一六一八）は『水滸伝』に刺激を受け、この小説を書いたとされる。『九雲夢《きゅううんむ》』（金万重《きんまんじゅう》、一六八九）はハングル文学の傑作とされている。この作品にも中国文学の影響が見られる。

Ⅳ　ベトナム文学

ベトナムは、中国前漢時代にその統治下に入り、以後一〇〇〇年あまり支配を受けた。独立を達成するのは一〇世紀のことである。文化面に限っても、ベトナムは中国漢字文化の直接的な影響を受けることになった。

ベトナムでは李朝時代の一一世紀後半に科挙制が始まり、次の陳朝期に制度の充実がはかられた。ベトナムにおける科挙制は戦乱などの社会混乱に伴う中断はあったものの二〇世紀の一〇年代まで続いた。科挙制とあいまって漢詩文がベトナム前近代にいたる文学の主流となった。

漢文説話『嶺南摭怪《れいなんせきかい》』（一五世紀）はベトナム昔話の源泉として後世に影響を持った。『伝奇漫録《でんきまんろく》』（阮璵《げんよ》、一六世紀）はベトナム漢文小説の頂点をなす。この作品には中国『剪燈新話』の影響が見られる。作者阮璵については未詳である。ベトナム文学に影響を与えた小説としては他に、『今古奇観』がある。

ベトナムでは漢語以外のベトナム語彙（口語ベトナム語）を表記する考案がなされ、後に字喃（チューノム）(24)と呼ばれる表記文字が生まれた。字喃がいつごろ考案されたかについては明らかでないが、表記文字としてある程度整うのは一三世紀のことである。字喃の誕生によりベトナム文学は民族の感情をより豊かに表現することが可能になった。『金雲翹新伝《きんうんぎょうしんでん》』（普通『翹伝《ぎょうでん》』と呼ばれる）は阮攸《げんゆう》（一七六五〜一八二〇）による字喃文学の傑作である。だが、この物語は阮攸の創作ではなく、中国明朝末あるいは清朝初期に出た通俗小説『金雲翹伝《きんうんぎょうでん》』（青心才人《せいしんさいじん》）の韻文体翻訳(25)である。

字喃文学が盛んになるのは一八世紀から一九世紀にかけてであり、さまざまな作品が生まれる。しかし読者は漢学の素養をもつ文人・知識人に限られていた。

字喃は構成が複雑なためベトナム語の表記文字としては定着しなかった。ベトナム民族が最終的に選んだ表記文字はローマ字であった。

V 漢字文化圏の比較文学

中国文学の影響の点では、すでに述べたように、唐代と明代の文学が重要である。しかし、唐代文学は日本文学には大きな影響を与えたが、朝鮮とベトナムの文学においては必ずしも明確にはなっていない。

明代の文学は日本・朝鮮・ベトナムの文学に明らかな影響を及ぼした。『剪燈新話』

(24) ベトナムの口語（漢語ではなく、純粋ベトナム語）を表記するために考案された漢字応用の民族俗字。仏教関連の記述や文学創作に漢字と混交して用いられた。表記法が複雑なため、表記文字としての統一した規範を生み出すことなく、二〇世紀前半にローマ字に取って代わられた。

(25) ベトナム独自の押韻定型文体による翻訳。ベトナムでは、中国の白話小説の翻訳はすべて韻文体形式でなされた。六字と八字の句を交互に繰り返す六・八体、七字の二句を並べさらに六字と八字の句を続ける双七・六・八体の二つの形式がある。『金雲翹新伝』は六・八体形式、全三二五四句から成る韻文体翻訳。

は、日本では浅井了意《あさいりょうい》の『伽婢子《おとぎぼうこ》』に翻案され、上田秋成《うえだあきなり》などに影響を与えた。朝鮮では金時習の『金鰲新話』が生まれ、日本にも伝わった。ベトナムでは『伝奇漫録』としてその一部が翻案された。

『今古奇観』も東アジアで受容され、翻訳がなされ、創作に影響を与えた。

日本と朝鮮で最も大きな影響を受けた小説は『三国志演義』と『水滸伝』である。江戸日本では翻訳が成り、特に『水滸伝』はさまざまな翻案小説を出現させた。曲亭馬琴も大きな影響を受けた。朝鮮でも許筠の『洪吉童伝』に反映が見られる。一方、ベトナムでは文学的影響が具体的作品となって現れていない。ベトナムで大きな影響を受けた小説は、明末あるいは清初の『金雲翹伝』（青心才人）である。阮攸はこの作品を韻文体の長編物語詩『翹伝』として著した。『翹伝』は原作の通俗性から抜け出た、独特の芸術性を備えた作品で、今日国民文学となっている。なお、『金雲翹伝』は今日の日本では知られていないが、江戸時代に舶来し、『通俗金翹伝《つうぞくきんぎょうでん》』のタイトルで翻訳され、さらに曲亭馬琴が翻案小説『風俗金魚伝《ふうぞくきんぎょでん》』を書いている。

東アジア各国の文学に共通する思想は儒教倫理と仏教的世界観である。中国では一〇〇〇年あまり、朝鮮・ベトナムでは数百年にわたり、科挙が行われてきた。人々は儒教の教典である四書五経に取り組み、漢詩を書いてきた。

文学思想に影響を及ぼす外的要因として気候風土がある。これも東アジア地域ではほぼ共通し、気候は変化に富み、概して温暖湿潤である。砂漠の世界では道に迷うことは死を意味するが、湿潤な森林世界では「桃源郷《とうげんきょう》」(26)さえ待ち受けているのである。

唐代伝奇の特質の一つとして、男女の不可思議な出会い・交情などを語るものが多く、総じて浪漫的であることが指摘できる。

以下に、東アジア各国の文学のごくおおまかな相違点を掲げる。

日本文学では、「もののあはれ」や「無常」などの内省的な人生観照に立つ文学が生まれたこと。また、機知に富む庶民的な娯楽文学が生まれたこと。

中国文学では、仏教よりもむしろ、道教思想に立つ文学が優勢であること。

朝鮮文学では、勧善懲悪(27)を説く儒教倫理が強く、仏教色が薄いこと。

ベトナム文学では、勧善懲悪の一種である天罰思想に立つ作品があること。また、道教思想も見られること。

前近代の東アジアは中国漢字文化・漢文学を受容し、それぞれの気候文化風土のなかで独自の文学を形成した。しかし、その独自性とは漢字文化圏のなかでの独自性である。国ごとの個別文学研究では浮かび上がらない共通性と相違性を明らかにする上で比較文学は効果的である。東アジアの文学を「漢文文化圏」として捉えようとする視点も出されている。

---

(26) 俗世間を離れた、まるで仙人仙女が住むようなみずみずしく生命感あふれる異世界。

(27) 善を勧め、悪を懲らしめること。小説など文学創作のテーマの一つで、東アジア漢字文化圏においては儒教思想を根底とする。

【読書ガイド】

金台俊（安宇植訳注）（一九七五）『**朝鮮小説史**』（東洋文庫二七〇）……平凡社

朝鮮小説史の基本文献。主に、李朝期の漢文小説とハングル小説について、具体的作品を取りあげ紹介と解説を行う。中国文学との関わりも述べる。言文一致の新しい小説についても扱うが、時期は一九三〇年代初めまで。朝鮮の小説に関する必読書。入手は古本による。

金文京（二〇一〇）『**漢文と東アジア―訓読の文化圏**』……岩波新書

東アジアの漢文訓読をテーマに、日本と朝鮮半島を中心に歴史的視点で取りあげる。併せて、契丹人の遼やベトナムなど中国周辺の訓読現象も扱う。漢文訓読に関して新しい知見が得られる書物。新書につき入手は容易。

興膳宏編（一九九一）『**中国文学を学ぶ人のために**』……世界思想社

中国文学の入門書。詩、小説、戯曲など各ジャンルにわたり、導入から専門的な内容に踏み込む記述で、中国文学の全体を知るのに大変役立つ書物。興味をもつジャンルから読み進めるとよい。

第3章 ニホンのブンカ系

「日本」を、にほん、ニホン、ニッポンと表記してみると、異なる文化イメージが喚起されます。どの文化にもステレオタイプとそれに対する違和があります。しかも伝統やステレオタイプの文化でも、それを掘り下げてみると、他言語からの翻訳の影響があることが少なくありません。現代日本を代表し、世界市場で受け入れられている文化商品としてのアニメやサブカルチャーもその例外ではありません。本章が文化＝ブンカをたどりなおす（trace-back）ための素材になればと考えています。

……日本の伝統芸能……

カーティス・パターソン
——箏曲家インタビュー——

有澤知乃

日本の伝統楽器というと、まず箏《こと》[1]を挙げる人が多いのではないだろうか。正月になると、レストランやデパートで箏の音楽をよく耳にし、演奏者は着物姿で登場することが多いので、箏というと、昔のもの、伝統的なもの、というイメージが一般的に強いと思う。確かに、箏の歴史は長く、日本の伝統楽器の代表といえるが、その長い歴史の中で、箏の音楽は、どんどん変化して、常に新しい要素を取り込み進化し続けてきた[2]。現在では、箏は海外でも演奏者が増えて、日本人以外の専門家も多くみられる。そのお一人が、アメリカ人のカーティス・パターソンさんだ[3]。パターソンさんは、アメリカの大学で箏に出会い、来日して研鑽を積んだ後、現在ではプロの箏曲家として活躍されている。パターソンさんとって、箏の魅力とはどのようなものなのか伺った[4]。

(1) 現代の日本語では「琴」の漢字が用いられるのが一般的である。しかし、「琴」と「箏」は厳密には異なる楽器を表していた。「琴」は「柱《じ》」とよばれるブリッジがないもので、中国伝来の「七弦琴《しちげんきん》」などに用いられた。「箏」は柱を立てるもので、現在一般に普及している十三弦の箏は、本来はこの漢字を使用する。一方で、「和琴《わごん》」と呼ばれる日本古来の六弦の楽器は、柱を立てるが「琴」の字をあてている。また現在は、柱を立てる十三弦の「箏」を指す場合にも、「琴」を用いることが多くある。

(2) 箏は奈良時代に雅楽の楽器の一つとして中国から日本に伝来し、宮廷や寺社における儀式で演奏された。後に、箏は単独でも演奏されるようになり、歌の伴奏曲や器楽曲が生み出された。

江戸時代には、当道《とうどう》という職能団体に属していた盲人男性の演奏家たちによって、様々な楽曲が作曲され継承された。

明治時代になると、洋楽の影響を受けた曲が多く作られるようになり、「カンカン調子」など西洋風の音階の調弦も登場した。有名

＊　＊　＊

有澤　パターソンさんは、大学のサークルで箏に出会ったそうですが、その時の印象は覚えていらっしゃいますか？

パターソン　今思うと、おそらく箏の平調子《ひらぢょうし》(5)の調弦の響きを新鮮に感じたのだと思います。あれは、それまで聴いたことのない音階で、自分にとってエキゾチックな音階でした。それに、音階だけでなくて、箏のシンプルな楽器構造や、自分で箏柱《ことじ》(6)を立てて調弦すること、そして楽譜が縦書きなこと、なにもかもが新しくて新鮮でした。

有澤　パターソンさんは小さい頃からピアノを習っていたとお聞きしましたが、お箏はピアノとは全く違うと感じたのですか？

パターソン　ピアノは弦楽器なのに、弦が箱の中に入っているから自分の手で触れることができませんよね。でもお箏は自分の手で音を作ります。右手の指に「爪」(7)をつけて弾いて、左手の「押《お》し手《で》」(8)で音の高さを変えたり、「引き色」(9)で音色を変化させたりします。まさに直接的に自分の手で音色を作りあげる。それが、同じ弦楽器でもピアノとは全く違って、魅力を感じました。

有澤　楽器の構造や音の作りかた以外の魅力もありますか？

パターソン　そうですね、例えば、合奏の楽しさがあると思います。三味線や尺八と「三曲合奏《さんきょくがっそう》」をすると、それぞれの独立した旋律が同時進行で演奏されます。洋楽の合奏ですと、メロディーと伴奏といった役割が明確で、いろいろな楽器がハーモニーを構

な『春の海』は、宮城道雄（一八九四〜一九五六）による作品で、箏と尺八の二重奏で奏でられる、流れるような旋律は、ドビュッシーの『海』に影響を受けたとも言われている。宮城道雄によって生み出された音楽は「新日本音楽」とよばれ、それまでの伝統的な邦楽に斬新な要素を取り入れて、新しい時代を切り開いた。一九六〇年代には、洋楽を学んだ音楽家たちが、西洋の音楽を更に大胆に取り入れた和楽器の曲に取り組み、「現代邦楽」という分野が展開した。今日でも、海外の作曲家や演奏家も含めた、様々な音楽家たちによって、箏の新たな世界の開拓が続いている。カーティス・パターソンが師事した沢井忠夫（一九三八〜九七）は、「現代邦楽」を代表する音楽家の一人であり、箏のために数々の斬新な楽曲を残した。没後、妻の一恵、長男の光が、沢井箏曲院を継承している。

(3) カーティス・パターソン略歴：一九六二年米国シカゴ生まれ。箏アンサンブル・グループ「箏衛門」メンバー、沢井箏曲院師範、横浜インターナショナルスクール

築しますね。それに対して、箏と他の和楽器の合奏は、それぞれの楽器の間で「かけあい」[10]があったり、複雑に旋律が交差しているのが面白いと感じます。

有澤　パターソンさんは、現在は「沢井箏曲院」という、現代曲を得意とする流派のメンバーですね？　現代的な箏の曲にはどのような魅力がありますか？

パターソン　沢井先生の曲には、箏の四重奏や五重奏だけでなくて、何十人もで演奏する大合奏の曲もあります。例えば『二つの群の為に』という曲は、従来の十三弦の箏に加えて、二〇世紀に新たに生まれた十七弦の低音箏の合奏曲で、それぞれの楽器にソロ奏者がいて、そのバックで、大人数の箏の「群」が合奏する曲です。現代曲には、お箏の調弦も低い調子から高い調子までいろいろあって、オーケストラのようにダイナミックな響きや、深みのある響きが生み出されるのです。その世界もまた、すごく刺激的で、大合奏の面白さ、そして強さに魅力を感じました。

有澤　ところで、外国人として日本で箏を習うのは難しかったですか？　アメリカ人で箏を弾いていることに関して、周囲はどのような反応でしたか？

パターソン　今でも、「なんでお箏やってるんですか？」って、よく聞かれます。そういうリアクションは必ずあります。そう聞かれたら私は、「みなさん、なんでやってないんですか？」って冗談っぽく言います。私の場合は、すごく自然に、川の流れるような感じで、この世界に入ったと思います。でもある部分、どうしてもやっぱり外国人だから、甘くみられるというか……。一つ音を出しただけで、「すごい、すごい」とか、

邦楽プログラム講師、沢井忠夫合奏団団員。コーネル大学にてビジネスを専攻。一九八六年来日、箏・三味線の古典曲を中心に研修を行う。一九九〇年、沢井箏曲院に入門、沢井忠夫、一恵両師に師事。沢井箏曲院合奏ゼミナール第九期修了。一九九五年、外国人として初めてNHK邦楽技能者育成会を卒業。ソロアルバム『音の輪』(二〇〇二)他、数々のレコーディングに参加。松坂慶子企画による朗読劇「天守物語」(二〇〇〇)、小椋佳「デジャヴー～赤のあとさき～」コンサートツアー(二〇〇三～〇四)、など出演多数。二〇〇六年より、ブルース・ヒューバナーと、箏と尺八によるデュオコンサート・ライブ活動を開始し、デュオCD「Going Home」(二〇〇七)、二〇〇八年春に「風紋／Tracings」をリリース。様々なジャンルのアーティストとのコラボレーションや、教育現場での若手の育成にも力を入れ、箏の世界の開拓に努めている。

(4) 二〇一三年一一月、インタビューを実施。

(5) 半音を含む「都節《みやこぶし》」という五

「日本人みたいな音を出しますね」なんて言われたりすると、「ちょっとそれは、ほめ過ぎじゃないかな」と思ったり、相手の本心に疑問を感じたりすることもありました。どうしても、この顔があるから、外国人と見られて、音を純粋に聞いてもらえないと感じる時期がありました。今でも、目をつぶって、「ああいい音だな」って感じてもらうその前に、この顔がある。でも年々、外国人だからどうこう、という人が少なくなって、私の音や、私の活動自体に興味を持ってくれて、「それは面白い」とか、「カート（カーティスさんの愛称）、本当にいい音ですよね」って言ってくれる人が増えました。そして、その相手が正直に言ってるなって感じられることが多くなりました。そう思えるようになるまでのプロセスは長かったですけれど（笑）。

有澤　パターソンさんは、東日本大震災の後、東北地方で積極的に演奏活動をなさっていますね。

パターソン　そもそも、尺八のブルースさんと出会って、何か一緒にやろうということになった時、彼が以前福島に長く住んでいたこともあって、その関係で福島で会場を提供してくれる人が多かったんです。今は、東京のような大都会よりも、地方の方がこぢんまりした一〇〇人程度の公民館とか、お寺や酒蔵《さかぐら》とか面白いところがあるし、すごく和楽器とも合っているので、自然と演奏活動は東北が多くなりました。

有澤　お寺や酒蔵が和楽器に合っているというのは、どうしてですか？

パターソン　私が思うに、もともとお寺というのは自然と人間が集まるところで、人が

音音階（ペンタトニック）をもとに構成された箏の調弦名称。江戸時代に生まれた曲のほとんどが、この平調子で作曲されている。

(6) 弦の下に立てるブリッジ。その位置を動かすことによって、音の高さが変わる。

(7) 象牙またはプラスチックの人工的な爪を、右手の親指、人差し指、中指につけて演奏する。「箏《こと》爪《づめ》」とも。

(8) 弦を上から押さえる。

(9) 弦を箏柱の方向にひっぱる。

(10) 二つ以上の楽器が、言葉を「かけあう」ように交互に演奏すること。

集まって一緒に何かやるという人間としての必要性、そういう社会の中の役割を担っている場所です。と同時に木造建築であるということで、すごくお箏の響きがまろやかになって、きれいに響きます。ですから、音に関しても自分がすごく望んでいる音を作り出すことができていますし、その自分が望んでいる音が、五〇人から一〇〇人くらい入れるようなスペースですと、確かにそこにいるお客さんに伝わっていると感じることができて、その二つによって、自分は安心して演奏することができるのです。

有澤　西洋の石造りの教会などでは、お箏の良い響きは得られないのでしょうか?

パターソン　石造りの響きのある箏も、それはそれでいいと思います。でも、自分が目指しているのは、より温かいものです。木造建築のほうが、お箏がより温かく響く。これも全部また最初の話につながるのですが、お箏は人間が手で作った音色、自分の手で作った音を出す楽器です。そこで、その音色に人間の温かさとか、生きていることが感じられる。その行動を通して、人間の温かいこと、人間らしさが伝わる。お箏の音で一番好きなのは、生きている音。実はそれは、今、世の中が必要としているものです。特に福島みたいな所の人が必要としている。今、世の中、いろんな所に、災害だけでなくていろんな問題があります。音楽は世界中どこでもあって、癒し系も、元気が出る音楽もあるんだけれども、何よりも今、世の中で必要とされているのは、直接人間の鼓動が感じられるような音色だと思います。それは日本の音楽にもともとあるもので、震災を通して改めてその意味や社会での重要性が再発見されるのではないでしょうか。

【読書ガイド】

中島警子・久保田敏子著、平野健次監修（一九八四）『**日本芸能セミナー　箏三味線音楽**』……白水社

箏曲と三味線（地歌三味線）の教則本ともいえる一冊。第一部歴史編、第二部楽器編、第三部演奏法論、第四部楽譜・楽書編という構成となっている。図版や写真が多く掲載されているので、楽器の構造や奏法の解説も文字だけより分かりやすいものとなっている。

宮崎まゆみ（二〇〇九）『**箏と箏曲を知る事典**』……東京堂出版

箏の歴史・文化・楽曲について、図解を用いて分かりやすく解説されている。中国から伝来してから箏とその音楽がどのように発展してきたかを、時代を追って知ることができる。箏曲の音律や箏の調弦などの基本的な音楽要素に加えて、奏法の解説や、それぞれの曲の特徴が詳しく記載されているので、音楽的に深い理解を求める読者にも読み応えがあるといえる。

Henry Johnson（二〇〇四）***The Koto: A Traditional Instrument in Contemporary Japan***……Hotei Publishing

箏の歴史や楽曲及び奏法の解説に加えて、箏という楽器の社会的な位置づけや現代における演奏者の意識やアイデンティティについても、著者自身のフィールドワークにもとづく考察が述べられている。

小島美子監修（二〇〇四）「**箏の物語**」（DVD）

古典箏曲から現代箏曲までを実際の演奏映像と共にたどることができる。歴史や楽曲についての解説はごく短いものであるが、現代の名手による演奏が集められており、解説抜きでも見る・聴く価値がある。

……音楽文化……

「Jポップ」というポピュラー音楽
―日本の「失われた（経済的）三〇年」の背景―

水越真紀

I　バブル崩壊まで

一九九一年、冷戦終結とともに〝バブル経済〟が崩壊してから三〇年経ったいまも、日本経済は長いデフレの時代をさまよっている。しかし、このデフレ時代のはじまりとなった九〇年代という時期は日本のサブカルチャーのある意味では〝黄金期〟になったと言えるであろう。社会全体の経済的豊かさは映画、アート、アニメ、演劇などと同時に音楽業界にも及び、テレビ番組内の一つのコーナー「いかすバンド天国（通称・イカ天）」[1]から多くの高校生を刺激するようなバンドブームが起こり、それらの宣伝媒体の役割も担う音楽雑誌が雨後の筍のように創刊され、売り上げ規模の大きくないバンドや

(1) 一九八九年二月から一九九〇年一二月まで、TBSテレビで放映されていた深夜番組『平成名物TV』中の一コーナーで、毎回一〇組ほどのアマチュアバンドが演奏を競った。勝ち抜き形式で、五週残れば「キング」となってスタジオ録音やミュージックビデオの制作などの権利を得られた。東京ローカル局による深夜枠としては異例の高視聴率で全国的に人気を得て、たま、BEGIN、FLYING KIDSなど、メジャーで活躍するバンドを多数輩出し、おりからの「バンドブーム」を牽引した。

ミュージシャンにも多額の宣伝費をかけられるようになっていった。バブル経済崩壊後もその余波はつづく。音楽メディアがレコードやカセットテープからCDやMD(2)に変わったことで、レコード会社の親会社でもある家電メーカーが機器を売る好機と捉えたことも、音楽業界に空前絶後の活況をもたらした。九〇年代に入って増え始めた〝ミリオンセラー〟は、九五年にはMr. ChildrenやDREAMS COME TRUEなど三〇作に及び、その後も同じペースでヒット曲が量産されるようになった。これには音楽メディアの変化のほか、ヒットドラマの主題歌としたり、カラオケボックスの広がりなど、音楽周辺の経済や文化との相乗効果が大きかったのである。

また、よく回顧番組などでバブルカルチャーの象徴のように紹介されるディスコ「ジュリアナ東京」はじっさいにはバブルが崩壊した一九九一年にオープンし、九四年まで営業していたので、バブルの象徴というよりはバブル崩壊後にジリジリと迫ってくる不景気を跳ね飛ばそうという空《から》元気の象徴だったかもしれない。とはいえ、女性たちが壇上で、羽扇子を振りながら踊るあの映像が繰り返し流されることには、八〇年代に成立した男女雇用機会均等法やそれによって盛り上がった〝女の時代〟ブーム以降、社会進出していく女性たちの勢いある姿が、まるで六〇年代における学生運動の映像と同じような「時代の風景」だったとも言える。

---

(2) ミニ・ディスク。一九九二年にソニーから発売されたデジタル・オーディオ・ディスク。録音媒体としてカセットテープに代わる簡易でコンパクトなメディアとして販売されたが、Apple社のiPodをはじめとするデジタル・オーディオ・プレーヤーの普及により、ミニ・ディスクは音楽メディアとしては広がらなかった。

II 小室ブームとは

一九九〇年代にプロデューサー業を本格化した小室哲哉(3)は、当時、(女子)高校生の学校帰りのたまり場となっていたカラオケで〝攻略〟困難な(高音域を多用した)歌作りを意識したと発言。彼がプロデュースした華原朋美は九〇年代初頭のバンドブームからカラオケへと、ポップミュージックはただ聴くだけでなく、誰でも演じられるものだというカルチャーが広がっていった。子供たちが街で遊ぶようになって、いつのまにか「援助交際」とぼかして呼ばれた売買春行為が女子高校生の生活に入り込んでいると言われ始めていた。機能不全家庭や熾烈になってきたいじめが横行する学校に居場所を失った若者が街で遊び、茶髪とルーズソックスに象徴されるギャルファッションを楽しみ、「プチ家出」(一泊か二泊の家出)や「ジベタリアン」(喫茶店ではなく、センター街などで地べたに座っておしゃべりをする)など、ストリート独自の文化が作られていった。そんなギャルたちのカリスマは安室奈美恵に始まり、スピード、華原朋美らが社会からの疎外感や孤独、一人でも生きていけるが、だからこそ切実で強い愛を求めるといった、ギャル世代の自意識に触れる歌が多数メガヒットとなった。女性ファン率一〇割と言われた浜崎あゆみから二〇一〇年代の西野カナにいたる、激しい恋愛や切なさを歌い上げる「歌姫=ディーバ」の系譜がのちにギャル演歌と呼ばれ、非正規労働者化など苦労の多いティーンエイジャー女子の情緒を受け止めるものになっていく。

---

(3) 一九五八年生まれ。ミュージシャン。作曲家。音楽プロデューサー。一九八六年に大ヒットした渡辺美里の「My Revolution」を作曲。自身のバンドTM NETWORKでも数々のヒット曲をもつ。九四年、バンド活動からプロデューサー業に移行し、篠原涼子 with t.komuro による「恋しさと せつなさと 心強さと」を皮切りに、売り上げ二〇〇万枚を記録したH Jungle with t による「WOW WAR TONIGHT～時には起こせよムーヴメント」などで〈小室ブーム〉を巻き起こす。自らも参加するユニット globe、trf のほか華原朋美や安室奈美恵といった女性シンガーらのプロデュースを手がけ、時代のアイコン的な存在となる。九〇年代には多数のミリオンセラーを制作するが、九〇年代末には次第にブームは終焉する。

Ⅲ　多様化の時代

この時代にはマス音楽カルチャーの繁栄からストリートという地続きで細分化するジャンルが毛細血管のように広がっていく。一九九五年には一ドル八〇円の超円高となり、電気グルーヴ(4)が中心となって日本に広めたイギリスや欧州のテクノミュージックシーンでも輸入レコードが売れまくっていた。渋谷は輸入レコード店のメッカとなり、そのなかでもＨＭＶ渋谷店のＪポップコーナーが発信したメジャーではない音楽が「渋谷系」として、邦楽(5)（Ｊポップ）のなかで大きな存在となっていき、二〇〇〇年代にブームとなる野外音楽フェスティバルが誕生してくる。そのような超円高ゆえの海外と直結したカルチャーと、日本国内で熟成されていくカルチャーが渾然としていた。ジャニーズ事務所(6)の久々にして最大のアイドルグループとなったＳＭＡＰもそうした話の一角に入れてもいいかもしれない。テレビ番組で料理やコントも交えて、それまでのアイドルを超えてサブカルチャー的な人気も得たＳＭＡＰが歌った「夜空ノムコウ」は一九九八年のミリオンセラーとなった。バブル崩壊後の大型倒産や就職難、追い討ちをかけるような阪神・淡路大震災、地下鉄サリン事件、少年による残忍な殺人事件など暗く衝撃的なできごとが続くなか、「あれからぼくたちは何かを信じてこれたかなぁ／あの頃の未来にぼくらは立っているのかなぁ／すべてが思うほどうまくはいかないみたいだ」と青春の終わりを感じさせる歌詞が「失われた一〇年」の空虚さや脱力感を受け止めるようなヒ

(4) 一九八九年にデビューしたバンド。石野卓球、ピエール瀧を主要メンバーとして、テクノ、エレクトロニカ等のダンスミュージックを中心に〈サブカル〉的なシーンで人気を得る。サイケデリックでナンセンスなセンスが特徴である。

(5) ここで言う「邦楽」とは、日本の伝統音楽のことではなく、日本人ミュージシャンやシンガーによるポピュラー音楽のこと。

(6) 一九六〇年代以降、男性アイドル歌手を輩出し続けているマネジメント会社。設立者はジャニー喜多川。六八年にデビューしたフォーリーブスをはじめ、七二年デビューの郷ひろみなど、男性性を極力廃した、線の細いいわゆる美青年を中心に、若い女性ファンの空想的な世界を形作ってきた。

ット曲だった。

しかしそんな無力感を打ち払うかのように現れたのがシャ乱Qのボーカリストつんく♂のプロデュースによるモーニング娘。というアイドルグループだった。「テレビのオーディション番組で選ばれたアイドル」という復古的とさえ言えるスタイルで、歌詞の内容も「夜空ノムコウ」へのアンサーとも思えるような「日本の未来は　世界も羨む　恋をしようじゃないか」（モーニング娘。「ＬＯＶＥマシーン」）、「愛という字を思い出すとき　家族の顔が先に浮かんできたぞ」（プッチモニ(7)「ちょこっとＬＯＶＥ」）という、過去ではなく未来を信じさせるようなもので、彼女たちの存在もふくめてノスタルジックなほど生き生きとした屈託なさを演出されたモーニング娘。は大ヒットし、後から思えば、この二年後の小泉政権による新自由主義時代の狂騒を迎える心の準備となったかのようだった。

Ⅳ　二一世紀の静けさ

二一世紀初頭のＪポップシーンは、前年までが幻に思えるほどミリオンセラーヒットがなくなっていく。小室哲哉はのちに、「宇多田ヒカルが僕を終わらせた」と語っているが、まさにそこが、サブカルチャーの楽園となった円高不況時代の一九九〇年代が終わった時だったのであろう。大ヒット曲もなければ、音楽的な事件もない、メジャーシ

(7)　モーニング娘。の一部のメンバーによって一九九九年に結成された女性アイドル・ユニット。

ーン的には退屈な時代が始まる。つんく♂がもたらした平穏を求める気分に続くかのようにSMAP（「世界に一つだけの花」）や森山直太朗（「さくら」）、ケツメイシ（「さくら」）、コブクロ（「蕾」「桜」）、福山雅治（「桜坂」「ひまわり」）、オレンジレンジ（「花」）がヒットしたが、タイトルを見ると、なんということであろう。いわば癒し系とも言える、自意識の葛藤なき安定と平穏とやさしさを載せたラブソング・ラッシュのこの数年は日本的なフラワー・ムーブメントだったなどと皮肉を言いたくなる。実はこの期間、音楽はCDとダウンロード配信での販売があり、それらを統合したチャートが作られなかったのだ。二〇〇〇年代中盤になると、日本経済は上向き始め、数字の上では「好景気」となっていくが、二〇〇三年、イラク戦争に自衛隊が派遣され、郵便局の民営化が声高に推し進められ、有名国立大学を卒業しても就職先がない「超氷河期」と呼ばれる就職難に見舞われた若者世代は「ロスジェネ（ロストジェネレーション）」と呼ばれ、失業も貧困も「自己責任」で片付けられ始めた時代だった。

V　ボーカロイドの時代

二〇〇七年、巨大匿名掲示板「2ちゃんねる」(8)の創設者（現在は「4chan」(9)管理人）の西村ひろゆきらは、動画配信サイト「ニコニコ動画」を開設。時を同じくして、合成音声で楽曲を制作するソフト「初音ミク」がヒットし始めていた。このソフトは初音ミ

---

(8)　一九九九年に開設されたインターネット上の匿名掲示板。九〇年代後半からインターネット上に存在した電子掲示板（BBS：Bulletin Board System）の一つ。二〇〇〇年代には利用者数一〇〇〇万人以上とも言われた日本最大規模のウェブサイトの一つでもあった。実用的で有用な情報も集まったが、誹謗中傷やサイト内でのいじめ行為でも話題はつきないものとなった。

(9)　英語圏を対象とした世界最大規模の匿名電子掲示板サイト。反社会的なものも含めて多くのインターネットミームを産んできたが、近年の話題はアメリカの前大統領ドナルド・トランプへの支持で注目されたQアノン誕生の舞台となった。

クという名のバーチャル・アイドルのキャラクターでもある。当時、流行っていた（ユーザーがカラオケで）「歌ってみた」というコンテンツに使われ始め、やがて多くの「ボカロＰ」（音声合成ソフトで作った楽曲を動画サイトに投稿する音楽家）によるオリジナルの曲が人気を得ていく。ストリートの時代とも言える一九九〇年代の音楽とは違う、ベッドルームから発信される作品が市民権を得ていくのである。エフェクトをかけたボーカルと「ポリリズム」でデビューしたPerfumeは、三次元ボカロ[10]と言われた。

Ⅵ　新しいアイドル像

また、一九八〇年代にアイドルグループ、おニャン子クラブを成功させた秋元康[11]のプロデュースでアイドルグループＡＫＢ48が活動を開始したのもこの頃である。「会いに行けるアイドル」をコンセプトに、秋葉原に作った専用のライブハウスでほぼ毎日ライブを行いながらファンを増やし、二〇一〇年代のミリオンセラーはそのほとんどがＡＫＢ48の楽曲となった。ほかにも同じように秋元プロデュースの乃木坂46、欅坂46（現、櫻坂46）が占めていた。これはＡＫＢ商法と呼ばれるビジネスモデルで、ＣＤに握手券をつけたり、グループ内人気投票の投票権を得るために一人が複数のＣＤを購入するためで、グループ名は知っていても、楽曲については以前のミリオンセラーのように「誰もがどこかで聴いたことのあるヒット曲」とは違う、コアなファンを対象にした企画と

(10)　ボカロはボーカロイドの略語。二次元空間の存在であるボーカロイドを三次元で実現させたような存在であることから、Perfumeはこのように評された。

(11)　一九五八年生まれ。放送作家。作詞家。プロデューサー。八〇年代には歌謡番組『ザ・ベストテン』（ＴＢＳ）、深夜番組『オールナイトフジ』（フジテレビ）、アイドル番組『夕やけニャンニャン』（フジテレビ）などの放送作家として名を馳せる。作詞家としても小泉今日子の「なんてったってアイドル」やとんねるずの「雨の西麻布」などをヒットさせる。八五年には『夕やけニャンニャン』の番組内でアイドルグループおニャン子クラブのプロデュースを担当。二〇〇〇年代のＡＫＢ48に始まる巨大アイドルグループのプロデュースまで、数々の風俗を生み出す。

いったものになっていく。ＡＫＢ48のライブ中心の活動は、Ｊポップに押されて沈滞していたアイドル文化に活気をもたらす。ライブや物販中心の活動をする多数の「リアル（に会える）アイドル」「地下アイドル」たちが現れ、マネージャーがつくわけでもない小規模のマネジメントでストーカーやハラスメントのリスクもありながら、秋葉原の歩行者天国で路上ライブをするなど、独特の世界を作っていった。

　ところでこうしたグループではメンバーが脱退することを「卒業」と言うが、これはおニャン子クラブから始まったことで、モーニング娘。やその後のアイドルグループのメンバーがソロになることを前提に組み立てられたプロジェクトだからだそうだ。対して、ジャニーズ事務所の男性アイドルグループは中年になっても固定メンバーで続ける。グループ名をブランド化して、メンバーの個性には大してこだわられることのない、現在に多くみられる女性アイドルグループのプロデュース手法と、老いていく人生をファンと共に生きようとする男性アイドルグループの成長戦略には、制作側、受容側の意識・無意識にも関わるであろう、プロデュース時点でのジェンダー・ギャップを感じざるを得ない。

Ⅶ　閉じられたＪポップの世界へ

二〇一〇年代になると、一九七〇年代シティポップのリバイバルとして山下達郎などが世界的にも再評価され、その音楽的な系譜として、ボカロPとしてデビューした米津玄師の「Lemon」がYouTubeサイトでの再生回数[12]六億七〇〇〇万回以上という脅威的なヒットとなる。ほかにもKing Gnuの「白日」も三億回以上再生と、インターネットやサブスクリプションで聴かれるようになると、CD時代のセール数とは桁違いの様相となる。ことに米津玄師の音楽性の評価は高く、「Lemon」は二〇一七年から一八年と年を跨いだ記録的なロングヒットとなった。ほかにもDREAMS COME TRUEのようなブラックソウルを受け継ぐ星野源、ストリート系というかヤンキー系につながる小室ファミリーをさらにパワーアップしたEXILEファミリーを擁する事務所LDHはダンススクール、飲食チェーン、アパレル、映画配給やジムにまで事業を広げている。

そして、バンドブームからカラオケ、DJ、さらにラップバトルのテレビ番組『フリースタイルダンジョン[13]』など、自己表現の場所も移りながら広がってきた。『フリースタイルダンジョン』から登場した女性ラッパーのあっこゴリラは「フェミニスト」として活動。ギャルブーム以降、男女かかわらず高校生も化粧をしてエステで日焼けや脱毛をすることとストリートカルチャーとの親和性が一方で強くなっていき、EXILE文化に連なるのと並行し、ずっと小さな流れではあるが、ジェンダーやエコロジーを問題意識として持ち、「女性らしさ」とされてきた下着や化粧から解放されることで役割に固定されることから解放されようという脱コルセットというメッセージを発信している。二〇二〇年以降のコロナ禍によるステイホーム期間、配信コミュニケーションがふえる

⑿ たとえば世界で毎月二〇億人が利用しているといわれるYouTubeでは、再生回数について、同一IPアドレスからの再生をどうカウントしているかは公表されていないが、連続再生は複数にはカウントされないという。

⒀ 二〇一五〜二〇年七月にテレビ朝日で放送されたバラエティ番組。「イカ天」のラップ版。即興のラップで「モンスター」と呼ばれるプロのラッパーに挑戦者が挑む形式で賞金をかけた対戦が行われた。ラップによる闘いの緊張感と言葉選びの妙、ヒップホップのリズムの乗りやすさで人気となり、小学生までが即興でラップをするようなブームともなる。

なか、ほかにも作品や発言でエコロジー等、ミュージシャンたちも社会問題に関心を持つことを公言するようになっているところである。

【読書ガイド】

烏賀陽弘道（二〇〇五）『**Jポップとは何か――巨大化する音楽産業**』……岩波新書

一九九〇年代に資本主義的に急成長した日本の音楽産業における「Jポップ」現象を論じる。

佐々木敦（二〇一四）『**ニッポンの音楽**』……講談社現代新書

「Jポップ」の歴史の文脈では語られない「日本のポピュラー音楽」を論じる。小沢健二、小山田圭吾、ピチカート・ファイブだけでなく、小室哲哉、安室奈美恵、つんく♂なども取り上げている。

佐藤良明（二〇一九）『**ニッポンのうたはどう変わったか――増補改訂 J‐POP進化論**』……平凡社ライブラリー

民謡や演歌から、七〇年代のニューミュージック、二一世紀のJポップまで、日本のヒット曲が日本人の生活や情緒とどのようなつながりを持っていたかを描く。

さやわか（二〇一三）『**AKB商法とは何だったのか**』……大洋図書

独特のビジネスモデルを展開したアイドルAKB48とはなんなのか？　批判と分析。

つやちゃん（二〇二二）『**わたしはラップをやることに決めた――フィメールラッパー批評原論**』……DU BOOKS

男性中心的なヒップホップ史に存在した（する）女性ラッパーを浮かび上がらせる。

清志郎、原発、お月さま

……「戦後」日本社会文化論……

橋本雄一

ことばが張りつめた力を持つのは、いつ、どんな場所でだろう？　それは政治屋や世の学校の教科書が使う国語ではないだろう。

何言ってんだ　ふざけんじゃねえ　核などいらねえ
何言ってんだ　よせよ　だませやしねえ

加圧された闘争の言語は冒頭から塊となって、しかしゆっくりと並べられる。エルビス・プレスリーの歌った"Love Me Tender"が持つテンポに、清志郎[1]が庶民の言語と風を使ってプレスする。

(1) 忌野清志郎（一九五一～二〇〇九）：フォーク・バンドのちロック・バンド、RCサクセション（一九七〇年デビュー、一九九二年活動休止）のリーダー、ヴォーカリスト、ギタリストとして歩み出す。米国のアフロアメリカンによるソウル音楽を好んだ。内省の叙情と先鋭な政治社会批評、またユーモアを持った美しく激しき曲を創作して歌う。日本語を丹精込めて練りまた捻り、独特の声で聴く者に送り届けた。猫に関する曲も多い。ソロや別の新たなバンドによるアルバムも多く、『Memphis』（一九九二）、『Rainbow Cafe』（一九九八）、『RUFFY TUFFY』（一九九九）、『GOD』（二〇〇五）などなど、膨大な世界である。

放射能はいらねえ　牛乳を飲みてえ
何やってんだ　税金《かね》かえせ　目を覚ましな
たくみな言葉で　一般庶民をだまそうとしても
ほんの少しバレてる　その黒い腹

ロックバンド、ＲＣサクセションによる歌曲「ラヴ・ミー・テンダー」は、ヴォーカル＆フロントマン忌野清志郎の創作歌詞を運ぶ一つの緊張である。その収録アルバム『COVERS』（一九八八）は、バンド所属のレコード会社が原子力発電プラントの製造に大きく関わるメーカー企業（この企業は現在、その原発産業部門の焦げつきにより経営に苦戦を強いられている）の系列子会社ゆえ、発売取り消しとなり、その後他の会社から発売された。収める全曲の日本語歌詞はほとんど全て清志郎独自の創作詞である。それらが世界の著名なロック・ソウルの原曲に乗せて歌われる。いわゆるカヴァー曲集なのだが旋律だけのそれであり、すべて主張する意味内容と演奏様式が原曲とは違う新たな世界を創り出している。

くだんの「ラヴ・ミー・テンダー」は原語の音と日本語の音とをつなぐ清志郎版の駄《だ》洒落《じゃれ》も効かせ、誰もが知る〝Love Me Tender〟を「何言ってんだあ〜」「何やってんだあ〜」という音と意味に置き換える。日本語と地球上の世界とが接する音の扉を知ってもらえる教科書がこの曲でもある。

冒頭のいわば二章分のあと、圧縮を解き放つような器楽の演奏は、世界を流れる一つの大河のようなハーモニカの音とそこに今一本一本打ち込んでいく杭のようなベースの音が印象的だ。より広い空間と「現状」に出ていく音。それが清志郎の「ラヴ・ミー・テンダー」。手に取るようにだんだん広がって行く視野。そこに映されるのは、この闘争言語を投げかけられた敵が企む何か大きな謀略の場所であり、またそのような謀略の場所をかいくぐって、より真っ青な宇宙の空と風を目指す庶民の場所である。

同じアルバムに入った「サマータイム・ブルース」は、原子力発電所という戦後日本のエネルギー・プラントと現象に対するあからさまな批判言語。

暑い夏がそこまで来てる　みんなが海にくり出していく
人気のない所で泳いだら　原子力発電所が建っていた
さっぱり分かんねえ　何のため？　狭い日本のサマータイム・ブルース

清志郎が歌のなかで数えた当時の原発は三七基。そのときから既にあった福島県の太平洋沿い第一原子力発電所の複数基が、二〇一一年三月一一日発生の東日本大震災によって冷却システムが損なわれ、水素爆発やメルトダウンを起こす。首都圏をカヴァーする大手電力会社が運営する発電所だった。清志郎の歌った当時の日本全土の数は二〇一六年までに、五四基に増えている（3・11以後に廃炉決定済みのものも含む）。彼は現実のなかで正しく歌った、「原子力発電所が『まだ』増える」。現在のこの数字への推移は、そのまま第二次大戦後の日本がわざわざ自分で生み出した時間の数そのものであり、それは日本という政治が自己と地球との関係を省みない歴史の数でもある。

　この原発から二〇キロ圏内の人びとはこの事故＝「事件」で強制退去させられ、今も故郷に帰ることは難しい。土地、家屋、仕事、日常生活、自分が地に足をつけていた〈現在〉と歴史のすべてが、放射性物質と「政治」によって奪われてしまった。また、いのちのために自主避難した圏外の人びとに対して、六年経った二〇一七年春、行政による支援手当などが打ち切られようとしている。

　ちなみに3・11震災ののち、東京電力福島第一原子力発電所などの廃炉決定や他の地の定期検査や停止で、稼働プラントは全国的にゼロになった時もあった。(2) しかし近いところで言うと、その後の「新基準」なるものを経てフクシマへの思いもなしくずし的に、二〇一五年八月と一〇月に鹿児島県内の川内《せんだい》原発の複数機が再稼働される。そこではなんとすぐに運転上のトラブルが見られ、「検査」を経て再び二〇一六年一二月八日、この川内原発一号機はまたも稼働させられた。二〇一七年三月二〇日現在、加えて愛媛県内の伊方原発三号機が稼働中（一六年八月から）、しかも別の地のプラントもそれら地域の大手電力会社等の力によって稼働を企図、3・11後の機関である原子力規制委員会に対して申請中である。他方、東京等の都市や原発立地の地元では、いのちを守ろうと

(2) 二〇二二年二月現在の日本の原子力発電所稼働状態：二〇二一年について、原子力資料情報室のまとめ（同年一二月三〇日時点）によれば、六月に福井県の美浜原発一機が再稼働するも、その後「テロ対策施設」が設置期限に間に合わず、一〇月に再停止。全国で「廃炉となった原発は二四基」、新規稼働審査中は建設中のものを含めて「一〇基」、「審査合格は七基」、「未申請は九基」などとなっている。（「残された時間 二〇二二年の展望」(https://cnic.jp/41122 閲覧二〇二二年二月一七日一二時五五分より）

する人びとによる再稼働反対の声が現在いっそう高まっている。
「メルトダウン」という曲は『COVERS』と同時期に、RCサクセションとは別の活動として清志郎によって創られ歌われ始めた。清志郎が人の生命の問題を延長して考えていた証拠である。一九八六年の旧ソ連・チェルノブイリ原発事故をきっかけに発想された曲のうちの一つで、自分のいる場所において恐ろしい事態を懸念・予感する歌詞である。めくるめく倒錯した音の様式と歌詞の意味とがたぐいまれに正しく手をつないだ曲だ。それは、何か恐ろしいものの内部に人が巻き込まれていく幻想と現実そのもの。残念だがここでは、不気味な螺旋階段のような旋律を持つこの曲の歌詞のみを紹介するしかない。

オレの脳が　メルトダウン　大脳も小脳もダウン　ダウン　ダウン　ダウン
あああああ　メルトダウン　メルトダウン
恐ろしいことが　起こってしまった
もうだめだ　助けられない　もう遅い

身体の内側と外側の言語を両方、掘り進む清志郎。自分より若いメンバーと結成したバンド、忌野清志郎&2・3'S名義のアルバム『Music from Power House』（一九九三）に収録されている。のち『Baby#1』（二〇一〇）に収録されたヴァージョンは、彼

(3) 高石友也（一九四一〜）：清

が宇宙の強き風になったあとで新たにリミックスされているが、原発のどす黒い影をより明らかにする不気味な音響になっており、九三年ヴァージョンよりも際立っている。清志郎がこの世と宇宙に生きている証拠だ。ぜひ聴いて下さい。

思えば、『COVERS』のなかの一曲目「明日なき世界」の元歌“Eve of Destruction”はアメリカの反戦フォーク音楽で、バリー・マクガイアによって、アメリカのヴェトナム戦争介入直後に発表された。清志郎の歌う日本語は先輩世代のフォーク人、高石友也(3)による先行訳詞を清志郎が補った。フォークの語り部、岡林信康(4)はファースト・アルバム『わたしを断罪せよ』（一九六九）でボブ・ディラン(5)（ちなみにではあるが二〇一六年のノーベル文学賞を受賞）の「戦争の親玉」（原題“Masters of War”）をカヴァーしているが、その日本語訳詞も高石友也である。一九六〇年代の日本語フォークが持った社会的系譜のなかに清志郎もいる。この系譜の往来のなかで清志郎は反戦争の声をもっと苛烈に炸裂させ、そのスピードは原型たる元の旋律と訳詞のテンポをはるかにK点超えし、分厚いテンスにて走る。この態度は彼が宇宙の強き風になる最期まで貫かれた。

東の空が燃えてるぜ　大砲の弾が破裂してるぜ　おまえは殺しの出来る歳
でも選挙権もまだ持たされちゃいねえ　鉄砲かついで得意になって
これじゃあ世界中が死人の山さ
でもよお　何度でも何度でも　オイラに言ってくれよ

志郎の上の世代にあたるフォーク・シンガー、ギター。創作曲に「受験生ブルース」（一九六八）などがある。

(4) 岡林信康（一九四六〜）：フォーク・シンガー、ギター。創作曲「今日をこえて」「山谷ブルース」「友よ」（アルバム『わたしを断罪せよ』一九六九）、「おまわりさんに捧げる唄」「自由への長い旅」（『見るまえに跳べ』一九七〇）などがある。美しい旋律とユーモアに溢れた政治社会への批評精神をこの時期進めた日本語の作り手。

清志郎はこのような世代からさらに先へと、独自に、登場した。新たな清冽な内省と叙景、先鋭で露わな批評精神、より繊細で複雑なユーモアとして日本語を沸騰させ、長き音楽の道を進んでいく。

(5) ボブ・ディラン（一九四一〜）：アメリカ合衆国の社会性を帯びたフォークとロックの音楽家。「風に吹かれて」「ライク・ア・ローリングストーン」など多くの代表曲を持つ。「イッツ・オールオーヴァー・ナウ、ベイビー・ブルー」など他の歌い手にカヴァーされた曲も多い。

世界が破滅するなんてウソだろ　ウソだろお

原発や戦争を痛烈に批判し皮肉ったアルバム『COVERS』を境に清志郎は変わった、とする批評がある。NHKのテレビ番組、二〇一四年六月八日放送「ラストデイズ」などがそうだ。抒情詩人から社会悪に対する批判者へと変わった、と。しかしことはそんなふうに滑稽な足し算ではないし、変わり身の速い政治屋たちとは違う。清志郎はのっぴきならず美しい〈ヒト〉である。ヒト、つまり民。算数のような線引きを分かったかのように誰かに解説されたり、将棋の歩兵が都合よく「成り金」になったり……そんなニンゲンが清志郎であるわけがない。美しいココロザシを強度に反復保持しいつも世界に繰り出す、一途に高く蒼き民。それが彼とヒト。

「変わる」とは、選挙に当選したニンゲンの選挙前の公約が一瞬にして変わったり、所属政党が変わったり、政治制度がそれらに合わせてコロコロ変わることを、変わる、と言うのだ。清志郎自身が、そのようなニンゲンたちの場所を鮮明に暴いている。

ドロボウが　憲法改正の論議をしてる
コソ泥が　選挙制度改革で揉めてる
（中略）
ドロボウが　建設会社に　饅頭をもらってる

金屏風のかげで　ヤクザと取り引きしてる
（「善良な市民」。前出『Music from Power House』より）

言葉とは裏腹に、相変わらず旋律が美しい。
しかもだ。ＲＣサクセションのファースト・アルバム『初期のＲＣサクセション』（一九七二）にはすでに「言論の自由」という楽曲が。「本当のことなんて言えない／言えば殺される」「本当のことなんて言えない／言えばにらまれる」の言いは、彼の心性のタイムレスな持続を物語って余りある。また同アルバムの「シュー」は「烏合の衆／烏合の衆（中略）たまには一人で何かやってみろよ／いつでもみんなといっしょなんだね」と、誰かに対して冷たくしかし語り「かける」。突き放す美と相手に働きかける美は、精神の固有な純度と社会への眼の潤度というパラドックスによって清志郎に一貫している。さらに「メルトダウン」から。

とりかえしのつかないことに　なってしまった
もうだめだ　助かりゃしない　誰も
神さま　仏さま　お医者さま　お月さま　キリストさま
科学の力を　信じていたのに
あああああ　メルトダウン　メルトダウン

新しいユーモアと辛辣な美意識は、映しとられた言語内容だけでなく、楽曲の旋律にまで及ぶ。述べられた言語が曲想によって増幅し残響していく。様式と意味の共振現象は、この極東の島では清志郎が独自に体現した。

そして、日本語「お月さま」。抒情詩人としても彼が持っていた一貫性を証明する星。清志郎の文学世界でロマンチックな憧れの対象であるこの星は、東京外国語大学近くの地理を描く「多摩蘭坂」（『BLUE』一九八一）で見上げた「雨あがりの夜空に」（『RHAPSODY』一九八〇）輝く。叙情曲の極北「夜の散歩をしないかね」（『シングル・マン』一九七六）の言語の夜空には二度浮かぶ。いつも清志郎の夜に光を放つのは「お月さま」なのだった。日本語でしっくりくる“otsukisama”という音は、人やニンゲンがそこに仮住まいする宇宙の夜に輝く光の絶対者。ニンゲンがどうのこうの扱えない畏怖の対象。

お月さま覗いてる　君の口に似てる
キスしておくれよ　窓から

（「多摩蘭坂」）

正しい。いつもそこにいるお月さまがこちらに顔を向けてくれるのを、人はいつも地球上でじっと待っているしかないのだ。

一二〇〇年以上前、中国唐代の李白は〝今人不見古時月，今月曾経照古人〟（「今の人はいにしえの月を見ることかなわず、今の月はかつていにしえの人を照らす」）と歌った。宇宙の、中国の、巨星たる詩人も愛してやまぬ天空に不変の光の球体。それは、清志郎にとっても「メルトダウン」という真っ暗闇の現象を脱出して、やわらかな挨拶を交わし、いのちの願いを託す光だった。李白もいつも不変の光をお月さまに見たのである。

峨嵋山月半輪秋　影入平羌江水流
夜発清渓向三峡　思君不見下渝州
（峨嵋山にかかる半輪の月の秋　その姿は平羌江に映り水は流れる
夜清渓を出発し三峡へと向かう　あなたを思うも見えず渝州へ下る）

（李白《峨嵋山月歌》）

李白はまるで清志郎じゃないか。日本のヒロシマ・ナガサキ・第五福竜丸(6)ののちの原子力発電所「政治」のなかで、お月さまの影のもと声を挙げる民のひとり、清志郎。お月さまがその夜は雲に遮られて見えなくとも、その変わらぬ光を思い、果ては感じさえして、中国四川省の紺色の河を下っていった李白。

(6) 日本列島とハワイ列島の中間地点、太平洋のマーシャル諸島ビキニ環礁で、一九五四年三月アメリカ合衆国が水爆実験を行う。近海で漁業に従事していた日本静岡県の漁船、第五福竜丸（船員二三名）が被曝。乗員の一人は半年後に亡くなっている。船体は現在、東京都立夢の島公園に展示されている。なおこの水爆実験で被曝した漁船は他にも多い。

わたしが満月だろうが三日月だろうが、闇のなかの新月だろうが、関係ない。おまえをいつも見ている。おまえは地球上にて自分で今の場所を出発せよ。そして考えろ。

と、お月さまは言うだろう。たぶん。どこかにいつも居て光りながら。それが誰かに今日見えれば、それは今日を生きるその人の道を照らす。そこに居る予感のみが伝わるのも、今日を生きるその人の道を照らす。地上の今日の「政治」には見えなくとも、今日そのお月さま自身の場所から眼を光らせる。地球上の庶民と動物と自然界とのために、光る。いついかなる時も。そのかわり触われればこちらが斬られそうなほどに清冽なココロザシの強度。その強度の内省と強度の発露。お月さまはまるで清志郎じゃないか。

宇宙の奥底にお月さまが在って、光り、そこへ風が吹くたびに、清志郎の声は復活する。

お月さまは今日も見ているぜ。眼の前の星に展開する現代日本の、ニンゲン世界の、おかしなあり方を。

【読書ガイド】

忌野清志郎（二〇〇六）『**サイクリング・ブルース**』……小学館

自転車で日本全国やキューバなどを旅した清志郎。レコーディングや演奏活動のあいまにそのように世界を見て走り続けた体験も、彼の音楽の眼線と関わっている。清志郎の旅を知ろう。

忌野清志郎（二〇〇七）『**瀕死の双六問屋**』……小学館文庫

自分が聴いてきた世界の音楽や自分の音楽を、清志郎自身が語る。彼によるイラストも楽しい。

勝又進（二〇一一）「**深海魚**」「**デビルフィッシュ（蛸）**」（二つとも『深海魚』所収）……青林工藝舎

漫画によって関連問題を知ってみたい。原発問題の根深さを描く二つの力作だ。

小出裕章（二〇一四）『**100年後の人々へ**』……集英社新書

3・11以降に注目される原子力工学専門の著者が人間の未来のために語る。

高木仁三郎（二〇〇〇）『**原発事故はなぜくりかえすのか**』……岩波新書

原発の問題点をたいへん早くから告発した著者は、地球のための科学者だった。

松浦友久編訳（一九九七）『**李白詩選**』……岩波文庫

日本語に限らず〈言語〉の不思議と宇宙の不思議を知りたいなら、地球の人間には李白の詩がある。他者の言語をさらに別の他者の言語を介して知る旅に出よう！

……表象文化……

〈アニメ映画〉に吹く風
―宮崎駿の仕事―

今村純子

わたしたちはアニメ映画を「動画」として観賞している。だが実のところ、アニメーションは一秒間に二十四コマの「静止画」から成り立っている。つまり、一分間に千四百枚、一時間に八万六千四百枚の静止画が必要だということである。この莫大な量の静止画が集まって構成される動画が作り出す動きの速さ、大胆さ、緻密さにおいて比肩する者がない宮崎駿(1)のひとつの作品の完成は、原画・動画を手掛ける何百人ものアニメーターをはじめ、色彩、撮影、録音等々のさまざまなスタッフの職人魂《パッション》に支えられている。かれらは自らの個性を打ち消し、何年にもわたって、一年三六五日ほぼすべての時間を、ただただ作品の誕生に奉仕する。その才能に先立って、スタッフそれぞれが作品誕生にかける並々ならぬ粘り強さと熱意がなければ、宮崎アニメの制作工程は成り立たない。

---

(1) 宮崎駿(一九四一〜):日本を代表するアニメーション作家・映画監督。代表作に『となりのトトロ』(一九八八)、『千と千尋の神隠し』(二〇〇一)、『風立ちぬ』(二〇一三)など多数。『千と千尋の神隠し』は、ベルリン国際映画祭金熊賞およびアカデミー長編アニメ映画賞を受賞。

そして、こうしたひとつひとつの仕事への監督自身の敬意がなければ、作品が胎動するということはありえない。この熱意と敬意が交歓するとき、労働現場における〈詩〉の誕生の契機が見出される。直接的には目にあらわれてこないこの詩性こそが、実のところ、映画を観る者の心をもっとも震撼させる。なぜなら、わたしたちひとりひとりの生そのものが、時間的・物質的な制約のなかで、軋轢や葛藤から目を背けずに現実を直視することによってのみ動き出すからである。「見ること《アイステーシス》」は、すなわち「創ること《ポイエーシス》」である。このことを、宮崎駿はなによりも熟知している映画監督(2)である。この奇跡的な詩性の誕生には、総監督のみならず、シナリオ、絵コンテ(3)、セリフのすべてをたったひとりでこなし、スタッフの制作の全工程に、自らの手で厳しいチェックを入れるという宮崎自身の驚異的な仕事が不可欠である。監督第二作となる『風の谷のナウシカ』(一九八四)で、興行収入七億四千二百万円を記録する大ヒットを機に設立された映画工房スタジオジブリ(一九八五設立)では、この宮崎の超人的な仕事をプロデューサー(4)鈴木《すずき》敏《とし》夫《お》(5)と盟友の映画監督・高畑《たかはた》勲《いさお》(6)が内側から支えている。鈴木はつねに、宮崎の「歴史的・社会的自己」、つまり、どのような時代、どのような社会に生きているのかを見据えつつ、宮崎の個性と資質が最大限に引き出せる俯瞰的な視座に立ち、宮崎にしかなしえない表現の扉を開いている。他方で高畑は、『風の谷のナウシカ』のプロデュースを手掛けており、互いの作品に対する厳しい批判を言い合える唯一無二の友人である。それと同時に、つねに瑞々しい作品を作り続ける苦行を競い合うライヴァルでもある。

---

(2) 映画製作全体の指揮をとり、内容・台詞などすべてを決定する責任を担う。

(3) アニメーションなどで登場人物のセリフ・動き・位置などのひとつひとつの場面の様子を、絵と文字で表現したもの。アニメーション創作の設計図にあたる。

(4) 映画製作のための予算・人事・制作過程および公開・宣伝について采配・決定する責任を担う。

(5) 鈴木敏夫(一九四八〜):映画プロデューサー。スタジオジブリ社長。宮崎駿監督作品ほかジブリ作品をプロデュース。『千と千尋の神隠し』(二〇〇一)は、二〇〇一〜二〇年のあいだ興行成績一位となる。

(6) 高畑勲(一九三五〜二〇一八):アニメーション作家・映画監督。宮崎駿と設立したスタジオジブリでアニメ作品を創作。『かぐや姫の物語』(二〇一三)など。

日々、長時間労働に及ぶ大勢のスタッフの人件費をはじめ莫大な制作費を要するアニメ映画は、否応なく観客動員数、すなわち興行収入が問われることになる。興行収入が不振であれば、その後、制作は続行できなくなってしまう。ところが、宮崎駿の作品は『ルパン三世 カリオストロの城』（一九七九）から『風立ちぬ』（二〇一三）に至るまでの長編作品十一本すべてが大ヒットしており、とりわけ、『千と千尋の神隠し』（二〇〇一）は、興行収入三〇三億円を獲得し、日本映画界で歴代一位（当時）となった。それと同時にこの作品は、二〇〇二年ベルリン国際映画祭で金熊賞を受賞している。[7] このように、商品価値を手放さず、なおかつ、あくまでアニメーションを「芸術」として、すなわちテレビではなく映画として呈示するという離れ業を宮崎の作品は成し遂げてきた。だが、ある作品が多くの人の心に届く普遍性を有することと、その作品が高い芸術性を備えていることとは、かならずしも一致しえないはずである。この両者の一致はどのようにして果たされるのであろうか。それはなにより、たとえどのような困難な状況のなかにあっても、監督自身が己れの個性と資質を決して手放さないということによってである。たとえば、それは、無類の戦闘機好きであるのと同時に大の反戦主義者であるという、宮崎駿その人の自己矛盾を徹底して見つめ通すということである。そのことが、作品に登場する主人公のみならず、市井《しせい》に生きる人々や風物ひとつひとつを、渾身の思いで描いていくことに連なってゆく。こうして、個を徹底的に貫き通すことによって他者の生をイメージする目が鍛えられ、他者とつながってゆくことができる。このような

（7）ベルリン国際映画祭のコンペティション部門における最優秀作品賞。

個と普遍のダイナミズムに支えられ、宮崎駿の名は、かつての溝口健二[8]、小津安二郎[9]、黒澤明[10]といった映画作家たちと同様に、国内外に轟くこととなった。

しかしながら、宮崎が手に入れた権威・名誉・金銭といった「力」は、まさしくかれが一貫して抵抗してきたものであり、そこから離れたときにわたしたちの存在が放つ美しさを描き出すことこそ、自らの使命としてきたものであった。この矛盾を宮崎はどのように乗り越えるのであろうか。それは、権威・名誉・金銭といった「力」を忘れ去るほどに、無心に働くことによってである。「力」を手中に収めていながら、それがどれほどわたしたちを呪縛するのかを知り尽くし、無心の労働によってそこから限りなく離れる。このダイナミズムこそが、宮崎アニメが誕生する過程である。そして、多かれ少なかれ監督自身の姿が投影されているそれぞれの作品の主人公は、「働くということ」を通して、次第次第に自らの属性を脱ぎ捨て、透明な自分自身と向き合うことによって、たとえ生死が問われるような場面でも、自分が与えられた状況のなかで何をなすべきなのかを見据え、その義務に忠実に生きる。その姿がかぎりない美として映し出され、観る者の心を烈しく揺り動かすのである。

他方で、表現者として、宮崎が文字通り「われを忘れて」仕事に没頭する原動力とはいったい何であろうか。ファンタジーは、虚構であり、フィクションである。そのファンタジーをとことんまで突き詰めれば、現実の現象をはるかに超えたリアリティが映画を観る者の心に映し出される——そんな並々ならぬ一念が宮崎を突き動かしている。フ

---

(8) 溝口健二（一八九八〜一九五六）：日本を代表する映画監督。代表作に『雨月物語』（一九五三）、『山椒大夫』（一九五四）、『近松物語』（一九五四）など多数。海外、おもにヌーヴェル・ヴァーグ（新しい波）の監督に深い影響を与える。

(9) 小津安二郎（一九〇三〜六三）：日本を代表する映画監督・脚本家。代表作に『晩春』（一九四九）、『麦秋』（一九五一）、『東京物語』（一九五三）など多数。国内外で高い評価を得ている。

(10) 黒澤明（一九一〇〜九八）：日本を代表する映画監督・脚本家。代表作に『酔いどれ天使』（一九四八）、『羅生門』（一九五〇）、『七人の侍』（一九五四）など多数。

ァンタジーに触発された観賞者の想像力は翼をもち、自己とは絶対的に異なる他者の生をもイメージしうる高みへと飛翔する。さらに、『風立ちぬ』を別とすれば、宮崎のファンタジーはすべて子どもに向けて作られている。子どもの想像力の翼を十全に開かせるとき、大人の想像力の翼をさらに開かせることができる。この想像力の多層性は、たとえば、文学におけるサン＝テグジュペリ『星の王子さま』(11)やミヒャエル・エンデ『モモ』(12)といった系譜に連なるものであろう。

『千と千尋の神隠し』における主人公・千尋は、キャラクターデザインとしては、あえて美しくなく造型されている。それが二時間の時間の流れのなかで映画を観る者は次第に、彼女の存在を「美しい」と感じるようになる。このように、造形を透視して内面から溢れ出る美は、どのようにして湧き起こるのであろうか。それは、困難な状況に直面した主人公が、魔法や超能力に頼るのではなく、否むしろその逆に、それまで当たり前と思いなしていた両親の存在や、わがままな思いを剝ぎ取られ、さらに、「自分のしたいこと」ではなく、「自分のしたくないこと」をする「労働」に身をやつすことを余儀なくされ、その状況を自ら受け入れてゆくことによってである。こうしていっさいの属性から解き放たれ、あたかも光そのものになったとき、何が真であり、何が善であるのかを見極める眼差しが育まれ、主人公は、自分の進むべきたったひとつの道を決然と選択してゆくのである。

宮崎アニメの主人公の大半は女性である。圧倒的な男性社会のなかで低い立場に置か

---

(11)『星の王子さま』(*Le Petit Prince*, 1943)：フランスの小説家サン＝テグジュペリ(Saint-Exupéry, 1900-44)による童話作品。二〇〇カ国語以上の言語に翻訳されている。

(12)『モモ』(*Momo*, 1973)：ドイツの小説家ミヒャエル・エンデ(Michael Ende, 1929-95)による児童文学作品。各国で翻訳されている。

れた女性のすがすがしい生き様は、宮崎の女性に対する聖女崇拝的な眼差しであるとの批判もあるが、男女が不平等な社会において、不平等を被る側に作家が自己投影することで作品の均衡が保たれている。というのも、主人公が男性である場合はかならず、『紅の豚』（一九九二）における豚《ポルコ》であったり、『風立ちぬ』（二〇一三）における零戦の設計家・堀越二郎（一九〇三～八二）であったりと、異形の外見や戦争への加担を打ち破る内面の輝きがなければ、決して端的には肯定しえない人物であるからである。そうした負の烙印を捺された主人公たちが、ときに親しい他者に対して冷徹で残酷な側面を見せながらも「歴史的・社会的自己」を手放さずに生きる姿が、映画を観る者を震撼させ、覚醒させてゆく。

　こうした主人公の存在の強さを支えるのが、声優の声の役割である。たとえば、『となりのトトロ』（一九八八）におけるコピーライター・糸井重里[13]や『耳をすませば』（一九五五）における評論家・立花隆[14]や『風立ちぬ』における映画監督・庵野秀明[15]のように、声優を生業とするのではなく、確固とした自らの現場をもつ異分野の職業人たちを声優に起用することで、声のぎこちなさと、声から発せられる存在の強さが、得も言われぬ存在の確かさを醸し出している。

　主人公が「自己自身を生きること」に欠かせない要素《エレメント》こそが風である。『風立ちぬ』の冒頭に宮崎は、ポール・ヴァレリーの詩の一節「風立ちぬ、いざ生きめやも」（堀辰雄訳）を掲げている。これは宮崎の全作品のみならず、宮崎の生き様そのものを象徴す

---

(13) 糸井重里（一九四八～）：コピーライター・エッセイスト。一九八〇年代に一世を風靡したセゾン・グループの文化事業の一翼を担い、「ほしいものが、ほしいわ。」（一九八八）、「おいしい生活」（一九八二）など、時代を映す名キャッチコピー多数。

(14) 立花隆（一九四〇～二〇二一）：ジャーナリスト・評論家。多岐にわたるテーマを扱い、「知の巨人」と称せられる。『田中角栄研究』（一九七六）、『臨死体験』（一九九四）など著書多数。

(15) 庵野秀明（一九六〇～）：アニメーション作家・映画監督。アニメ作品『新世紀エヴァンゲリオン』（一九九五～九六）、実写作品『シン・ゴジラ』（二〇一六）など。

る一節でもある。風は端的には目に見えない。風が目に見えるようになるのは、髪やスカートやドアやカーテンというように、その人だけの時間が染み込んだ「物質」に風が触れ、それらと共鳴することによってである。その風と物質との震えに接することによって、身震いするような「生きようとする」心が芽生えるのである。他方で風は、わたしたちの意志ではどうにもならない苛酷な災禍を巻き起こす。天災であれ人災であれ、その絶体絶命の事態に主人公がどう向き合いどう生きるのかを宮崎アニメは問うている。さらに、『風立ちぬ』で描かれる震災で広がる火の手と、空襲で広がる火の手との絶対的な差異は、前者が天災であるのに対して、後者は人災であるということである。『となりのトトロ』において「わたしたち風になっている」というように、ファンタジーのなかで、人は空に舞い、風とひとつになることができる。だが現実の世界で風になろうとすれば「飛行機」という人為を介さなければならない。飛行機によって重力に抗して空を舞うことは、神に倣おうとすることである。それは、『風立ちぬ』において、「飛行機は美しくも呪われた夢だ」というように、しばしば神威をもって自らを偽装する政治権力と結びつく危うさをもつ。その矛盾は戦闘機マニアにして反戦主義者という宮崎自身の矛盾として己れに突き刺さるものである。『風立ちぬ』において、「君はピラミッドのある世界とない世界とどちらを選ぶかね?」という問いに対して、主人公は答えず、「僕は美しい飛行機を作りたいと思います」と応答する。ここに、美しさに取り憑かれ、自分の個性と資質に忠実に生きることの軋轢と葛藤があり、それらを引き受ける覚悟が見られる。それはどれほどまでに自己が無になっているかということでもあり、空を舞う白そのものであるような飛行機はその象徴である。自己の個性と資質を手放さずにそれらに忠実に生きること、その素朴な営みがどれほど困難であり、そしてまたどれほど掛け替えのないものなのかを、映画はつねに暗示する。そこに宮崎のアニメが示す美がある。

しばしば生死を度外視して己れの道を進む宮崎アニメの主人公の姿は、虚空を走り抜ける銀河鉄道のように、人生には目的がないということを暗示する。人生に目的があるとすれば、それは死である。死を目指して人は生きられない。そしてまた美にも目的がない。わたしたちは夜空の美しさを無心で感受する。対象から、そして自己から解き放たれたときに、至高の美の只中で、わたしたちは他ならぬわたしたち自身の生を手にする。その一瞬の閃光を享受するためにこそ、宮崎の超人的な仕事があり、そしてその限界に臨んでの引退宣言があり、さらに、限界からの再出発がある。

【読書ガイド】

宮崎駿（一九九六）『**出発点―1979～1996**』……スタジオジブリ

アニメーション映画監督・宮崎駿の企画書・演出覚書・エッセイ、講演・対談等九〇本を収録。宮崎アニメの三三年間を支えてきた高畑勲による「エロスの火花」も掲載。

宮崎駿（二〇〇八）『**折り返し点―1997～2008**』……岩波書店

『もののけ姫』、『千と千尋の神隠し』、『ハウルの動く城』から『崖の上のポニョ』までの企画書、エッセイ、インタビュー、対談、講演、直筆の手紙など約六〇本を収録。宮崎駿一二年間にわたる思想の軌跡。

宮崎駿（出演）『**プロフェッショナル　仕事の流儀　特別編　映画監督　宮崎　駿の仕事**』……NHKエンタープライズ、二〇一四年［DVD］

『風立ちぬ』、一〇〇〇日間の創作過程、引退宣言を追ったドキュメンタリー映画。

翻訳文化と日本語

山口裕之

ヨーロッパの一八世紀から一九世紀に書かれた文章を読むことは、もちろん一定度の時代の変化を感じさせるとはいえ、その言語を母語とする現代人にとって、多くの場合、それほど特別の知識や技倆を必要とするものではない。それと比較するとき、現代の日本語と、例えば一九世紀半ばの江戸時代末期の日本語とのあいだに、どれほど大きな変化が生じていたか、あらためて痛感せざるをえない。この日本語の劇的転換をもたらしたのは、いうまでもなく明治時代（一八六八〜一九一二）の日本の近代化であるが、とりわけ新しい学校制度における国語教育（西欧言語習得の影響をきわめて強く受けている）、近代化推進のための西欧言語の習得と翻訳、そして明治二〇（一八八七）年に始まる言文一致運動[1]は、際立って重要な役割を演じている。これらは別々の事象ではなく、

(1) 言文一致とは、文字通りの意味としては、話し言葉と書き言葉とを一致させることであるが、実際のかたちとしては、話し言葉に近い表現を書き言葉によって記述することで、書き言葉を話し言葉に近づけることが試みられた。そもそも、そのような試みが必要であったのは、話し言葉と書き言葉（文語体）が大きく乖離していたためである。話されている言葉は、例えば歌舞伎の台本などは例外として、文章として書きとめられるときには文語体に変えられてしまう。言文一致を最初に試みた小説として知られているのは、二葉亭四迷の『浮雲』である。『浮雲』が最初に公表された明治二〇（一八八七）年が一般に言文一致の始まりの年とみなされている。『浮雲』とともに、四迷によるロシア文学の翻訳（ツルゲーネフ「あひゞき」の二つの翻訳、「めぐりあひ」等）もまた、言文一致のあり方を方向づけることになった。また、二葉亭四迷とともに、山田美妙、尾崎紅葉は異なる文体での言文一致を進めていた。

互いに密接に絡み合っている。

幕末から明治期の日本にとって、西欧の文明を取り入れることは火急の課題であった。そのために、幕末の蕃書調所→洋書調所→開成所や、明治政府の開成学校といった洋学研究教育機関(2)、およびそういった機関が組み込まれていくことになる東京大学や現在の東京外国語大学で、ドイツ語、英語、フランス語（およびロシア語、中国語）を習得させ、優秀な人材を欧米に留学させることは国家的な使命だった。西欧諸国の言語のなかでも、ドイツ語はもともととりわけ重要な言語と見なされていたが、ドイツ統一（一八七一）を成し遂げたばかりのプロイセンを範とする伊藤博文らがイギリスの議院内閣制を支持する大隈重信派を政府から閉め出した「明治一四年の政変」（一八八一）以降、ドイツ語とドイツ文化の受容は日本の近代化の過程においていわば体制の思想と言ってよいほどの特別な位置を占めるものとなり、大正時代から昭和前半の「教養主義」の精神風土を生み出す基盤となった。例えば、そういった知的土壌を生み出す場となっていた旧制高等学校では、ドイツ語を学び、ドイツ文学・哲学を読むことが好まれ、内面性・精神性に価値を置いて、政治的なものから遠ざかるといった傾向が顕著に見られた。

西欧の文明を日本に移し入れるための手段として、「翻訳」は日本にとって特別な意味をもつものであった。しかし、西欧の文化・思想を日本語に翻訳しようとするとき、知識人たちはいくつかの大きな困難に行き当たることになる。その一つは語彙的な問題

(2) 鎖国下で唯一ヨーロッパの通商国であったオランダを通じて入ってくるヨーロッパの文書（蛮書）の翻訳機関として、一八一一年、天文方（江戸幕府の編暦・測量の機関）内に蕃書和解御用《ばんしょわげごよう》が置かれていた。一八五三年にペリーが来航し、翌年、日米和親条約が結ばれるなか、洋学の必要性を意識した幕府によって、一八五五年「洋学所」が作られる。しかし、実質的な活動に入る前に焼失したため、翌年、改称して設置された「蕃書調所」が、開国以降最初の洋学研究・教育・翻訳機関となった。一八六二年には名称を「洋書調所」と改め、さらに翌年には組織を拡充して「開成所」となった。幕府の終焉とともに開成所は閉鎖されるが（一八六八）、同じ年のうちに、明治政府によって作られた「開成学校」に引き継がれてゆく。開成学校は、「東京開成学校」（一八七四）などを経て、一八七七年に「東京大学」へと改編されてゆく。

(3) 一八二九（文政一二）年、津和野藩に生まれ、一八九七（明治三〇）年に没した日本の哲学者、

であり、もう一つは文体的な問題、というよりも日本語そのものの問題だった。

　約二五〇年ものあいだ、西欧の文化からほとんど隔絶した状態にあった日本にとって、西欧の事物やさまざまな概念に対応する日本語が多くの場合、そもそも存在しなかった。そのため西欧の概念に対応する言葉を新たに作り出してゆく必要が早くから生じていた。それらの多くは、例えば「社会」「個人」「自由」のように、漢字二字からなる語として生み出されている。ただし、新しい言葉を作り出すといっても、その成り立ちには次のような異なるタイプがある。(1)新造語（科学、時間、彼女など、それまでまったく存在していなかった新しい言葉を案出）。(2)借用語（恋愛、個人など、中国での欧米人宣教師による辞典などに見られる欧米の概念の漢訳からの借用）。(3)転用語（自然、藝術、家庭など、日本にもともと存在していた言葉を異なる意味で用いた言葉）。

　とりわけ哲学をはじめとする学問的領域で用いられる抽象的な概念については、西《にし》周《あまね》(3)が作り出したとされる翻訳語の多く（理性、科学、意識、知識、概念等）が定着していった。大槻文彦《おおつきふみひこ》(4)によって編纂された、日本の最初の近代的な国語辞典である『言海』が刊行されたのは明治二四（一八九一）年のことだが、この辞典でも、例えば「社会」「個人」「自由」といった語はまだ掲載されていない。現代、ごく普通に用いられている言葉が、かなり後になってようやく使われるようになっているのは、現代のわれわれにとっては驚きである。西周の訳語とされる「藝術」は、言葉そのものとしてはすでに日本語のうちに存在するものであり、『言海』でもまだ「身ニ學ビ得タル文武の事《ワザ》」とい

官僚、教育者。一〇代前半で蘭学を学び、一八五七年、設置された翌年の蕃書調所で洋学の研究教育にあたる。一八六四～六五年のオランダ留学から帰国ののち幕臣となるが、明治政府でも官僚としてさまざまな役職を歴任する。一八七三（明治六）年、啓蒙的な学術団体である「明六社」を結成（他に福沢諭吉、森有正、加藤弘之等）、西洋哲学の翻訳を精力的に行った。その翻訳の過程で、数多くの西欧の概念の翻訳語を作り出し、それらの多くは現在の日本語のうちに定着している。その意味で、明治期の近代日本語形成を考えるときに西周の功績はきわめて大きい。

(4) 江戸時代末期から明治、大正を経て昭和初頭まで生きた国語学者（一八四七～一九二八）。幕末の開成所で蘭学を学んだのち、明治政府では文部省に入る。一八七五（明治八）年、近代国家としての使命を帯びた国語辞書の編纂を命じられ、一八八六（明治一九）年、日本で最初の近代的な国語辞典である『言海』が完成する（現在、ちくま学芸文庫で手にするこ

う伝統的な言葉の意味を掲載している。あるいは、「文化」という言葉は大正時代の中頃にようやく翻訳語として姿を現す。しかも、圧倒的にドイツ志向の教養主義の影響下、英語の culture の訳語というよりも、ドイツ語の Kultur を翻訳した語として意識されていた。その場合、ドイツ文化に特徴的であると考えられていた内面性や精神性が強く含意されることになる。

欧米のテクストを日本語に翻訳するにあたってのもう一つの大きな問題は、翻訳の目標言語である日本語そのものをどのようなものとするべきかということだった。文書として書かれるテクストは、基本的にすべて、書記言語としてのいわゆる「文語体」で書かれることになるが、文語体のさまざまな文体のうち、とりわけ公式の文書や学問的文章は、漢文体あるいは漢文訓読体で記されていた。ちなみに、このことは明治二〇（一八八七）年の文学における言文一致運動以前、さらに文部省の方針により、大正九（一九二〇）年から昭和一〇（一九三五）年にかけて、学校での「国語」および「国史」の教科書が文語体から口語体に次第に変更されてゆくまでの時代について、基本的に当てはまる。それゆえ、ヨーロッパのテクストが日本語に翻訳されるとき、漢文体や漢文訓読体で書かれることは、ごく当然の成り行きだった。その際、ヨーロッパの概念を漢文の伝統に基づく常套句によって翻訳することの不自然さが、翻訳にかかわる知識人に意識されるようになっていく。「最も広く行はるゝ弊《へい》は支那書《しなしょ》中の典語経語を西洋文の翻訳に用る事なり。（最も広くゆきわたっている悪い習慣は、中国の書物にある故事成語

とができる）。刊行そのものは、さらにその五年後となる一八九一年だった。

(5) 幕末の一八六一年に生まれ、三六歳で没する一八九七（明治三〇）年まで、日本語形成の激変時代にジャーナリストとして活動するとともに、学んだ英文学（及び漢学）の知識により多数の翻訳

や格言・ことわざを西洋の文章の翻訳に用いることである。）」明治時代の翻訳者として知られた森田《もりた》思軒《しけん》は、[5]「翻訳の心得」（明治二〇（一八八七））と題する文章のなかでこのように述べ、その例として「泰山ヨリ重ク鴻毛ヨリ軽シ」[6]や「肝ニ銘ス」[7]といった表現をあげている。

しかし、西洋のテクストを文語体の日本語に翻訳する際の不自然さは、漢文の伝統に根ざした日本語へと西洋の文化を移し替えるということだけにあるのではなく、そもそも生まれたばかりの新たな日本語そのものが、決定的にそのような不自然さを引きずっていた。明治時代の末に書かれた次のような翻訳論は、翻訳者のこのような思いを端的に物語っている。

> 故に英書を仏《ふつ》に訳し、独《どく》に訳し、又は独書を英に、仏に訳したる物を見るに、その文章が如何《いか》にも自然に出て居《い》て、少しも無理な痕《あと》が見えない。所《ところ》が日本の言語文章は之《これ》を西洋のに比して、その組織が根元《ねもと》より違つて居《い》るのみでなく、その発達が未《いま》だ完全しては居《い》ない。例えば西洋の如《ごと》くに緻密なる思想を云《い》ひ現はす場合に於《おい》て、その言葉が未《いま》だ十分でない、概して日本の言語文章は尚《な》ほ幼稚の境に在ると云《い》ふべきである。〔…〕日本語は其《その》性質上西洋の最も進歩せる緻密の思想を、直訳的に云《い》ひ現はすことは出来得る、併《しか》し直訳文は之《これ》を文章の上より見れば、日本の固有の言葉より転じたる新奇の言葉を創造して成り立たしめたる新奇の文章と為《な》つて居《い》る、

を発表。ジュール・ヴェルヌの翻訳（ユゴーもあり）が多いが、英訳からの重訳。同時代のジャーナリスト、黒岩涙香《くろいわるいこう》とともに精力的な翻訳活動で知られるが、黒岩涙香が非常に大胆な翻案によって物語の面白さを際立たせていたのに対して、森田思軒の翻訳はオリジナルのテクストに忠実な志向を特徴としていた。

(6) 司馬遷の「死は或いは泰山より重く或いは鴻毛より軽し」による。死は、中国の名山の一つである泰山より重いこともあれば、場合によっては、水鳥の羽よりも軽く、潔く捨てなければならないこともある、といった意味。

(7) 「肝に銘じる」という表現は、「大切なことを心に深く刻みつけておく」という意味で現代でも普通に用いる表現となっている。今ではもはや漢文の伝統に由来する慣用表現であると意識されることもない。ちなみに森田思軒は、原文が「心ニ印ス」という意味であるならば、「肝ニ銘ス」という漢文由来の表現ではなく、「心ニ印ス」という直訳的表現を用いるべきであると述べている。

従つてその苦心せし跡が如何《いか》にも人為的である、不自然である。

（末松謙澄《すえまつけんちょう》(8)「翻譯上《ほんやくじょう》より見たる日本文と歐文《おうぶん》」）

明治三九（一九〇六）年に書かれたこの翻訳論の文章そのものが、実は、明治二〇（一八八七）年の森田思軒の文章との違いを如実に示している。明治二〇（一八八七）年、二葉亭四迷《ふたばていしめい》(9)の小説『浮雲《うきぐも》』によって、まずは文学の世界において言文一致運動が始められていた。東京外国語学校（現在の東京外国語大学）でロシア語を学び、翻訳家でもあった二葉亭四迷にとって、日常的な話し言葉と書記言語（文語体）の乖離は大きな問題として意識されており、彼は話す言葉によって文章を書く方策を模索していた。師である坪内逍遥《つぼうちしょうよう》(10)の助言によって、彼は三遊亭圓朝《さんゆうていえんちょう》(11)の落語・講談の語りを小説の文体の手本とすることになるが、速記によって残されている三遊亭圓朝の『牡丹灯籠《ぼたんどうろう》』を読むと、『浮雲』の文体がどれほど講談の語り口から強い影響を受けているかということをありありと感じ取ることができる。話されていた言葉は、口承的芸能である落語や講談、あるいは話す言葉をそのまま書き留めることが必要であった芝居の台本などから知ることができるが、そうでない限り、文章として書き留めるときには、話される言葉もすべて文語体に変えられてしまう。出版された圓朝の『牡丹灯籠』（明治一七（一八八四））の「序」には、「およそありのままに思う情《こころ》を言顕《いいあら》わし得る者は知らず知らずいと巧妙なる文をものして自然に美辞の法《のり》に称《かな》うと士班釵《スペンサー》の翁《おきな》はいいけり真なるかな（ありのままの

---

(8) 一八五五（安政二）年生まれ、一九二〇（大正九）年没。ジャーナリスト、政治家。高橋是清から英語を学び、短期間ジャーナリストとして活動したのち、政治の世界に入ってイギリス留学、外交官としての勤務も行う。一八八四（明治一七）年、ケンブリッジ大学卒業。一九〇四（明治三七）年の日露戦争開戦に際しても、イギリスに渡って日本弁護の外交活動を展開、その後もヨーロッパで活動を続ける。

(9) 本名は長谷川辰之助《はせがわたつのすけ》。幕末の一八六四年生まれ、一九〇九（明治四二）年、肺結核のためロシアからの帰国の途上、ベンガル湾航行中の船上で没する。東京外国語大学の前身となる東京外国学校に一八八一（明治一四）年入学、ロシア語を学ぶ。言文一致の最初の試みの一つと位置づけられる『浮雲』第一篇は一八八七（明治二〇）年に出版されるが、彼に助言を与えた坪内逍遥のもとを最初に訪れるのは、その前年の一八八六（明治一九）年のことだった。新しい日本語の表現を模索する二葉亭四迷の試みは、『浮雲』のよう

心情を言い表すことができる人は、ひとりでに優れた文章を書くもので、そのようにして自然に美しい言葉のための約束事に従うことになるのだとエドマンド・スペンサーも述べている。それはなるほど真実である）」という坪内逍遥の言葉が見られる。話す言葉と書記言語がまったく異なる言葉の層を形成していたことは、ヨーロッパの言語を習得した知識人・作家にとって、乗り越えなければならない大きな課題であった。その後、二葉亭がとっていた「だ」による語尾、山田美妙《やまだびみょう》(12)による「です」調、また「雅俗折衷体」(13)を目指した尾崎紅葉《おざきこうよう》(14)も「である」調を広めた作家と目されている（ただし、尾崎紅葉の言文一致に体する姿勢は単純ではない）が、こういった作家たちの紆余曲折の試みを経て、次第に現代の「口語体」（これは話し言葉であるだけでなく、書き言葉の文体でもある）が作り上げられてゆく。

話を戻すと、明治三九（一九〇六）年に書かれた末松謙澄の文章は、「である」による口語体で書かれている。ちなみに、夏目漱石の口語体による長編小説『吾輩《わがはい》は猫である』の第一回掲載が行われたのはその前年である。変わったのは文体だけではない。現在、日本語を書くときには句読点が用いられているが、これは日本語の表記にはもともと存在しない。文の構造が意識され、それを句点や読点によって区切るという書き方も、あるいは「彼」といった代名詞を用いることも、西洋の言語を翻訳するというプロセスなしにはあり得なかった。

末松謙澄は、日本語への翻訳の言葉が「人為的」で「不自然」だと指摘している。こ

な小説だけではなく、その翌年に発表されたツルゲーネフの「あひゞき」と「めぐりあひ」の翻訳の試みにも顕著に表れている（これについては一九〇六（明治三九）年に発表された「余が飜譯の標準」と題されたエッセイがきわめて興味深い考察をおこなっている）。

(10) 一八五九（安政六）年生まれ、一九三五（昭和一〇）年没。東京大学で文学を学び、『該撒奇談 自由太刀余波鋭鋒』（シェイクスピア『ジュリアス・シーザー』）をはじめとする翻訳を何点か手がけたのち、一八八五（明治一八）年に『小説神髄』を発表、西洋の「文学」を意識しつつ芸術（美術）としての文学のあり方を写実的な方向性に求めた。坪内逍遥の思想と活動は、二葉亭四迷への直接的影響はもとより、日本近代文学の成立に対して決定的な影響を与えることになった。

(11) 一八三九（天保一〇）年生まれ、一九〇〇（明治三三）年没。幕末から明治期の卓越した落語家として知られるが、滑稽噺としての落語よりもむしろ怪談を中心と

のことは、文化的に優勢である言語と劣勢な位置におかれている言語とのあいだでは、一般的に起こりがちな現象である。典型的には植民地と宗主国のあいだ、あるいは植民地という政治的形態をとらなくても、近代化の過程にある日本と西欧とのあいだのように、一方が政治的・文化的に優位に立っていると双方で認識されているとき、優勢な側の言語への翻訳は、その目標言語にとって「自然」な翻訳が行われる傾向にある。翻訳とは、単に起点言語のテクストを目標言語の文法構造や言語的特質に合わせて置き換える作業ではなく、二つの異なる文化のあいだに橋渡しを行うことである。異質なものを自分自身の文化のうちに持ち込むということは、本来ならば自分にとって「自然」ではないものを取り入れるということである。そのように考えると、翻訳先の言語にとって自然な翻訳を行うということは、もとのテクストの異質な要素をそれだけ排除し、自分自身の文化にいわば無理やり適合させているということになる（「同化的翻訳」）。そういった傾向が生まれやすいのは、自分自身の文化・言語が優勢であるという意識が働いているためである。それに対して、文化的に優勢な言語のテクストを後進的文化と意識されている側の言語に翻訳するときには（例えば、大正時代にドイツ語を日本語に翻訳する）、起点言語の文化における異質なものは、目標言語の文化にとっては非常に価値のあるものと見なされ、その異質性が尊重される翻訳（「異化的翻訳」）が行われる傾向が強い。つまり、目標言語にとって「不自然」な翻訳が、どちらかといえばさほど問題なく許容されることになる。それによって、翻訳文体といわれるような表現も実際生み

した講談の領域で名を成している。代表作は『牡丹灯籠《ぼたんどうろう》』『真景累ヶ淵《しんけいかさねがふち》』『怪談乳房榎《かいだんちぶさえのき》』である。現在出版されているこれらの作品は、速記録が新聞に掲載され、そして単行本の出版という流れをたどったものである。二葉亭四迷の『浮雲』に影響を与えたとされる『牡丹灯籠』は一八六四年頃の創作とされるが、一八八四（明治一七）年にその筆録が出版されており、坪内逍遥、二葉亭四迷はそれを読んでいたのではないかと思われる。

⑿ 一八六八（慶応四）年生まれ、一九一〇（明治四三）年没で、まさに明治年間を生きた作家であり、尾崎紅葉らとの硯友社結成（一八八五〔明治一八〕）、『武蔵野』（一八八七〔明治二〇〕）をはじめとする言文一致体が試みられた作品、新体詩へのとりくみなど、とりわけ彼の青年期の活動は、近代日本文学の成立を語るうえできわめて重要な位置を占める。しかし、現在、彼の名前と作品は明治文学のなかで、多くの一般的な読者にとっては埋もれたもの、あるいは目立たないものとなっている。

⒀ 地の文では文語体、会話文は

出されてきた。

　しかし、それによって歪められた日本語が生み出されてきたと見るべきではないだろう。翻訳というプロセスを通じて、自らのうちにない異質なものを取り入れるために、日本語はまず語彙を作り出さなければならなかったし、そして日本語そのものを作り替えていくことになった。異質なものとの出会いが新たな文化を生み出す原動力となっているのである。そのようにして生み出された言葉は、最初のうちこそ「人為的」で「不自然」なものと感じられるかもしれない。しかし、やがてそれが自然な言葉として広く受け入れられるようになり、新しい日本語が形成されてゆく。日本語にとって、翻訳は出版文化のなかで、相対的に大きな比重を占め、翻訳者が例えば欧米と比べたときにより高い文化的地位を与えられている（例えば、表紙に翻訳者の名前が明記されている）。しかし、それだけでなく、翻訳によって規範的な言語へと生まれ変わった現在の日本語は、さらに翻訳などの異文化接触を通じて、さらに新たな言語へと変貌を遂げつつあるといえるだろう。

参考文献

柳父章（一九七六）『翻訳とはなにか―日本語と翻訳文化』法政大学出版局
柳父章（二〇〇四）『近代日本語の思想―翻訳文体成立事情』法政大学出版局
柳父章他編（二〇一〇）『日本の翻訳論―アンソロジーと解題』法政大学出版局
飛田良文（二〇〇二）『明治生まれの日本語』淡交社
Munday, Jeremy: *Introducing Translation Studies. Theories and Applications.* 3rd *Edition.* Routledge, 2011.

口語体により書く文体。幸田露伴の『五重塔』、樋口一葉の『たけくらべ』『にごりえ』がその代表的な例として知られる。

(14) 山田美妙と同年生まれの明治年間の作家。山田美妙らと硯友社を十代後半で結成、一八八九（明治二二）年の『二人比丘尼 色懺悔』では文語体で語りながら、会話は口語体という雅俗折衷が試みられ、他の作品では言文一致体も試みられている。一八九七（明治三〇）年に新聞連載が開始された『金色夜叉』は、彼の最もよく知られた作品。

（ジェレミー・マンデイ〔二〇〇九〕『翻訳学入門』みすず書房）
Venuti, Lawrence: *The Translator's Invisibility. A History of Translation. 2nd Edition.* Routledge, 2008.
Venuti, Lawrence (ed.) : *The Transation Studies Reader. 3rd Edition.* Routledge, 2012.

【読書ガイド】

竹内洋（一九九九）『**日本の近代12　学歴貴族の栄光と挫折**』……中央公論新社
（二〇一一）『**学歴貴族の栄光と挫折**』講談社学術文庫）

日本の「教養主義」という独特な現象について、歴史的プロセスと社会的背景から非常に興味深く叙述。教養主義の問題は、翻訳文化と切っても切れない関係にある。

高橋源一郎（二〇〇一）『**日本文学盛衰史**』……講談社（二〇〇四、講談社文庫）

明治中葉から昭和初期にかけて、作家たち（二葉亭四迷、石川啄木、島崎藤村、田山花袋、森鷗外、夏目漱石等）が新しい文学と新しい日本語のために紆余曲折を経ながら格闘していたさまを、事実的要素を盛り込みつつフィクションのかたちで描き出す。ポップ文学としての手捌きによりながらここで描き出される作家たちの姿は圧倒的。

村上春樹・柴田元幸（二〇一九）『**本当の翻訳の話をしよう**』……スイッチ・パブリッシング

この中に含まれる「日本翻訳史　明治篇」（柴田元幸）は、明治時代の翻訳をめぐるさまざまな努力の諸相をとてもわかりやすくまとめている。

第4章 日本の中のいろいろなコトバ

「日本語（国語）」は今日本ではほぼ唯一の言語として君臨しています。なぜそのような形が必要だったのか、どのようにしてそうなったのかについて見てみましょう。そして、その反対に弱者の言語、マイナーになった言語、その言語を使う人たちについても考えてみます。外国語として日本語を学ぶ人たちも弱者の立場にいます。この章では言語の位置づけやその意味について考えてみましょう。弱者について考えることは多様性にもつながります。

国語と日本語

……社会言語学……

前田達朗

国語もしくは国家語は、近代国民国家制度[1]とともにかたち造られた概念である。国民が共通の言語を話すことが、国民形成と国民の動員のために不可欠だと考えられたからである。同じ言語で教育を行う学校制度や徴兵制による近代的な軍隊はその一例である。スイスなど複数の国家語を持つ国や、インドなど特定の領域内で通用する公用語を持つ国、フィリピンのように国家語とは別の言語の存在を法的に認めている国など、様々な場合が見られる。世界的な趨勢は、社会に複数の言語の存在を認める方向に動いていると言えよう。

日本の場合、「国語」と「日本語」が同じ意味で使われることがある。外国語に訳される際などは何のためらいもない。国立国語研究所[2]の英語名はNational Institute for

(1) 一七世紀のイギリスの名誉革命、一八世紀のフランスの市民革命に始まる絶対王権を倒し市民が主権を持つ近代型の国家体制。植民地期を経たヨーロッパ以外の世界も含め現在の「国家」は独裁国家も含めてこう呼ばれる。同一の「民族」による「国民」の形成が目標とされるためその始まりから矛盾を抱えるものと言えよう。ベネディクト・アンダーソンは国民国家を指して「想像の共同体：imagined community」と呼んだ。

(2) 一九四八年に創立。言語学、日本語学、日本語教育の研究機関。当初「国語および国民の言語生活並びに外国人に対する日本語教育に関する科学的な調査研究並びにこれに基づく資料の作成およびその公表」を目的として文部省（当時）の機関として設置された。二〇〇五年に現在の東京都立川市に移転。

Japanese Language and Linguistics であり、どこにも「国」にあたる訳語はない。また日本人は「なんヵ国語が話せますか?」と質問する。言語はどこかの「国語」であると信じているのだ。したがって foreign language も「外国語」と訳される。

日本には単一のことばしか存在しないという前提があり、その常識が世界中に当てはめられるため例えばマレー語、英語、北京語で行政や教育が行われるシンガポールや、国を南北に分ける「言語境界線」が横断するベルギーなどの多言語状況は「大変なこと」と理解される。「国語教育は日本人向け、日本語教育は外国人向けのもの」と言われることもある。日本が多文化・多言語化することへの抵抗感もここから発しているのかもしれない。

このような社会的通念ができあがった背景について少し考えてみたい。

「国語」という用語は明治期になって初めて現れる。最初に使われたのがいつ、誰の手によるものかは諸説あるが、上田《うえだ》萬年《かずとし》ら(3)によって確立された「思想」だとされる。上田以前にも「国語」を用いた学者はいたのだが、上田との決定的な違いは、上田が欧州に留学し西洋言語学を学んだ上で、それまでの国学の言語研究を近代国民国家に適応させようとした点である。東京帝大の教員になった彼は「国語学研究室」を立ち上げる。この研究室の設立の目的は既に存在する国語を研究するのではなく、国語の「正統性」を作り出すことであった。そのために必要とされたのは、言語学的系統を明らかにするための周辺諸言語の研究、言語の歴史としての古典、そして支配の拡がりの証拠づけの

(3) 一八六七〜一九三七。国語学者。西欧の言語学研究方法を紹介して科学的な国語学の端緒を開き、国語政策についても尽力した。様々な批判もあるが日本型帝国主義の黎明期に新しい学問分野を開拓するということは、権力に寄り添わざるを得なかったとも言える。ただ学問的には「国語学」「日本語学」は未分化のまま現在に至る。

ための方言、であった。この時の学生で本人の希望に関係なくアイヌ語研究を命ぜられ、後にアイヌ語・国語研究者となったのが金田一京助[4]である。後に日本の方言区分を立て、同系の言語ではあるが明らかに異なる言語である琉球語を日本語の「琉球方言」とした東條操[5]もまた上田の学生であった。いずれもアイヌ語のためのアイヌ語研究や方言のための方言研究ではなく、全ては国語という思想を形にしていくための作業であった。東條は後の太平洋戦争期には方言研究を、それぞれの方言の特徴を知ることで、効率的に方言話者を国語、すなわち標準語話者にするための研究だとまで言っている。

上田は一九〇二年に発足した日本最初の言語政策のための機関「文部省国語調査委員会」の主事に就任した。この委員会は、漢字の廃止、ローマ字導入の検討、言文一致[6]の研究、音韻[7]体系の調査、方言調査と標準語の設定を目標としていた。明治維新から三〇年以上たってはじめて、ようやく国家の政策として「国語」の策定にとりかかったのである。これら委員会が取り上げたテーマから、この頃になってもまだ「国語」に実態が伴っていなかったことも示している。複雑な漢字表記は教育の効率や国民全体の識字率をあげる観点からは障壁である。この会議が最初の「当用漢字」一九六二文字を決めたのは一九二二年であった。日本語の文字は「漢字と仮名」とされるが、ローマ字も日本語の表記法の一つである。仮名遣いも含めて日本の言語政策は「表記」問題を考えることに終始してきた。このことからもどの文字を使うかの「表記法」が定まっていなかったことがわかる。もっともおどろくべきは、どの変種（方言）を標準語とするかも定ま

---

(4) 一八八二〜一九七一。日本の言語学者、民俗学者としても知られている。日本人として最初にアイヌ・アイヌ語研究にとりかかる。朝鮮語研究をした小倉進平らと同様に上田の意向がその子弟らの研究分野にも関わっている。研究対象であるアイヌに侮蔑的な態度や言動を示すこともあり、強引な研究手段も批判されている。多くの辞書の編者としても名を残しているが、そのほとんどがいわゆる「名義貸し」であった。

(5) 一八八四〜一九六六。方言学者。東洋大学教授。東大で上田に師事し方言研究を始める。一九三一年、民俗学者柳田國男らとともに雑誌『方言』を創刊。しかし戦時中は方言研究は効率的に「標準語化」を図るためのものであるというような論考も残している。一方で彼の「方言区画」（一九二七）などの業績は現在も方言研究で参照されている。

(6) 「口語」（話しことば）と「文語」（書きことば）の距離を近づけようとする、特に近代になり国民国家がその「国家語」を要求し

っていなかったことであろう。これらのことからも「国語」という名称は、日本語という言語に与えられたものではなく、「国語」というものが存在するという意識が先行していたと言える。また一九三〇年代になり、日本の軍国主義が勢いをつけ、アジアでの覇権を目指し始めると「日本語」が現れてくる。新しく帝国日本に書き加えられた沖縄や台湾、朝鮮では「国語」で押し通せたが、中国大陸やその後のアジアや太平洋地域ではそれでは立ちいかなくなったということであろう。日本語を整備して「大東亜の共通語」を目指すという、当時の日本の帝国主義に応える必要に迫られて日本語という呼称と日本語教育が始まり、「日本人ならば国語ができて当然」という前提はさらに強化され、「日本語」との違いが確立され現在に至っていると言える。

　イ・ヨンスク（一九九六）と安田敏朗（一九九七）にこの時代の研究者が軍国主義に絡め取られ、国語思想を作り上げ、それが日本国民へと発信された様子が詳しく描かれている。天皇制とも結びつけられ「神聖なもの」として実態が伴わないまま（次節「標準語と方言」参照）に思想だけが「暴走」した時代であった。

　一般市民に「国語」が定着したのは、やはり現在に至るまで教育現場で科目の名前として使われたことが大きい。義務教育を制度化したのは一八七二年の「学制」[8]であったが、当初は「読み書き」「作文」などの科目名であったものが、習字も含めて「国語科」とされたのは、一九〇〇年になってからのことであった。この時代は、日清戦争を経験し台湾を植民地化し、日露戦争へと向かう時代であったことを考えると、「国語」は軍

始め、世界各地で行われた言語政策・運動。日本語では特に断りがなければ、明治期の小説家坪内逍《つぼうちしょ》遥《うよう》を中心に行われた文学運動を指す。明治以前日本語の書きことばの通用範囲や識字は限定的で、漢文もしくは漢文の書き下し文が文語として機能していた。明治初期には文学活動においても口語を書き表そうとするものと文語を引き続き用いようとする動きが混在した。言文一致についても国家や権力の政策ではなく文学運動、民間主導であった。

(7)　一つの言語において、意味の弁別に関わる音素の組み合わせのうち、同じ「音」にまとめられる異音の集合。例えば日本語で「撥音」とされる「ん」で言うと「しんぶんし」という時にこの二つの「ん」は音声としては別のものだが、同じ音韻だとされる。

(8)　一八七二年八月に公布された日本最初の近代学校教育制度についての法律。ほぼフランスの教育法のコピーであるが、一八七九年の「教育令」で廃止され、その教育令も一八八六年に「学校令」に置き換えられる。

国主義・全体主義の台頭と連動していたことは間違いない。太平洋戦争が始まる一九四一年、小学校は国民学校へと改められる。「歴史」や「修身」(9)とともに「国民科」とされた国語の目指したものは「国民精神を涵養《かんよう》し、皇国《こうこく》の使命を自覚せしめる」というものであり、「国語」と「国民」「精神」が結びつけられ、「国語」を精神的なイデオロギーとして用いる、「国語イデオロギー」が明文化されたのである。その中で「標準語」は正しいことばとされ、それまでの書きことばだけでなく、話しことばの規範も求められた。こうして「日本人」は自らのことばを「国語」とよび、「国語」は使われる頻度の高いことばとなった。それは単なる言語名ではなく、独自の「国語イデオロギー」がこのことばとともにうまれたのである。

この「国語」という用語と「国語イデオロギー」は、日本が植民地として支配した朝鮮、台湾などに根付き、今も使われている。たとえば朝鮮半島では「国語」の韓国語読みである「국어（クゴ）」が特に科目名として用いられる。「韓語」とは言わず「韓国語」というのも関連しているかもしれない。韓国語を研究する大学の学科名も同様に「国文科」である。台湾にも中国大陸の「普通話（プートンホワ）」とは違う規範であることを強調するため「臺湾國語（タイワングオユイ）」という呼称が存在する。国民統合を目指す上で「国家語」が近代以降必要とされたことは前述したが、日本型の国語思想が行政機構や学校制度とともに今も生き続けていることからも、これら地域で日本がすすめた国語政策の持っていた力がうかがえるのである。ここで言う日本型とは、その

(9) 一八九〇年の「教育勅語」から一九四五年の敗戦まで小学校・国民学校で教えられた科目。当初は儒教に根ざした道徳教育であったものが、「忠君愛国」が強調され、学校現場で天皇制と軍国主義の思想教育を担った。

ほかの国家の言語政策では見られない、地域名や民族名を言語名とせず「国」という一般名詞と「言語」を結びつける思想を確立し、それをあたかも古来自然物のように存在したかのような言語の「神話化」とも言えよう。そして皇民化政策[10]の重要な役割を国語政策が担っていたことも再認識させられる。もちろんこの皇民化政策は植民地だけで行われたものではなく、日本国内でも同様のことばを統一しようとする力が「国語」の名の下に行われたのであった。

戦後もこの「国語イデオロギー」は引き継がれる。戦争中には「皇国の臣民《しんみん》として」国語が必要だとされたのとかわって、戦後は「民主国家の国民として」国語が大切だとされてきた。教育現場では一九四五年までと同じ教員が同じイデオロギー、同じ方法で「国語」を教え続けたのであった。二一世紀に入ってからも「国語」と精神を結びつけるイデオロギーは健在である。「文化審議会国語分科会[11]」の答申「これからの時代に求められる国語力」(二〇〇四)では、「国語」は「知的活動の基盤、感性情緒などの基盤、コミュニケーション能力の基盤」とされている。そして二つ目の「感性情緒など」とは「勇気・礼節・正義・愛国心」などとされている。このことからも「国語」は単に日本語の言い換えではないことがわかる。「個々人が母語としての国語への愛情と日本文化についての理解を持ち、日本人としての自覚や意識を確立することが必要である」とされ、「国語」は日本人だけに閉じられた世界だと考えられていることがわかる。敬語や男ことば・女ことばは日本語にのみ存在する美しい伝統だとされるが、それらを持つ言

---

(10) 元々は台湾を植民地化した際に、台湾人を同化する際に用いられ始めたが、その手法は台湾に特別であったわけでなく、日本帝国領域内すべてで行われた天皇制を基盤とした国民統合や同化政策の総称と考えられる。

(11) 一九三四年それまでの「臨時国語調査会」に代わり設置された「国語審議会」は戦後の一九四九年に改組され二〇〇一年まで継続した。中央省庁の改組に伴い現在の組織「文化審議会国語分科会」になるが、言語政策について審議する機関である役割は変わっておらず、委員の人選こそが国の方針だとも言われることがある。

語がほかにも多く見られる。またことばに「美しさ」といったような判断基準を持ち込むことにも議論があるだろう。敬語にしろ、男ことば・女ことばにしろ、明治期に意図的に「伝統」とされたものである。美しいかどうかはともかくとして、その背景にある日本社会のジェンダー観やかつての身分制度などへの言及なしに無批判に伝統だとすることには疑問が残る。自言語をことさらに賛美する姿勢は何も日本に特有のものではないが、言語ナショナリズムと「礼儀を重んじ節度がある」日本人像が結びつけられ、それらが「愛国心」という国家に都合がよいものに繋げる狙いがあることも見て取れる。一九四五年までと同じ手法がここに脈々と生き続けているのだ。また国語教育には母語が日本語ではない児童生徒の存在は無視されている。日本人であることと母語話者であることは必ずしも等位ではないことも言うまでもない。このことからも国語教育は言語教育ではなく思想教育であることがわかる。これまで顧《かえり》みられることのなかった、日本の学校に在籍し「国語」を学ぶ、非母語話者児童や生徒についても考える必要があることは間違いない。二〇〇〇年にこの問題が表面化した事件が大阪府豊中市で起こった。外国人児童も多く在籍する公立小学校で教員がその「矛盾」に気づき、国語の授業を「日本語」の名称にしたところ、右翼系の新聞が批判的論調でスクープし、抗議が殺到したため再び「国語」に戻したというものだ。この事件はいくつかの問題を示唆している。まずは教育現場には多数の日本語非母語話者が存在するということ、そして日本の保守的な市民やマスコミは「国語」に象徴的なものを感じているということだ。「公教育が乗っ取られる」といった論調は過度にヒステリックでもあった。教育における国語とその思想は根強く、疑問を持つことは許されないのである。日本語能力が授業を受けるには不足する子供たちに「日本語支援」も試みられているが、それでもその子供たちがいずれ受けるのは「国語」の授業なのである。自分たちの母語であるからこそ一度距離をおきその構造や特徴を知る必要もあるはずだ。また東京都世田谷区で行われていた「日本語」の授業について少し触れておきたい。小学校の五年生と六年生を対象にした授業だが、その中身は通常は中学校以降に行われる「古典」の授業である。漢文も扱われるがそこにはそれらが中国の文学作品であることの説明は一切ない。授業を行う教員から説明があるものとは思われるが、日本語が漢字文化圏の中で育まれ、中国から大きな影響を受けつつ今の形になったことを子供たちに伝えることをためらわせるものは何なのだろうか。その教科書の巻末には文化審議会国語分科会のメンバーでもあり、日本語と日本人の精神性について主張する研究者のコラムがのせられている。どこに子供たちを導こうとしているのかを考えると、日本語と国語の境界線をさらに曖昧にすることが目的なのではと疑ってしまうのだ。

無意識に日本語を国語と読み替えられるようになったということについては、日本の言語政策は成功したと言えよう。ただなにを「標準」とするかは今でも明らかにされておらず、社会通念として東京で使われることばとされている。つまり明治の「国語調査委員会」以降持ち越されたままだ。アジアの支配を目指し戦争に邁進していた時代に作られた思想がそのまま維持されていることには気づかなければならない。言語はけっして母語話者だけの占有物ではない。日本語ももちろん例外ではない。国語と日本語の意識的な、そしてもはや意識されることもない言い分けと混同は、日本人の特殊な言語観を表している。

参考文献

イ・ヨンスク（一九九六）『「国語」という思想—近代日本の言語認識』岩波書店
安田敏朗（一九九七）『帝国日本の言語編制』世織書房

【読書ガイド】

鈴木義里（二〇〇三）『**つくられた日本語、言語という虚構—「国語」教育のしてきたこと**』……右文書院
日本語という虚構を創り上げるために、「国語」教育がどのような働きをしてきたのか。

安田敏朗（二〇一二）『**日本語学のまなざし**』……三元社
なぜ民族・言語・文化を不可分なものと見てしまうのか、そして言葉に本来の機能以上のものを過度に与えてきたのか、について考える。

標準語と方言

……社会言語学……

前田達朗

方言とは本来は「その地方のことば」という意味である。また「地域方言」と呼ばれるその土地に根ざしたことばの違いと、主に社会階層や男女差、年代差などに起因する違いに目を向けた「社会方言」がある。しかし方言は、日本では近代以降「標準語」という思想が生まれてからは「標準語ではないことば」という意味を持つことになった（前節「国語と日本語」参照）。そればかりでなく、「正しくないことば」という意識も背負わされることになった。東京方言が[1]ひとまず「仮の標準語」とされたが、現在に至るまで何が標準なのかについて明確にされてこなかったのが日本の標準語だと言えよう。近年は方言に対する評価が変わったかのように言われることもある。「方言を話す若い子が可愛い」という「方言萌え」や日本語学者田中ゆかりが取り上げた「方言コスプ

(1) 標準語とは「東京の教養層のことば」という言説は上田萬年の「標準語に就きて」（一八九五）に既に現れているが、いわゆる「下町ことば」とされることば、多摩地方のことばもまた「賤しきもの」として攻撃の対象となった。杉本つとむ（二〇一四）、清水康行（二〇一九）など参照。

レ」[2]などの現象がその証拠だとする意見もあるが、方言はもちろんおもちゃではなく、方言を使って遊ぶことができるのは「わたしは標準語を話す」と考えている人であろう。そこで使われる方言は、方言に付与されたいわれなきイメージ、素朴さ、無骨さ、滑稽さなどが元になっている。それらイメージはどうやって与えられたかについての検証をしないで「方言が流通しているのは力を取り戻したからだ」と安心するのは早計である。社会言語学者真田信治は一九七〇年代半ばから始まった「方言を大切に」という現象は「標準語」による支配が完成したからだとも言っている。つまりもはや「標準語」を脅かす力がないまでに自分の生まれた地域のことばを話す人が減り、日本全国どこでも同じ話しことばが流通するようになったと言えるということだ。このことが意味するのは単に言語の現象ではない。「日本」という社会がどのように移り変わったのかを示す一つの指標とも考えられる。すなわち明治維新が目指した近代国民国家や国民統合が完成しつつあるということだとも言える。この節ではその過程を概括していこう。

「標準語」は、その国や地域で首都や主要都市の変種（方言）が採用されることがほとんどである。したがって「標準」の設定は、その時の権力構造を反映することになる。例えば日本では京阪方言とも言われる近畿地方のことばが未だ勢力を保っているが、皇室や日本の前近代的国家としての歴史がこの地域から始まり、その後も多くの人口や経済力、芸能文化を維持していることから考えると、やはり一つの権力なのである。このことばの力を支えていた様々な「力」が東京を中心とする地域に移ってもなお、かつて

---

(2) アニメやゲームのキャラクターなどのまねをして、そのキャラクターになりきる「コスプレ」のように、方言を交えたことばを使うことで別の自分を演じること。

「中心」であった経験や歴史を裏付けに、他の地域のことばの在り方とは大きく異なるのである。

明治になって日本が中央集権の近代国家に生まれ変わるためには「国語」がそして「標準」が必要であり、その「標準語」は東京のことばである必要があった。それは東京を他の町や地域とは違う格を与える作業でもあった。しかし都市は人口がどんどん流入する。江戸時代に既に大都市になっていたとは言え、近代国家になってまだ日が浅くその人口構造が大きく変わる過程にあった日本の首都に安定した「標準形《けい》」があったとは考えられない。「東京の山手の教養層が使うことば」とされたと言われるが、何かを言っているようで何も定義していないと言える。最初に攻撃された方言の一つが、山手ではない東京のことば、例えば下町ことばと言われたことばである。無教養さあるいは社会階層の違いとも結び付けられ、標準の設定は最初から差別的な色合いを持つものとなった。このように標準があいまいなまま、「標準語励行《れいこう》」が日本中で行われた。標準語とはなにかがよくわからないままに、使えと言われた人々は、自分たちのことば、つまりは方言を使わないようにすることでこの要求にこたえようとした。現在のように「東京のことば」が音声メディアに乗ることもなかった時代には大多数の人にとって東京方言は想像上のものでしかなかったのである。特に教育現場では激しい「方言矯《きょう》正《せい》」(3)が行われた。標準形を身につけることと方言を使わないことは本来別のことなのだが、「標準語」の不安定さとそれに与えられた「正しいもの」というイメージが、各地

(3)「国語」の立場からは「標準語教育」とも呼ばれる。実態のあいまいな「標準語」をどのように教えるかではなく、地域言語、生活語を「誤ったもの」とし学校での使用を制限・禁止したもの。

でいろいろな悲劇を生む。特に、ひとまずの標準形とされた東京方言との「方言差」が大きな地域、例えば東北地方の様々な言葉は「田舎くさく洗練されていない」「無学・無教養」「貧しさ」などのマイナスのイメージを背負わされた。北関東も含めて明治以降東京に多くの労働力が移動したこととも関係するだろう。「東北人の方言コンプレックス」と言われるのは明治以降のこうした経験が蓄積されている。そして近代以降日本に組み込まれ、言語学的には別の言語の地域の人々は、さらに大きなハンディを負わされたのだった。その代表的な事例は北海道のアイヌや琉球列島の人々であろう。琉球列島には近代日本がすすめた「標準語化」のわかりやすい事例がたくさんある。

沖縄と同じ「琉球語」を使っていた奄美群島の例を見てみよう。奄美のことばは言語学的には「琉球語北琉球方言」であるとされる。しかし例えば日本の文部科学省文化庁(4)のホームページでは、アイヌ語は日本語ではないとされているが、琉球列島のことばは「方言」と書かれている。日本で話されることばは日本語の方言でなくてはならないという意識の表れと言えよう。江戸時代、一七世紀初頭に薩摩藩（現在の鹿児島県）が琉球王国に軍事侵攻(5)を行い勝利する。その結果奄美群島は薩摩に植民地化され、他の琉球語地域から切り離された。早くから日本の勢力下に置かれることになった奄美群島はとても貧しかった。それは薩摩からの搾取が苛烈であったことに第一の原因がある。サトウキビの単作を強制され、島民の食べるものは後回しにされたため食料が慢性的に不足しており、しばしば餓死者も出た。明治になっても経済を鹿児島に支配され、植民地的

(4) 一九六八年文部省（当時）の外局として発足。「芸術創作活動の振興、文化財の保護、著作権等の保護、国語の改善・普及・施策、国際文化交流の振興、宗教に関する事務を所掌」するとされている（文部科学省設置法）。内部の機関として「文化審議会」外部機関として「日本芸術院」を置く。ユネスコとの連携も担う。

(5) 一六〇九年、徳川幕府の命を受けた薩摩軍が、奄美大島を手がかりに島伝いに沖縄本島へと進軍、同年四月四日に首里城を征服、徳川幕府への服従と奄美群島の割譲を認めさせた。

な状況は続く。人々は日本本土《ほんど》へ出稼ぎに出かけることで生きる道を探した。一九二〇年代からは働き手が大量に主に阪神方面に流出し、奄美の経済は出稼ぎ依存型になった。出稼ぎ先でも奄美の人々は差別的な扱いを受けた。ことばが通じないためつける仕事も限られ、奄美の人々は自分たちの辛い境遇はことばの違いが原因だと考えた。この経験は出稼ぎの経験者から地元の人々に伝えられる。このことが学校現場での「方言矯正」にさらに推進力を与えた。日本本土に出稼ぎに行くあるいは高等教育機関のない奄美から進学するためには、「標準語」を身につけないといけないと信じられた。もちろん差別をする側に責任はあるのだが、生きて行くためにはそうせざるを得なかったのである。学校で子どもたちは「方言」を使うと罰を受けた。方言札《ほうげんふだ》(6)というカードを首からかけられたり、ひどいときには教師に暴力的な罰を受けたりすることもあった。この時代に教育を受けた人々の心には今も大きな傷が残っている。

太平洋戦争が激しくなると「正しい日本人」になるための努力は軍国主義的な意味も加わり、「方言矯正」は激しさを増す。教員の多くが奄美出身者で自身が「標準語」の能力がない人が多い中、子どもたちだけでなく教員も、村の人々もお互いに監視しあうことになった。戦争が終わると、奄美群島は沖縄とともに米軍の統治下におかれ、日本への渡航が制限されることになり、それは奄美の人々の生きる道、出稼ぎができなくなるということでもあった。「奄美は沖縄ではなく日本だ」との主張を掲げて、激しい「本土復帰運動」(7)が起こった。本土復帰の一九五三年までの八年間運動は続くが、「正し

(6) 数多くの種類が存在していたが、「わたしは方言を使いました」のような文言が書かれた紙製、もしくは木製のカードを生徒の首にかけるというのが一つの典型であった。日本全国に報告例があるが、特に琉球列島では一九一〇年代から使用例が報告され、一九七〇年代まで使われていた。

(7) 奄美群島の本土復帰運動は一九四六年二月の米軍政開始直後から散発的に存在していたが、一九五一年に教員で後の名瀬市長、泉《いずみ》芳朗《ほうろう》を中心に組織化され、激化した。全群島民を動員した運動は一九五三年一二月の日本「復帰」まで続き、今でも「偉業」として記憶されている。

い日本人」であることを証明するために、標準語を話す必要があり、彼らの母語である奄美のことばは邪魔なものであった。そしてこれらのことがきっかけで人々は奄美語を役に立たないつまらないものと考えてしまい、自分たちで使うことを避け、次の世代に伝えることもしなかった。

現在奄美のことばは地元では「シマグチ」とも呼ばれる。この「シマ」は地理的な島ということではなく、元々は集落共同体の意味である。しかし今でも自分たちのことばを一般名詞である「方言」と呼ぶことの方が多い。日本本土の中の方言が「博多弁」とか「新潟弁」とか地方名を冠して呼ばれるのと対照的である。奄美の人々が現在話しているのは東京のことばではもちろんない。独自のアクセントや語彙を持つ「新方言」と呼ばれることばである。そしてユネスコ(8)の「世界危機言語地図(9)」には独立した言語「奄美語」として掲載されている。言語学者から見ると、奄美語は日本語とは別の言語なのだ。このことに一番驚いたのは奄美の人々であった。自分たちのことばが言語であるとは考えたこともなかったのである。それほどまでに奄美のことばは抑圧されてきた。今奄美の人々は失ったことばを取り戻そうと様々な方法を考えているが、七〇代以上の高齢者以外に話せる人はほとんどおらず、何年かのうちにネイティブ・スピーカーはいなくなると考えられている。こうした言語状況は奄美に限らず琉球列島全域で起こっている。「標準語化」あるいは「日本語化」の結果である。言語学的に考えなくとも、あることばをあることばの「方言」と呼ぶには、違うところはあっても似ているところがな

(8) UNESCO：国際連合教育科学文化機関（United Nations Educational, Scientific and Cultural Organization）。
(9) ユネスコが一九九六年に消滅危機言語をリストアップした地図（最新版は二〇一〇）。四段階の消滅危機度に分類され、例えばアイヌ語は「極めて深刻」、八重山語は「重大な危機」、奄美語は「危険」に分類されている。

ければそうは呼びにくいだろう。また方言と呼ぶことは下位に置くのではないとする説明も疑問が残る。「日本語は琉球語の方言だ」と言われることはないからだ。そしてなによりも日本語と琉球語の距離は遠く、互いに方言と呼ぶには無理な言語差があることは明白なのである。

「方言矯正」は琉球諸島だけの話ではない。鹿児島県や秋田県などでも大戦中だけでなく戦後も「方言矯正」が行われていた。同じように子どもたちは罰を受け、また学校の外の一般社会にも「方言はダメなものだ」という意識が拡がっていった。それでも話しことばとして方言は根強く残っている。全国の小学生や中学生の学力テストで低い順位になったところでは、学力が低いのは方言のせいだとする言説が現在でも蘇ることがある。確かに教科書やテストの問題に書かれていることばは一部の地域では普段使うことがないことばで書かれているのだ。子どもたちは今でもハンディを背負わされることがあるのだ。方言話者の中に悪いことは方言のせいにしてしまうという傾向が現在でも残っていると同時に、そうした状況を知らないあるいは配慮しない教育関係者にも問題がある。

前述のように「標準語」ということばは戦争の記憶と強く結びついていたため、戦後はこれを「共通語」と言い換えようとした。ＮＨＫは「標準語」ということばを使わない。しかし人々の中に根強く残り現在でも続く意識は単なることばの言い換えでは解消されず、「東京のことば」「洗練されたことば」というイメージはより強固なものとなってきた。方言に付与されたイメージもそのままである。例えば関西方言は下品さや犯罪と強く結びつけられている。東北や中国地方のことばに担わされている「素朴さ」や「田舎臭さ」も繰り返し利用されている。テレビや映画で使われる方言はそれらを作る側の権力、すなわち東京の人が分かる範囲に留められている。自分たちのことばが都合よく消費されることを気持ちよく思う人がどれだけいるのだろうか。

今も方言を「訛《なま》っている」と思う意識は日本社会に根強く存在している。しかし、「訛る」という語が、ことばが変化したものという意味であるとすれば、一番「訛って」いるのは標準語と呼ばれることばのはずである。ことばは今この瞬間も変化し続けている。東京方言も例外ではない。そう言ったものの中に「標準」あるいは「規範」を求めることの困難さがそもそもある。もちろんリンガ・フランカ[10]として誰もが理解できることばを持ち合うことの機能的な便利さはあるのだが、それがことば以外の「力」と結びついた時に、人々の間に生まれる格差こそが、方言と標準語の最大の問題であろう。そもそも「標準」とされることばを母語として持つ人が優位になり、それを持たない故に差別される立場に置かれることは間違っている。このあいまいな「正しさ」は実態のある「間違い」に支えられているとも言えよう。こうしてみるとことばそのものが問題なのではないことがわかってくる。ことばだけではないが、「東京にあるものだから正しい」となってしまっては困るのだ。繰り返しになるがことばには優劣はない。「言語」なのか「方言」なのかを決めるのはそのことばが話される地域の政治・社会・経済的な

(10) 地域共通語。

地位である。それが「言語」と呼ばれ、より勢力を持つ機会を与えられるのか、「方言」と呼ばれ、力を失っていくのかの運命を決めるのだ。

個人や社会が地域のことばも共通語もどちらもできる、というバイリンガリズムへの気づきがなかったことも日本の近代の大きな欠陥だった。多言語や多文化主義への理解や需要が進まない一つの原因がここにあるとも言えよう。

参考文献

清水康行（二〇一九）「東京弁、東京方言、東京語」『ことばと社会』三元社
杉本つとむ（二〇一四）『東京語の歴史』講談社学術文庫

【読書ガイド】

真田真治（二〇〇七）『**方言は気持ちを伝える**』……岩波ジュニア新書

東北や東京、大阪、沖縄などで若者が使う新しい方言について，その成り立ちや自由な表現を紹介する。

真田真治（二〇〇二）『**方言は絶滅するのか—自分のことばを失った日本人**』……PHP新書

沖縄、北陸、韓国、ミクロネシアなどをフィールドに、現地語が日本語の共通語を取り込みながら、いかに変容していったかを考察。

障害者とリテラシー

……社会言語学……

ましこひでのり

しばしば称揚されてきた日本の「おもてなし」意識[1]や「たすけあい」精神[2]。しかし、すくなくとも「情報保障」(情報が不足する空間・層への配慮)という観点からいえば、先進地域とはいいがたい面がたくさんあります。

日本語漢字や英語にくわしくない来日者がなにかこまったとき、とまどうことがすくなくないはずです。掲示等が「日本でそだって学校教育を一応おえたひと」と「英語がよめたり、ききとったりできるひと」を前提に設計されているからです。英語＝世界共通語という先入観から「外国人には英語で対応すればよい」という風潮はねづよいものの、英語で充分に応答できる日本人はすくない。しかも、英語以外の表示は限定的。さらに日本語表記には、なぜか「三〇〇〇種前後の漢字ほかの記号がよめる」という不思

(1) 他者のたちばにたった誠心誠意の対応、「察し」の姿勢等「さきまわり」をこころがけた配慮を前提とした奉仕精神ほか、日本的とみなされてきたホスピタリティ文化。特に旅館・料亭など、高品質な接客空間で自明とされてきた。

(2) 農村での互助組織や、災害時・緊急時のゆずりあいなどに象徴される、利他性を強調する風潮。団体スポーツなどにかぎらず、組織全体の調和を自明視する同調圧力。

議な前提があるのです。

幹線道路や駅構内や電車内表示で、目的地をしめす「ヘボン式ローマ字」[3]は併記されます。しかし、バスの停留所をはじめ、さまざまな公共空間で、日本語がききとれるひとなら利用可能なローマ字表記が非常に少ない状況があります。そもそも「ヘボン式ローマ字」は英語がよめることが前提です。たしかに軍隊・企業関係者、キリスト教関係者、学校関係者など、戦後の来日者に英語圏出身の比率はたかかった。しかし、近年の多様な来訪者にまともに対応する気がなく、いまだに植民地のような日米バイリンガル状況がつづいています。たとえば ta, chi, tsu, te, to, cha, chu, cho というタ行表記に不自然さを感じられないほど英語化がすすんだせいで、「丁目」という漢字表記を“chome”という英語もどきのローマ字転写に疑問をおぼえない日本人が大半です（ショーム／ホーメなどともよめるのに）。

日本語文化をうけつがなかった日系ブラジル人[4]などは、日本式漢字がわかる同胞と一緒でないと集住地からでた途端往生してしまいそうです。ポルトガル語やスペイン語ができる日本人はごくわずかですし、名古屋市近郊のように英語以外の複数の言語でアナウンスや表示がされている地域もありますが、日本語や英語以外の表示やアナウンスは、集住地以外、大都市部の一部ぐらいしか整備されていないからです。外国人の集住地付近でめだつ英語以外の表示が「警察官立寄所」の併記[5]である現実も、「新来外国人＝犯罪予備軍」といわんばかりで、到底情報保障とはいいがたいといえます。

(3) 来日したアメリカ人医療伝道宣教師ヘボン(James Curtis Hepburn, 一八一五～一九一一）が考案した日本語表記法。英語に準拠したローマ字で“chi”“tsu”“fu”などが特徴的。

(4) 入管法改正にともない就業活動に制限がない来日が可能になったことをうけて、一九九〇年代初頭から日系移民の二世・三世が日本の工業地帯を中心に長期滞在するようになった。当初は「デカセギ」として帰国が前提の来日だったが、東海地域・群馬などに集住地が点在し、日本うまれ日本そだちの世代も登場した。バブル崩壊、リーマンショック、リオ五輪などで人口の増減もある。日系ブラジル人と同様な経緯で日系ペルー人等も在住。

(5) たとえば、「警察站崗」（＝警察歩哨を意味する簡体字）、「경찰관감시중」（＝警察官監視中を意味するハングル）といった多言語併記が確認されています。

このような国外からの来訪者への無理解は、情報弱者への配慮＝情報保障の不備をもたらしていますが、それは障害者に対しても当然あてはまります。公共空間を設計し運営するひとびとにとって、障害者をはじめとした情報弱者は、まれに出現するだけの絶対的少数者として例外視されているのです。大都市部や観光地や集住地など、日本列島のかぎられた空間にだけ「外国人」がいると信じられているように、公共空間に情報弱者が普通に利用者としてくることはないと、おもいこまれているのです。もちろん視覚障害者むけに点字ブロックや音響装置付信号機などが設置されたり、エレベーター／階段／トイレの「てすり」などに点字表示があったりします。でも、そもそも障害者が介助者なしで単独で公共空間を利用することが本気でイメージされていない。したがって、高齢者や幼児と身体障害者だけでなく、視覚障害者や聴覚障害者も「交通弱者[6]」となりがちです。

情報保障における障害者とリテラシー（記号操作能力[7]）の問題が発生するのも、前述のように、障害者が介助者なしで単独で公共空間を利用することが例外視されている点に起因します。そして、そこに「漢字表記さえあれば、通行者のほとんどをしめる成人／生徒に充分情報提供できている」というおもいこみがかさなり、公共空間にさまざまな情報上の「障害」が山積し、みえない「交通弱者」が放置されることになるのです。

それと並行して情報保障上、障害者とリテラシーの問題が発生するのは、書籍・雑誌・新聞・テレビなど、公的なモジ情報の発信の利用環境においてです。「外国人には

(6) 歩道をふくめた道路を介した移動、鉄道等公共交通機関での移動、公共空間での階段等による昇降など、私的空間外での広義の移動に困難をかかえるさまざまな個人・集団。

(7) よみかき計算能力はもちろん、楽譜・財務諸表など記号で視覚化されたものを駆使する能力の総称。

とりあえず国際共通語である英語による情報提供」という「配慮」を例外として、基本は、前述した「漢字表記さえしておけば充分情報提供できている」という幻想が支配的です。実際には、外国人のみならず、全盲者や知的障害者など、無視できない確率で「情報の孤島」が放置されています。

たとえば少数派である「情報弱者」を、「心身にハンディをかかえている、かわいそうなひとびと」「専門家やボランティアなどの指導監督がかかせない弱者」とみなす、これまでの「障害者」観に批判的な思潮として、「障害学」という研究・運動があります。「障害学」周辺からみれば、「情報弱者」は、「かわいそうなひとびと」特有の例外的状況ではありません。技術水準や「弱者」への社会的配慮が欠落したがゆえに発生する構造的「障害」(barrier/disability) ということになります。「交通弱者」や「情報弱者」は、当事者本人の心身のハンディ (impairment) が元凶だときめつけない。ハンディを不利益・不便として経験させる「障害」(barrier) の除去こそ課題 (「バリアフリー」) であり、可能なら万人に不便でないユニバーサルデザイン (Universal Design) がめざされるべきであるという、「障害」観になるわけです。

障害学の認識をふまえた社会言語学周辺[8]では、「読書権」という文書へのアクセシビリティーの権利に着目しています。視覚障害者 (盲人や弱視者など) の図書館利用要求などから出発したもので、必要な文書、よみたい文書を自由に利用できる権利です。リテラシーが、よみかき計算とその延長線上にあるとすれば、文書をよんだり、きいたり

(8) 人類学・社会学・地理学・経済学など社会科学的な方法論を基盤とした言語研究の総称。多様な社会現象としての言語的現実を対象とする。

する利用権だけではなく、モジ情報や点字・音声などとして発信する権利も、万人に保障されて当然です。ＯＥＣＤ加盟諸国など経済先進地域の人権水準からすれば、初等教育にとどまらず、中等教育をおえ公立図書館やインターネット環境を利用できる程度の情報アクセス（教育をうけた成人晴眼者が普通にこなしている情報処理の水準から疎外されず、格差をつめる権利）が一般的とかんがえられます。これに、第一言語を主軸に充分な言語生活の保障がイメージされている「言語権[9]」などの権利概念を加味するなら、視聴覚障害や知的障害をもつひとびと（ここには高齢者の一部もはいります）にも、広義の読書権／言語権を保障する情報保障が必要です。新来外国人等も基本的人権が保障されなければならず、「外来者」というだけで情報保障の対象からはずされるのは人権侵害であるのと、おなじです。

さて、障害学や社会言語学が課題とする情報保障をかんがえるなら、最低でもつぎのような当事者と家族をとりまく「障害」を考慮する必要があります。

1．視覚障害者（全盲者／弱視者／色覚障害者）
2．聴覚障害者（ろう者／難聴者／中途失聴者／盲ろう者）
3．知的障害者（軽度／重度）
4．身体障害者

たとえば、色覚障害者にはモジや背景の色彩の配慮。弱視者には拡大モジ。全盲者のばあい、盲学校経験者なら点字、それ以外なら音声化（朗読／スクリーンリーダー＝読

(9) 公私さまざまな領域での利用言語を主体的に選択できる権利。

み上げソフト）などが情報保障のために必要とされるでしょう。ろう者なら映画・テレビなどでの字幕スーパーやテロップ、講演・講義・説明会・議会などでの要約筆記や全文筆記、そして議会・会議・窓口業務などでの手話通訳や筆談など。難聴者なら、ろう者と同様の配慮にくわえ、磁気誘導ループなどを利用した補聴器。手話や補聴器がつかえない中途失聴者には、字幕スーパー・テロップ・要約筆記・全文筆記・筆談などをつかいわけるなど。知的障害者なら、児童・高齢者同様、難解な単語や複雑な文体、新規なカタカナ語や専門的な業界語などをさけることが大前提になります。身体障害者のばあい、本や新聞・雑誌などをみえる位置に維持する道具やサポートなども必要でしょう。

社会言語学／障害学周辺での情報保障概念では「人的サポートこみで情報収集できる」といった権利の保障にはとどまりません。「記録された情報の主体的利用と、自分の意思をモジないし音声などとして表現する機会を保障される権利」にまでおよぶからです。

たとえば代読や音声化がもとめられるのは、書籍・新聞・雑誌や各種テロップなどにとどまりません。CDやDVDなど記録媒体におさまっている情報ももちろんふくまれますが、メールやウェブページなどネット空間とのやりとりでアクセスが自明視される情報が無数に蓄積されているからです。紙媒体上の情報とディジタル情報とでは、前者の急増以上に後者の情報爆発を無視できません。ディジタル情報は肥大化する一方、技術革新によって全盲者には点字化・音声化、弱視者には拡大モジ、聴覚障害者にはモジ化（全文モジ化／要約筆記ｅｔｃ．）などをとおして、利用可能となりました。医療・司法などでしたら、担当者とのコミュニケーションに、しばしば人命がかかってきますから、肉声・肉筆の即時の媒介も必要になってきます。

しかし、ここでも現代日本で自明視されている漢字表記を軸にした現行表記の現実が障害となります。ディジタルデータとして漢字情報を入力することは、さまざまな困難をはらんでいるからです。たとえばアルファベット圏なら、ａｂｃなど大小、付属記号をあわせても一〇〇前後の記号数でたります。それに対して、数千の記号数が前提となる漢字圏では記号の処理コストが異質です。くわえて現代日本語においては、漢字の慣用という非体系的でアナーキーな伝統が放置されたままです（さらに、アラビア数字はもちろんローマ字や数学記号・化学記号など、各領域の記号体系もふくまれることに注意）。

すべてのデータがディジタル情報として利用できるなら、音声化や点字化など自由に加工が可能です。しかし、たとえば盲人が「墨字《すみじ》」とよぶ、この文章のような紙面に印刷してある情報は、もととなるディジタル情報を入手できないかぎり、ＯＣＲ（光学的モジよみとり機）でデータをとりこまなければなりません。しかし、種類も字形も単純なローマ字等とちがい画数がおおく複雑な字形、しかもおびただしい種類の漢字に完璧に対応しきれる機械はいまだに開発されていません。どんな高性能機でも、よみとりミスがさけられないのです。活字のわずかなバリエーションを、あらかじめ予想できるａ ｂｃなどとちがい、複雑字形・膨大な字種に適応できる人間の視神経・大脳のような器用さを機械にもとめるのは、土台むりがあると。特に慣用よみ(10)や膨大な固有名詞の表記が、情報識別を困難にしているわけです。

また、かりにディジタル情報が入手できても、固有名詞の「ただしいよみ」がむずかしいように、音声化しても意味がとおらないことがしばしば発生します。結局慣習によってしか音・義が確定せず、ユレも容認される日本の漢字表記。「日本」自体“Nippon”なのか“Nihon”なのかが登場文脈が特定するまで確定しないなど、日本語表記は、前述した情報保障にとって巨大な障害なのです。

基本的に音声と点字とメール等だけで充分な日本語生活をおくれるはずなのに、漢字の字形など一度も体感したことのない全盲者まで、晴眼者むけの電子メールに漢字表記を自明視するなど、本来おかしな現実もつづいています。

以上、現代日本は「高校卒業程度の漢字やヘボン式ローマ字」知識を前提とした情報空間になっています。中途失明者や視力を低下させて漢字表記が単なる障害でしかない高齢者なども疎外します。リテラシーの国民的水準を誇示するわりには情報弱者への配慮が欠落しており、情報格差を放置した空間なのです。たとえば漢字文化に関心のたかい留学生を指導するのはたのしいことでしょう。しかし現行表記に問題を感じない漢字マニアへといざなうのは、既存格差を温存しむしろ拡大する共犯者になることではないでしょうか。

---

(10) 通常は、伝統的よみから逸脱して定着した「慣用」(「早急」を「ソーキュー」とよませるなど)。ここでは「熟字訓」(「煙草」を「タバコ」とよませるなど)、「当て字」(「コーヒー」に「珈琲」を当てるなど)など、漢字―よみの一対一対応が完全に無視された用法の総称。

参考文献

あべ・やすし（二〇一五）『ことばのバリアフリー―情報保障とコミュニケーションの障害学』生活書院
『ことばと社会』編集委員会編（二〇一二）特集：リテラシー再考（『ことばと社会』14号）三元社
真田信治・庄司博史編（二〇〇五）『事典 日本の多言語社会』岩波書店
「社会言語学」刊行会編（二〇〇一〜）「社会言語学」
角 知行（二〇一二）『識字神話をよみとく』明石書店
多言語化現象研究会（二〇一三）『多言語社会日本―その現状と課題』三元社

参考サイト

あべ・やすし「識字のユニバーサルデザインにむけて―表記改革と文字情報サービスをめぐって」（「情報弱者のかかえる諸問題の発見とメディアのユニバーサル・デザインのための基礎研究」第1回定例研究会 2008/6/16）http://www.geocities.jp/hituzinosanpo/abe2008a.html
あべ・やすし「情報アクセス権。」（『hituzi のブログじゃがー』2008/10/25）http://d.hatena.ne.jp/hituzinosanpo/20081025/1224902278
あべ・やすし「弱視者の読書権をめぐって。」（『hituzi のブログじゃがー』2008/10/25）http://d.hatena.ne.jp/hituzinosanpo/20081025/1224869354
あべ・やすし「よみかき研究」（あべ・やすしのページ）http://www.geocities.jp/hituzinosanpo/yomikaki.html
あべ・やすし「医療通訳―文献リストと関連情報」（あべ・やすしのページ）http://www.geocities.jp/hituzinosanpo/iryoo.html

【読書ガイド】

かどやひでのり、あべやすし編（二〇一〇）『**識字の社会言語学**』……………生活書院

日本の社会は一定の読み書き能力があることを前提として成り立ち、読字障害者、日本語を用いない渡日外国人、不登校児など少数ではない人々が排除されている。「必要なのは、文字をよみかきする能力を社会全体にひろめることではなく、字がよめなくとも文字情報にアクセスできる体制をととのえ、また意見や情報を発信する権利を保障することである」（一〇四頁）として、識字のユニバーサルデザインを提唱している。

ましこひでのり編（二〇一二）『**ことば／権力／差別―言語権からみた情報弱者の解放**』…………三元社

言語社会において多数派による差別がくりかえされてきていること、さらに研究の枠組みにおいても大言語の規範性による権力行使が見られる点を指摘している。本文で言及されている言語権を軸に、エスノメソドロジー、言語法学、国語イデオロギー、漢字、ポライトネス、女性学、聾教育など様々な角度からの問題提起を集大成したものである。

（編集部作成）

……アイヌ民族の歴史と文化……

二風谷におけるアイヌ語・アイヌ文化の継承
――萱野志朗さんインタビュー――

萱野志朗
インタビュアー：友常 勉

萱野茂《かやのしげる》二風《にぶ》谷《たに》アイヌ資料館館長である萱野志朗さん（一九五八年生まれ）は、父・萱野茂さん（一九二六〜二〇〇六）の意志を受け継いで、二風谷でアイヌ民族の権利とアイヌ文化を守るための活動をされています。

アイヌ民族は、「aynumosir（人間の静かな大地）」である北海道・樺太・千島列島・日本列島北辺を生活の本拠地としてきた先住民族です。日本政府は近代以降、「北海道旧土人保護法」（一八九九年制定、一九九七年廃止）などによってアイヌ民族の同化政策[1]を進めてきました。しかし、一九九七年には「アイヌ民族の文化振興並びにアイヌの伝統等に関する知識の普及及び啓発に関する法律」（略称：「アイヌ文化振興法」）を制定、二〇〇八年六月六日には「アイヌ民族を先住民族とすることを求める決議」などを

（1）アイヌ語で「アィヌモシㇼ(ainu mosir)」と呼ばれていた蝦夷地を、明治政府は、旧幕府軍鎮圧直後の一八六九（明治二）年に「蝦夷地之儀ハ皇国之北門」（「鍛夷地開拓ノ件」『太政官日誌』）と位置づけ、「開拓教導」「人民繁殖」、すなわち開拓・殖民と日本国家への帰属・教化を主導する統治機関として開拓使を設置した。そこには樺太をめぐるロシアの脅威も存在した。同年八月、太政官布告で蝦夷地は「北海道」と命名された。その後、政府の拓殖政策の展開によってヤマト＝和人の北海道入植が進み、アイヌ民族の土地と生活は窮迫していった。これに対して、明治政府はアイヌ民族「保護」を名目として北海道旧土人保護法を一八九九年に制定した。同法は、農業のための土地下げ渡し、日本語や和人風の習慣による教育・教化を進めたが、実際にはアイヌの財産を収奪し、伝統的な狩猟生活を禁止し、アイヌ民族になじまない土地の私有化によって農民化を進め、さらにアイヌ語の使用を抑圧する文化帝国主義的な同化政策であった。なお同法は「アイヌ文

経て、アイヌ民族の権利回復運動やアイヌ語を含む文化復興運動がすすめられています。

萱野志朗さんにアイヌ民族にとっての二風谷の意味、現在の活動をお聞きしました。

＊　＊

I　二風谷とアイヌ語教室

ここは市町村名でいうと平取町《びらとりちょう》で所在地は北海道沙流郡《さるぐん》平取町字二風谷といいます。二風谷の人口は一五〇戸で五〇〇人弱ですが、そのうちの八割くらいはアイヌ民族の世帯です。旦那さんか奥さんのどちらかがアイヌ民族どちらかがヤマト民族で、アイヌ民族同士のカップルは少なくなっていますが、全人口のなかにアイヌ民族が占める割合はとても高く、アイヌ語を伝えやすい環境です。ただし、家庭内でアイヌ語を伝えるのは難しい状況です。

アイヌ語教育については、一九八七年の横路孝弘《よこみちたかひろ》・北海道知事の政策予算により、アイヌ語教室がスタートし、ここ二風谷と旭川市の二箇所で始まりました。それがスタートする五年前に、父・茂は地元の小・中学生を対象としたアイヌ語塾を開いていました。二風谷のアイヌ語教室は成人の部が月二回、子どもの部は週一回の開講となっています。このアイヌ語教室は札幌や浦河など一四教室にまで広がりましたが、二〇一二年には北海道教育委員会がアイヌ語教室関係予算を打ち切ったため、アイヌ語教室の事業は完全にストップしました。ただし、平取町はアイヌ語教室へ単独で予算をつけてきたことも

化振興法」制定の一九九七年まで継続していた。

あって、現在もアイヌ語教室が運営されていますが、現在北海道の他の一三地域のアイヌ語教室事業は廃止されました(2)。

ただし、一九九七年に制定された「アイヌ文化振興法」と、それにともなって創設された「財団法人アイヌ文化振興・研究推進機構」（略称：アイヌ文化財団）によって、北海道のＳＴＶラジオでアイヌ語のラジオ講座が始められました。放送時間は毎週日曜の午前七時〇〇分から七時一五分までです（再放送は翌週土曜日の夜一一時から）。さらに「アイヌ語弁論大会」が年に一回開催され、また「親と子のアイヌ語学習事業」もあり、この事業は北海道内と東京とで計五〜六箇所でおこなわれています。受講生は「親と子」、「祖母・祖父と孫」を一組として数組が参加するというもので、家庭内でのアイヌ語復興を目指しています。

また、アイヌ語の口承文芸に関する「語り部育成事業」もおこなっています(3)。この二風谷アイヌ語教室へ六〇歳から通い始め、現在八三歳の女性の方がいますが、現在彼女は成人の部の専任講師で、アイヌ語による物語の語りもとても上手です。子供のときにアイヌ語を聞いて育った世代ですが、私の父・茂にアイヌ語を教わり、且つ自分で勉強を続けアイヌ語の伝承者になりました。「語り部育成事業」は年間一五回（一回二時間）実施され、これは成果があがっています。ほかにも「アイヌ語上級講座」というものがあり、こちらは文法を中心に学習しています。第二言語として学ぶ人たちのための講座ですね。二風谷でも開講されていますが、これも年一五回（一回三時間）開いています。

---

(2) 一九八七年に平取町で、横路孝弘知事（当時）のもとで最初にアイヌ語教室が開始された。これに先立って一九八二年には萱野茂によるアイヌ語塾も始まっていた。一九八七年以来、アイヌ語教室は一四教室にまで広がった。その後「アイヌ文化振興法」のもとで事業予算が執行され、アイヌ語教室の事業は進められてきたが、途中で、一括の助成金による補助金事業から、アイヌ語を日常語ではなく、文化財として扱う委託契約の事業に切り替えられた。名目が「アイヌ用語学習事業」となり、文化財にかかわることだけを教えるようにと方針が変わったのである。これは管轄省庁が文化庁だったことによる。これによって、アイヌ語教室は閉鎖されてしまった。ただし平取町は町単独で予算がついているので、アイヌ語教室の事業が続いている。

(3) 注（4）の「平取地域イオル再生事業」を参照。

私が子供の頃は、「アイヌ語教室」はありませんでした。一九八三年にアイヌ語塾（塾長：萱野茂）が、一九八七年にアイヌ語教室（専任講師：萱野茂）が始まった頃、アイヌ語塾やアイヌ語教室には二風谷小学校へ通う全児童の半分以上の子供たちが来ていたと思いますが、「アイヌ語塾やアイヌ語教室に行っている」とは言いにくかったと聞いています。子供たちは遊んでいる友達に「ちょっと用事があるから」と言っていたようです。地域住民のなかには「今さらアイヌ語を学んで何になるのか」という意見があったとも聞いています。それはアイヌ民族に対する理解が低く、また差別が強かったからでしょう。それに比べると、昨今は「今日はアイヌ語教室に行く」と友達に言えるようになり、現在は環境が大きく変わったと思います。地元の高校生が大学の推薦入学の願書に「アイヌ語教室での学習経験」も履歴に書けるようになったといいます。アイヌ民族への理解と先住民族という認知度が高くなりました。

II 二風谷のアイヌ文化伝承活動

二風谷には特徴的なアイヌ文化の活動があります。まず毎年八月に「cipsanke」という舟おろしの儀式があります。本来は新しい舟の進水式なのですが、新造舟がなくてもやります。舟は木曽川の船大工がつくった和船や、アイヌ文化振興財団の「平取地域イオル再生事業[4]」のひとつである「アイヌ伝統的空間再生事業」でつくった舟などで、計

（4）アイヌ文化振興・研究推進機構を母体に、行政機関とアイヌ民族団体からなる構成組織（平取町・平取町議会・（社）北海道ウタリ協会平取支部・平取町自治振興会・平取町農業協同組合・沙流川森林組合・平取町商工会、ウタリ協会平取支部・二風谷アイヌ語教室・平取アイヌ文化保存会・二風谷観光振興組合・企業組合二風谷民芸）によって進められている事業。以下の三つの検討部会がそれぞれの事業を進めている。
・イオルの森検討部会：二風谷地区町有林約二一〇ヘクタールと苗畑の造成。オヒョウ等アイヌ文化有用樹木等自然素材の育成。
・コタンの再現検討部会：二風谷アイヌ文化博物館周辺町有地にコタン（集落）を再現した伝承活動の拠点の場づくり。
・水辺空間検討部会：沙流川の水辺空間。ヨシ等のアイヌ文化有用植物の自然素材採取育成＝水辺のイオルの再生。
regeneration.pdf (town.biratori.hokkaido.jp)

七〜八艘あります。この儀式は丸木舟の操船技術を若い人たちに伝える場となっています。船頭は櫂《かい》ではなく、細長い棹《さお》で舟を操ります。丸木舟に乗って座っている人は櫂で漕ぎます。この cipsanke は私が小学校三年生くらいの時、すなわち一九六八年頃から始まりました。また、cipsanke にあわせて、アイヌの風習による結婚式も執り行っています。応募してきたカップルのうち、抽選で一組を選び、アイヌの儀式にもとづいて祭主がアイヌ語で祝詞をあげて、結婚式をおこない、二人の門出を祝います。毎年二月の第三日曜日には「シシリムカアイヌ文化祭」（シシリムカはアイヌ語で沙流川の意）」も開催しています。来年（二〇一四年）が第二五回目です。それぞれアイヌ文化の伝承活動をしている団体による歌や踊り・アイヌ語劇の披露、そしてアイヌ民族が織物を織る際に使うガマ草の栽培についての報告、栽培したキビなどを来場者へ少量配ったりします。また、アイヌ文化財団の「イオル事業」の活動報告などがなされます。それから、「語り部育成事業」の成果報告も兼ねて、イオル事業で建設されたアイヌ民族の伝統的家屋であるポロチセ（大きな家）で、五月から一〇月まで、毎週土曜日の午後七時から八時までの一時間「ユカㇻの語り部」がおこなわれています（ユカㇻ［yukar］は、アイヌ民族に伝わる叙事詩の総称で、アイヌ語で「叙事詩」を意味します。ユカㇻについては、知里幸恵(5)の業績がよく知られています。「ユカㇻの語り部」には観光客も自由に参加できます。これはアイヌ語伝承という点でユニークな事業でしょう。発表者は yukar に限定せず uwepekere（昔話）や kamuyyukar（神の謡）などをします。

(5) 知里幸恵（ちりゆきえ、一九〇三［明治三六］年〜一九二二［大正一一］年）は、北海道登別市出身のアイヌ女性。金田一京助のアイヌ語研究に協力しながら、一九年の短い生涯のあいだに編訳『アイヌ神謡集』を出版し、アイヌ口承文芸の発展に大きく寄与した。日記では、金田一京助に協力しつつも、近代日本国家によるアイヌ民族とアイヌ語の同化政策を批判し、その運命に悲痛な叫びを記している。

Ⅲ 二風谷ダム裁判

「二風谷ダム裁判」は、二風谷ダムの水没地域に水田をもっていた貝澤正《かいざわただし》さんと萱野茂が起こした「収用裁決の取り消しを求めた行政訴訟」です。それは、ダム堤体建設予定地の近くには地域アイヌ民族の信仰の対象である「cinomisir（我ら祈る所）」があり、ダム建設がアイヌ民族の文化と環境の破壊にほかならないとして、北海道収用委員会・建設省・北海道に対して収用裁決の取り消しを求め訴えたものです。一九九七年三月二七日、札幌地裁で「二風谷ダム裁判」の判決が出ました。収用裁決の取り消しを求めた裁判としては原告の敗訴でした。しかし、判決のなかにいくつか画期的な内容がありました。第一に、原告側が敗訴でも裁判費用は原告負担ではなく、被告（北海道収用委員会・建設省・北海道）負担でした。第二に、北海道に居住するアイヌ民族は、北海道の先住民族であるとしました。第三には、アイヌ民族とは、少数民族であるが、少数民族が先住民族であるときには、その権利がさらに手厚く保障されなければならないとしました。しかも日本国憲法第一三条の基本的人権のうちの生存権を根拠に権利が保障されるとし、また、国連の人権規約を根拠に先住民族の権利を認めました。一九九七年時点では日本国政府はアイヌ民族を先住民族とは認めていませんでした。国連人権委員会に対する外務省のレポートのなかでアイヌ民族は少数民族であると認めていました。裁判費用のこともそうですが、あの時点で北海道に住むアイヌ民族を先住民族だと認定したことは画期的でした。

二風谷ダムの判決が、マス・メディアを通してアイヌ民族の存在を知らしめたのは大きなことでした。「アイヌ文化振興法」は、この判決が出たあとに制定されました。その制定過程では、当時萱野茂が参議院議員だったので、まず参議院で可決してそのあと衆議院へ送付され可決されました。この法案だけは審議の順番が逆でした。二風谷はこうした裁判があった土地なのです。

Ⅳ「北海道旧土人保護法」と「アイヌ文化振興法」

アイヌ民族は、古くから「aynumosir（人間の静かな大地）」である北海道・樺太・千島列島・日本列島北辺を生活の本拠地とする先住民族として、狩猟・漁労・採集・小規模な農業を営み、固有の言語・独自の信仰・文化を有してきました。アイヌ語で「アイヌ」とは「人」を意味します。江戸時代後期には、江戸幕府は東蝦夷地（北海道太平洋側と千島）を直轄地とすることで、アイヌの生活基盤である狩猟や漁労の場所に対する支配を強めました。また、一八五五年の日露通好条約(6)によって、択捉《えとろふ》までを日本領とすることで、植民地主義的な統治をおこないました。近代には、日本列島の青森以南から多くの和人＝日本人が入植して「開拓」することで、アイヌ民族の生活圏が奪われていきました。そして明治政府は一八九九年に「北海道旧土人保護法」を制定しました。そ

(6) 一八五五（安政二）年、ロシア使節プチャーチンと徳川幕府全権との間で締結された条約。箱館・下田・長崎の開港を定め、エトロフ・ウルップ両島間を国境とし、樺太は両国人の雑居地とした。

の内容は、「農業従事希望者への土地の下附」「児童への就学援助と小学校の新設」「困窮者への医療援助」でしたが、この法律によって与えられた土地は狭小で農業には不適だったため、多くのアイヌ民族は土地を手放すことになりました。また学校では事実上アイヌ語を使用することは禁じられました。こうしてアイヌ民族の生活様式の破壊と、言語と文化の同化政策が急速に進みました。

江戸時代にも和人の支配や収奪に対するアイヌ民族による戦いが続きましたが、近代・現代においてもアイヌ民族の解放運動が続けられてきました。しかし「北海道旧土人保護法」は三度の改正を経て、一九九七年まで存在していました。また、日本政府は、先住民族の権利を認めている国際的な風潮や、オーストラリアのようにアボリジニに対するそれまでの同化政策に対するオーストラリア政府の謝罪のようなことはせずに、一貫してアイヌ民族を日本の先住民族と認めない立場をとってきました。しかし、一九九三年の「国連先住民年[7]」を契機とした世論の高まりのなかで、一九九七年に「北海道旧土人保護法」を廃止し、「アイヌ文化の振興並びにアイヌの伝統等に関する知識の普及及び啓発に関する法律」を制定しました。

また、「洞爺湖サミット[8]」がおこなわれた二〇〇八年、サミットに先立って、六月六日に国会において「アイヌ民族を先住民族とすることを求める決議」を全会一致で採択しました。

---

(7) 一九九〇年一二月の第四五回国連総会において採択された国際年で、「第2次人種主義および人種差別と闘う10年」の最終年にあたる一九九三年に設定された。世界の先住民は、さまざまな人種的差別・抑圧や、森林開発やダム建設などによりその生存を脅かされている。このような諸問題の解決をはかるための国際協力を促進すべく、国連人権委員会先住民作業部会で発案された。一九九五〜二〇〇四年には〈世界の先住民の国際10年〉が制定され、一九九五年には〈国際先住民デー〉が八月九日と制定された。

(8) 第三四回主要国首脳会議(G8)として、二〇〇八年七月七日から七月九日まで北海道虻田郡洞爺湖町のホテルを会場にして行われた主要国首脳会議。これに先立って、国会は六月六日の衆参両院本会議でアイヌ民族を独自の宗教や文化を保持する日本の先住民族と位置づけ、地位の向上に総合的施策を講じるよう求めた決議を全会一致で採択した。これはアイヌ民族に関する初めての国会決議であった。また、洞爺湖サミットに

Ⅴ 萱野茂の生涯と著作

萱野茂は一九二六年に二風谷で生まれました。そしてそこに一九七二年に私設の資料館を建設しました。五年後の一九七七年に土地・建物・資料のすべてを平取町へ無償で移管しました。一九九二年三月に萱野茂二風谷アイヌ資料館として再スタートし、同年に町立の二風谷アイヌ文化博物館ができました。萱野茂は自分でアイヌの民具など資料を集めましたが、二〇〇二年二月にその一一二一点が国の重要有形民俗文化財の指定を受けました。そのうち資料館には二〇二点が収蔵され、町立博物館には九一九点があります。

萱野茂は北海道の日高管内の古老を訪ねて、アイヌ語やアイヌ民話の採録をしました。それにもとづいて様々な著作を残しています。それには『萱野茂のアイヌ語辞典』（三省堂）の執筆も含まれています。さらに『萱野茂のアイヌ神話集成』として、CDつきで「ウウェペケレ」（昔話）三時間、「ユカㇻ」（英雄昔話）三時間、「カムイユカㇻ」（神謡）三時間、あわせて九時間の音声資料と本をビクターエンタテインメント（販売：平凡社販売）から出しています。一九七四年の『ウエペケレ集大成』（アルドオ）は菊池寛賞を受賞しています。同年に『キツネのチャランケ』（小峰書店）を出していますが、これは小学校向けの課題図書になっています。これも当時の小学生には読まれました。

あわせて、同年七月一日には、先住民族によるサミット「『先住民サミット』アイヌモシㇼ二〇〇八」が、北海道平取町で開催された。G8に並行して開催され、一一カ国一七人の先住民族と多くのアイヌ民族が参加した初めての取り組みであった。

萱野茂は二風谷に生まれ育ち、アイヌの民話を採録し、民具を蒐集し私設の資料館をつくり、参議院議員も務めました。アイヌ民族で国政に挑戦した人は何人かいましたが、国会議員になったのは萱野茂が初めてでした。

（聞き手・友常勉）

＊注記

アイヌ民族支援法（アイヌ新法）とは

一九九七年に制定されたアイヌ文化振興法を包括し、また、二〇〇七年の国際先住民決議、二〇〇八年の国会でのアイヌ民族を先住民族とすることを求める決議を踏まえ文化施策を進めることを目的とし、同時に二〇二〇年北海道白老町にオープンした「民族共生象徴空間構成施設」を法的に位置づけるために二〇一九年に制定された。正式名称は「アイヌの人々の誇りが尊重される社会を実現するための施策の推進に関する法律」。アイヌ施策推進法とも呼ばれる。「近年における先住民族をめぐる国際情勢に鑑み、アイヌ施策の推進に関し、基本理念、国等の責務、政府による基本方針の策定、民族共生象徴空間構成施設の管理に関する措置」を定め、「共生する社会の実現に資すること」を目的として掲げている。

【読書ガイド】

萱野茂（二〇〇二）『**完本　アイヌの碑**』……朝日新聞出版

アイヌ民族研究者であり、アイヌ民族解放運動のリーダーの一人であった萱野茂の自伝。一族の歴史、二風谷ダム裁判、アイヌ語、民具や風俗・葬送儀礼にまつわる話など、アイヌ民族についての入門書であると同時に、アイヌ民族の精神史である。

知里幸恵（一九七八）『**アイヌ神謡集**』……岩波文庫

夭折の天才詩人にしてアイヌ語話者であった知里幸恵によるアイヌ神謡の日本語訳。大正期の文学運動を背景にしたその翻訳は、文学作品としても自立している。英語・ポルトガル語でも翻訳され、知里幸恵の名前を世界に知らしめた名著である。

野田サトル（二〇一四〜刊行中）『**ゴールデンカムイ**』……集英社

アイヌ民族の視点から明治後期の北海道・樺太を舞台にしたアドベンチャー・ロマンであり、現時点で、週刊ヤングジャンプで連載中のベストセラー漫画である。二〇世紀初頭の〈日本〉を舞台に成長していくアイヌ民族の少女・アシㇼパは、父の行方と財宝の秘密をもとめて冒険に出る。ポーランド出身のアイヌ民族研究者であったピウスツキや、函館戦争を生き延びた土方歳三などをモデルに、虚実とりまぜながら、アイヌ語研究の第一人者である中川裕による監修を得て、アイヌ民族の言語・文化・歴史に対する深い敬意によって支えられた物語。

日本語学習者の多様化と日本語教育

小林幸江

日本はかつてない少子高齢化の時代を迎えている。その中で、在留外国人の数が増えており[1]、日本語教育の需要は高まっている。近年、学習者の多様化は著しく、学習需要に応じた日本語教育が課題になっている。ここでは高度経済成長期以降の国内の日本語教育の変遷を辿り、学習者の多様化と日本語教育の現状と課題を見ることによりこれからの日本語教育について考えたい。

I　これまでの日本語教育

高度経済成長期以降を三つの時期に分けて日本語教育の変遷を見ていく。

(1)　法務省（二〇一七）「中長期在留者数（二一三万七一六〇人）と特別永住者数（三三万四二九八人）を合わせた在留外国人数は二四七万一四五八人と、過去最高となった」。

(2)　国費学部留学生の受け入れの推移＝一九五四：国費学部留学生、研究留学生のために東京外国語大学、大阪外国語大学に留学生別科（一年制）設置。一九六〇：国費学部留学生は、東京外国語大学（文系）、千葉大学（理系）（〜一九七二）に設置された留学生課程（三年制）に移行。一九七〇：東京外国語大学外国語学部付属日本語学校（一年制）に統合。

(3)　関連した動き＝二〇〇一：文化庁・国語審議会は文化審議会国語分科会となった。その他、二〇〇四：国語学会（一九九四）が日本語学会に名称が変更された。

(4)　「日本語教員に必要な資質能力及びその向上のための方策について」（一九七六）。

(5)　留学生カテゴリーの拡大＝日本語日本文化研修留学生（一九七九〜）、教員研修留学生（一九八〇〜）、外国政府派遣留学生（中

I・1　第一期：一九五四〜一九八二年

一九五四年に「国費外国人留学生招致制度」が創設され、初の国費留学生（研究留学生、学部留学生）が来日し、東京、大阪の両外国語大学に設置された留学生別科で日本語教育が始まった(2)。その後、文部省（当時）に留学生課が設置され（一九六四）、留学生受け入れの制度設計が進められていった。

こうした動きに対応し、日本語教育研究や普及を目指し、外国人のための日本語教育学会（現、日本語教育学会）（一九六二）、国際交流基金（一九七二）、国立国語研究所に日本語教育部（一九七四）等の組織が生まれた。こうして日本語教育は国語教育とは別のものと位置付けられ、認識されるようになった(3)。東京外国語大学、筑波大学の大学院修士課程に日本語学専攻が設置され（一九七五）、大学での専門人材育成が始まった。同年に文化庁で「日本語教育研究協議会」がスタートし(4)、日本語教員の資質・能力向上のための方策が打ち出され（一九七六）、日本語教育の内容・方法の整備充実に関する調査研究が行われた（一九七九）。

留学生獲得に向け、留学生のカテゴリーが拡大された(5)。私費留学生に関しては、「私費外国人留学生統一試験」（一九七一〜二〇〇一）の実施、私費留学生につながる新たな在留資格として就学ビザの発給が始まった（一九八二）。

一九七〇年代後半には留学生以外にも日本語学習を必要とする人々が出てきた。きっ

国）（一九七九〜）。

(6) インドシナ難民のための定住促進センター＝姫路定住促進センター（一九九七〜一九九六）、大和定住促進センター（一九八〇〜一九九八）。

(7) 中国帰国者定着促進センター（所沢）（一九八四〜二〇一五）終了後は、全国七カ所の中国帰国者支援・交流センターを中心に定着促進事業を行っている。

(8) 文化庁（二〇一六「報告」）「中国残留邦人、インドシナ難民等については閣議決定や閣議了解などを基に受入れが行われており、中国残留邦人に対しては五二五時間、難民に対しては五七五時間の日本語教育を国が行っている」。

(9) 留学生のカテゴリーの拡大＝
- 国費留学生制度：国費高等専門学校留学生、専修学校留学生制度（一九七三〜）、ヤング・リーダーズ・プログラム（二〇〇一〜）。
- 大学受け入れ短期留学生制度（交換留学生等）（一九九七〜）。
- 外国政府派遣留学生制度：マレーシア（一九八四〜）、インドネシア（一九八四〜）、ブラジル（一九九一〜）

かけとなったのは、日中国交回復（一九七二）、ベトナム戦争終結（一九七五）であった。インドシナ難民のための定住促進センター（一九七九）[6]、中国帰国者定着促進センター（一九八四）[7]が開所し、子どもを含む日本語教育が国により始められた。[8]

I・2　第二期：一九八三〜二〇〇三年

二〇〇〇年を目前に文部省から二一世紀を見据え様々な留学生政策が出された。その核となったのは、いわゆる「留学生一〇万人計画」（一九八三）で、留学生政策は文教及び対外政策上重要な国策の一つと位置付けられた。当初一万人程だった留学生数を、二〇〇〇年までに当時のフランス並み（一二万人）に拡大することを目指した。達成に向け、短期留学推進制度の創立（一九九五）等、留学生のカテゴリーが拡大された。[9]一方、就学生はビザ発給が簡素化され（一九八四）急増した。[10]当時民間の日本語教育機関（以下、日本語学校）は「不法就労の隠れ蓑」と言われ社会問題化していたが、この後、入国・在留審査の厳格化と同時に、日本語学校の質的向上を図るため審査認定を行う（財）日本語教育振興協会が設立された（一九八九）。

一九八〇年代には日本語教育の拡充に向けた重要な取り組みが見られる。日本語学習者の日本語能力測定のため日本語能力試験が始まった[11]（一九八四）。日本語教員養成における教育内容の指針となる「日本語教員養成のための標準的な教育内容」が出され、国立大学で初めて東京外国語大学、筑波大学に日本語教育主専攻が設置された（一九八

---

(10) 「上海騒動」（古川 一九九七）就学生ビザを求め、上海総領事館に人々が殺到。

(11) 日本語能力試験（JLPT）＝（独）国際交流基金、（公）日本国際教育支援協会主催。一九八四：1級〜4級。四段階で日本語能力認定。二〇一〇：N1〜N5級。五段階に移行。

(12) 指針には、日本語学校における日本語教師採用の資格として、四二〇時間以上の日本教育に関する研修受講等が挙げられている。

(13) 地域の日本語教育の始まり＝文化庁（二〇一六「報告」）「定住支援施設を退所した後は、地域住民や市区町村などの地方公共団体などが自主的に日本語教育支援に取り組んだ。これが地域における日本語教育の始まりである」。

(14) 技能実習制度では、研修の資格で来日し研修と技能実習で三年滞在できる。二〇一四年に条件を満たせばさらに二年間の滞在が可能になった。この制度は国際貢献を目的に創設されたが、実際には外国人労働力確保の抜け道との批判が多い。そこで二〇一九年に、労働力確保を目的に特定技能ビザ

五)。以後、各地の大学で日本語教育の主専攻・副専攻が広がっていった。この指針に基づき、日本語教育能力検定試験が開発された(一九八六)。これは日本語教師の基礎能力検定を行うもので、日本語学校の日本語教員採用の資格の一つになった。[12] こうして日本語教育の環境整備が進められ、留学生一〇万人計画は三年遅れで達成された(二〇〇三)。

留学生以外の日本語学習者は、定住支援施設退所後のインドシナ難民[13]、中国からの帰国者、入管法の改正(一九九〇)で来日が容易になった日系人、技能実習制度(一九九三)[14]による外国人技能労働者、国際結婚の配偶者等、数の増加、多様化が著しい。文化庁[15]では、「潜在的な日本語学習需要」が増え続けていること、また現状では日本語教育を受けていない人が多数いることから、学習者のニーズに適切に対応した新たな日本語教育の展開が求められる(一九九九)とし、地域日本語支援の取り組みが始まった。[16] こうして地域における日本語支援を目指した「地域日本語教育」が認識されるようになった。

I.3　第三期:二〇〇四年〜

日本の出生数は減り続け、二〇一六年には一〇〇万人を割った(厚生労働省 二〇一七)。こうした状況を背景に、留学生受け入れに関し官民、省庁間を超えて様々な提言や政策が出された。日本経済団体連合会(経団連)(二〇〇四)[17]は、留学生の質的向上

が新設された。これにより従来の就労ビザでは認められていなかった業種で最長五年の就業が可能になった。

(15) 文化庁(一九九九)「今後の日本語教育施策の推進について—日本語教育の新たな展開を目指して—」報告書。

(16) 文化庁による地域支援事業の取組み=二〇〇一〜「地域日本語支援コーディネーター研修」:地域で日本語教育推進を担っている人を対象に、「地域日本語教育コーディネーター」に必要な能力について理解を深め、その向上を図ることを目的とし研修を開催。二〇〇七〜「地域日本語教育支援事業」:人材育成、日本語教室設置運営、教材作成、連携推進活動の四分野について、意欲的で優れた事業の企画を公募しその実施を委嘱している。

(17) 経団連は、二〇〇四年と二〇〇七年に「外国人高度人材受け入れに関する提言」を出している。二〇〇七年の提言には、高度人材及び技能者の確保のため在留資格の取得要件の緩和、在留期間の延長、生活支援、特に日本語教育、

と国内での就職の促進・日本語教育の充実と多様化を提言。総務省（二〇〇五）[18]は、留学生一〇万人計画の効果に関し、日本語能力の向上、外国人雇用サービスセンターと大学等との連携強化等の充実に課題があると指摘。経済産業省、文部科学省（二〇〇一発足）は多数を占めるアジアからの留学生を高度外国人人材として取り込む「アジア人材資源構想」をまとめた（二〇〇七〜一三）。

こうした流れを受け、いわゆる「留学生三〇万人計画」が始まった（二〇〇八）。留学生受け入れはグローバル戦略の一環として位置付けられ、二〇二〇年達成を目途に、入り口から出口までの幅広い施策について関係省庁との連携で検討が進められている。留学生は一時的な滞在者と見られていたが、今や留学修了後の戦略的受け入れの推進強化が言われている。

留学生以外では、日本との経済連携協定に基づき来日した外国人看護師・介護福祉士候補者[19]、外国人労働者等の増加が見られ、日本語学習需要はますます多様化している。文化庁は、地域の日本語教育の充実を図るため、「「生活者としての外国人」に関する総合的対応策」を出した（二〇〇六）[20]。これにより新たに「生活者としての外国人[21]」と呼ばれる学習者が認識されるようになり、「生活者としての外国人に対する日本語教育の標準的なカリキュラム案」（二〇一〇）がまとめられた。

子どもの教育等に必要な資金を民間企業等が拠出できるスキームの創設等が見られる。

(18)「留学生の受入れ推進政策に関する政策評価」（総務省 二〇〇五）。

(19) 外国人看護師・介護福祉士候補者＝インドネシア（二〇〇八）、フィリピン（二〇〇九）、ベトナム（二〇一四）。

(20) その結果は、「「生活者として の外国人」のための日本語教育ハンドブック」にまとめられた。

(21)「生活者としての外国人」の語の始まり＝「外国人労働者問題関係省庁連絡会議（内閣官房）で平成一八年の春ごろから使われ出した」。

(22) 留学生数の多い国・地域は、中国、ベトナム、ネパールの順で、この三か国で全体の七割を占める。

(23) 文科省「留学生受入れ制度」。http://www.mext.go.jp/b_menu/hakusho/html/others/detail/1318577.htm

(24) 国費留学生には、学部留学生（一九五四〜）、研究留学生（一九五四〜）、日本語日本文化研修留学生（一九七九〜）、教員研修留

II　日本語学習者の多様化と日本語教育

在留外国人数は二〇一六年から最高記録の更新を続けている（法務省）。次に、留学生、それ以外の外国人、子どもたちに分けて日本語教育の現状と課題を見る。

II・1　留学生に対する日本語教育

二〇一七年（五／一現在）の留学生数は二六万七〇四二人で、アジアからの留学生が全体の九割を占める（JASSO 二〇一七）[22]。留学生は、経費の種類により国費留学生、私費留学生、外国政府派遣留学生に分けられる（文部科学省）[23]。

国費留学生はこれまで留学需要の多様化に対応し制度の拡充が図られてきた[24]。国費留学生は一部を除き一定期間の日本語予備教育を受ける[25]。在学率は、大学院（八二％）、学部（一二％）となっている[26]。一方、私費留学生は、留学生と就学生の在留資格が一本化され（二〇一一）増え続け、留学生全体の九五％を占める。多くは来日後、日本語学校で日本語教育を受け進学に備える。在学率は、学部（六九％）、大学院（一九％）、短期大学（二％）となっている。私費留学生を取り巻く留学環境は厳しさを増しており、奨学金支給等様々な補助措置が講じられているが、改善には遠い状況にある。

留学生のための日本語教育は、勉学、研究に必要なアカデミック日本語を中心に構築されてきた。留学修了後は日本経済活性化の戦力として活躍が期待されている現在、新

学生（一九八一〜）、ヤング・リーダーズ・プログラム留学生（二〇〇一〜）、専修学校留学生（二〇〇九〜）、高等専門学校留学生（二〇一二〜）の七種類がある。

(25) 独立行政法人日本学生支援機構「国費外国人留学生制度の種類」（日本留学総合情報ガイド）。http://www.studyjapan.go.jp/jp/toj/toj0302j-10.html

(26) 文科省（二〇〇六）教育再生懇談会担当室「留学生関連資料」。https://www.kantei.go.jp/jp/singi/kyouiku_kondan/kaisai/dai3/1seku/1s-siryou5.pdf

(27) 日本語教育の保障＝技術研修生：平成二一年法務省入国管理局は、実習機関に来日後研修が始まる前に、①日本語②日本での生活一般に関する知識③技能実習生の法的保護に必要な情報（入管法、労働基準法、不正行為への対応方法、他）④円滑な技能等の修得に資する知識等の講習受講を義務付けている。

(28) 「「生活者としての外国人」のための日本語教育ハンドブック」（文化庁）

(29) 文化庁の取り組み＝二〇〇一

たな日本語能力の習得が課題となる。また、留学の中身も多様になり、交流を目的とした一年以内の短期滞在の留学生も増えている。留学生に対する日本語教育も一様ではなくなってきており、多様な留学需要に対応した日本語教育が求められる。

Ⅱ・2　留学生以外の外国人に対する日本語教育

該当する日本語学習者には、技能研修生、外国人看護士・介護福祉士候補者、ビジネス従事者、技能労働者等、労働者としての外国人がいる。一定期間の日本語学習が保障されている人たちもいるが[27]、その期間は短い。多くは日本語学校で日本語を学んでいる。滞在期間は長くなる傾向があり、学習需要に応じたきめ細かい、かつ継続的な日本語教育が課題となる。

その他、生活者としての外国人（以下、生活者）がいる。これは、「日常的な生活を営むすべての外国人」を指し、地域の生活で必要なコミュニケーション能力の習得が求められる（文化庁[28]）。主な学習者は、前記の外国人の家族の他、国際結婚の配偶者、日系人、中国からの帰国者等とその家族のように地域で生活する人たちがいる。各地域の任意団体や国際交流協会等主催の日本語教室で日本語を学んでいる（文化庁 二〇一六）人が多いが、学習者の実数はつかめていない。

文化庁は、生活者を対象とした地域日本語教育振興のために様々な取り組みを行っているが[29]、現場では課題が山積している。まず、ボランティアに大きく依存する指導体制[30]

「地域日本語支援コーディネーター研修」：地域の日本語教育推進していく立場を担っている人対象。二〇〇八「「生活者としての外国人」に対する文化庁の日本語教育支援事業」：日系人等を対象とした日本語教室の設置運営、退職教員や日本語能力を有する外国人対象の日本語指導者養成、ボランティアに対する長期研修、実践的な日本語教育の研究開発及び日本語教育ハンドブックの作成等、実施。地域日本語教育支援事業。

(30) 文化庁（二〇〇六）「地方公共団体が実施している日本語教室では、ボランティアがその約九割を占めている」。

(31) 文化庁（二〇一六）「日本語教室が開設されていない地方公共団体の比率は八六％に上る」。

(32) 年少者の名称＝外国につながる子ども、ニューカマー、新来外国人児童生徒、移動する子どもたち、CLD児（Culturally. Linguistically Diverse Children）等。

(33) 年少者の実態調査＝一九九一年に「日本語指導の必要な外国人児童生徒の実態調査」開始。その後、日本国籍を有する児童生徒が

がある。運営に際し、行政側の丸投げやボランティア間の人間関係、ボランティアの高齢化等、構造的な問題が見られる。また、硬直した指導内容がある。研修会への参加はボランティア活動の条件になっているところが多いが、その内容は、留学生の日本語教育を規範としたものになりがちで、生活者のニーズとずれている例が見られる。生活者の中には、日本語教育の環境未整備のため日本語教育を受けていない人も多い[31]。一方で、生活者の滞在の長期化や定住化が進んでいて、日本国籍を持つ人や日本生まれの人も増えてきており外国人という名称もそぐわなくなっている。国として生活者を日本社会にどう受け入れていくのか、今後日本語教育も含め本腰を入れた政策が求められる。

Ⅱ.3　子どもたちに対する日本語教育

文部科学省の外国ルーツの児童生徒[32]（以下、年少者）の実態調査（二〇一八[33]）では、全国の公立学校在籍（小中高他）の年少者は九万三一三三人（外国籍、日本国籍）で、うち日本語指導が必要な者は外国籍四万〇七五五人、日本国籍一万〇三七一人。母語別では、外国籍はポルトガル語、日本国籍はフィリピノ語が最も多い[34]。

年少者の日本語教育が社会問題化したのは一九九〇年頃からである。年少者の教育を受ける権利は保障されていても[35]、当時の公立学校は日本語がわからない年少者の受け入れは想定していなかった。そこで文部省は日本語指導に係る施策を矢継ぎ早に打ち出し日本語教育の基盤整備を進めた[36]。二〇〇五年に日本語指導が必要な年少者が二万人を超

増えてきたため、二〇一二年に「日本語指導が必要な児童生徒の受入れ状況等に関する調査」という名称に変わった。それに伴い、調査項目の中の「日本語指導が必要な児童生徒」の文言は、「日本語で日常会話が十分にできない児童生徒」及び「日常会話ができても、学年相当の学習言語が不足し、学習活動への参加に支障が生じており、日本語指導が必要な児童生徒」と改められた。実態調査は、二〇一〇年度から隔年で行われている。

(34)　母語別では、外国籍の児童生徒は、ポルトガル語、中国語、フィリピノ語、スペイン語の順で多く、これらの四言語で全体の八割近くを占めている。日本国籍では、フィリピノ語、中国語、日本語、英語の順で多く、これらの四言語で全体の七割強を占めている。

(35)　教育を受ける権利＝「経済的、社会的及び文化的権利に関する国際規約」（一九六六年批准・一九七八年日本調印・一九七九年発効）　第一三条　教育についての権利。「この規約の締結国は、教育についてのすべての者の権利を

えたのを受け、就学支援、日本語指導、地域での教育推進等の取り組みが進められた（二〇〇八）(37)。その後、日本語指導の時間が『特別の教育課程』として制度化され（二〇一四）(38)、学校では指導計画の作成及び学習評価が求められることになった。同年に、授業を理解するために必要な教科学習言語能力の測定ツール、「外国人児童生徒のためのＪＳＬ対話型アセスメントＤＬＡ」(39)が開発され、そこで示された「ＪＳＬ評価参照枠」(40)は全国共通の評価基準として活用されている。

　年少者の日本語教育の課題を二点述べる。まず、年少者の適切な日本語能力の把握がある。保護者の日本滞在の長期化、定住化に伴い日本生まれや幼少時来日の年少者が増える中、低学力化(41)が問題になってきた。そのような年少者は、会話が流暢であるため日本語指導が見落とされがちだが、それと教科学習言語能力は異なる能力で(42)、日常会話ができても授業が理解できるわけではない。また、授業が理解できないのは様々な理由が考えられ、日本語の力か学力かの即断は危険である。年少者の日本語指導は、適切な日本語能力の把握から始まる。

　次に、支援体制がある。実態調査では、日本語指導が必要な年少者に特に指導を行っていない学校や、基礎的な日本語指導で終わっている学校が多い。年齢相当の教科学習についていける日本語能力の習得には五年以上の長い時間がかかり（カミンズ 二〇一一）、長期的、継続的な支援体制が必要となる。

　年少者は将来日本の社会を支える人たちという認識の下、長期的な視野を持って日本

認める。」「初等教育は、義務的なものとし、すべての者に対して無償のものとする。」

(36) 文科省「外国人児童生徒教育の充実方策について」（二〇〇八）

(37) 文部省の取り組み：年少者の実態調査（一九九一～）、日本語教材開発（一九九二～九四）、日本語指導者研修（一九九三～）受入れガイド作成（一九九四）、日本語指導に関する調査研究（一九九六～九八）等。

(38) 「特別の教育課程」＝（1）指導内容は、学校生活を営み、学習に取組むことができるようにすることを目的とする。（2）授業時数は、年間一〇単位時間から二八〇単位時間までを標準とすること。（3）指導者は、教員免許を持つ教員が実態の把握、指導計画の作成、日本語指導及び学習評価を行う。必要に応じ指導補助者を配置し日本語指導の支援を行う。

(39) ＤＬＡは、文科省（文科省初等中等教育国際教育課事業）の「外国人児童生徒の総合的な学習支援事業」（二〇一〇～一二）の一つとして、東京外国語大学に「学校において利用可能な日本語

語教育を行うことが重要である。

Ⅱ・4　これからの日本語教育

現在、様々な目的や滞在資格を持った在留外国人が増えている。在留外国人は地域に住む生活者でもあるが、その滞在は長期化しており、一部では定住化も進んでいる。地域の多文化共生は、日本の社会の重要な課題となっている。[43]日本語教育はその実現の鍵となる。

多文化共生社会の中でのこれからの日本語教育はどうあるべきか、二点述べる。まず、日本語の捉え方について。多文化共生社会では日本語話者は多様であり、円滑な意思疎通が日本語教育の目標となる。その際、従来の母語話者の日本語を正統とする規範的言語観ではなく、言語の多様性を支持する「共通語としての日本語」（久保田　二〇一五）の考え方が重要となる。

次に、日本語教育の在り方について。日本語教育は、従来社会の変化の後追いで対策が講じられてきた。しかし、少子化が急速に進む日本社会で、日本語教育は今後の社会の在り様とも深く関わっており、先を見越した、本腰を入れた日本語教育の検討が求められる。日本語教育の法制化に向け設立された、超党派国会議員による日本語教育推進議員連盟（二〇一七）[44]はその前兆と言える。今後の動きに注目したい。

日本語教育は新たな時代の日本社会を築くソフトパワーになると考える。

能力測定方法の開発」を委託、開発されたもの。

(40) 「JSL評価参照枠」＝〈全体〉と〈各技能別〉がある。〈全体〉は在籍学級参加との関係及び支援の段階を六つのステージで示している。〈技能別〉は四技能日本語能力をそれぞれ観点別に六つのステージで示している。

(41) 山田泉（二〇〇七）「ニューカマーの子どもたちの発達と言語」第一回多文化共生社会における日本語教育研究会全体会（於横浜国大）。

(42) DLAでは、年少者の言語能力を、①会話の流暢度、②弁別的言語能力、③教科学習言語能力というカミンズの三つの側面から把握し測定ツールの開発の基本としている。それぞれの能力の習得時間は異なる。

(43) 総務省「地域における多文化共生推進プラン」（二〇〇六）の中で具体的な施策として、日本語及び日本社会に関する学習支援を掲げている。また、「多文化共生推進から一〇年の状況」（二〇一五）で、その成果を検証している。

(44) 二〇一四：公益社団法人日本

追記

本稿の執筆後に見られる日本語教育をめぐる動きについて二点追記する。

（1）公認日本語教師

二〇二一年八月に文化庁から「日本語教育の推進のための仕組みについて（報告）―日本語教師の資格及び日本語教育機関評価制度」が出された。その中で日本語教師の質と量を担保するために、日本語教師の資格の国家資格としての制度設計が打ち出された。実際には未確定な部分が多く、実施は当初の計画より遅れている。今後の動きが注目される。

（2）年少者の日本語教育

二〇二一年に「「令和の日本型教育」の再構築を目指して～全ての子どもたちの可能性を引き出す、個別最適な学びと、協働的な学びの実現～（答申）」が出された。その基本とする考え方に「外国人の子供たちが共生社会の一員として今後の日本を形成する存在であることを前提に、関連施策の制度設計を行うことが必要。」「キャリア教育や相談支援の包括的提供、母語・母文化の学びに対する支援が必要。」がある。年少者の教育を包摂的に取り上げている点、また年少者故の問題を課題としている点で、従来にない視点が見られる。今後の施策の展開が注目される。

語教育学会日本語教育法制化推進委員会「日本語教育法制化推進委員会最終報告書現場の知恵を日本語教育政策に生かす道筋」。http://www.nkg.or.jp/oshirase/2014/houseikahoukoku.pdf
二〇一七：公益社団法人日本語教育学会社会啓発委員会「日本語教育推進議員連盟について」。

参考文献

伊東祐郎・小林幸江・菅長理恵・櫻井千穂・中島和子（二〇一四）『外国人児童生徒のためのＪＳＬ対話型アセスメントＤＬＡ』（共著）文科省（http://www.mext.go.jp/a_menu/shotou/clarinet/003/1345413.htm）

鮎澤孝子編（二〇一四）『日本語教育実践』凡人社

遠藤織枝編（二〇一一）『日本語教育を学ぶ　その歴史から現場まで　第二版』三修社

久保田竜子（二〇一五）『グローバル化社会と言語教育』くろしお出版

小林幸江（二〇〇九）『日本語教育学研究への展望』ひつじ書房

佐々木泰子編（二〇〇七）『ベーシック日本語教育』ひつじ書房

ジム・カミンズ著、中島和子訳著（二〇一一）『言語マイノリティを支える教育』慶應大学出版会

関正昭（一九九七）『日本語教育史研究序説』スリーエーネットワーク

中島和子（二〇一〇）「マルチリンガル教育への招待―言語資源としての外国人・日本人年少者」ひつじ書房

古川ちかし他（一九九七）『日本語教育　激動の10年と今後の展望』（NAFL Institute 開講一〇周年記念ブックレット）アルク

二通信子他、国立国語研究所編（二〇〇六）『日本語教育の新たな文脈―学習環境、接触場面、コミュニケーションの多様性』アルク

参考サイト

文部省（一九九九）「今後の日本語教育施策の推進について―日本語教育の新たな展開を目指して―（報告）（抄）」
http://www.mext.go.jp/b_menu/hakusho/nc/t19990319001/t19990319001.html

文部省（二〇〇一）「我が国の留学生受入れ制度１００年の主なあゆみ」
https://www.mext.go.jp/a_menu/koutou/ryugaku/011101/ayumi.pdf

文科省「学制百二十年史」「第二編　第一一章　第三節　留学生交流の推進　三　留学生受入れ制度」
http://www.mext.go.jp/b_menu/hakusho/html/others/detail/1318577.htm

文科省「学制百二十年史」「第二編　第一一章　第三節　留学生交流の推進　二　留学生受入れ一〇万

人計画の概要」
http://www.mext.go.jp/b_menu/shingi/chukyo/chukyo4/007/gijiroku/030101/2-1.htm
文科省教育再生懇談会担当室（二〇〇六）「留学生関連資料」
https://www.kantei.go.jp/jp/singi/kyouiku_kondan/kaisai/dai3/1seku/1s-siryou5.pdf
文科省（二〇〇八）「「留学生30万人計画」骨子の策定について」
http://www.mext.go.jp/b_menu/houdou/20/07/08080109.htm
文化庁今後の日本語教育施策の推進に関する調査研究協力者会議（一九九九）「今後の日本語教育施策の推進について―日本語教育の新たな展開を目指して―」（調査研究報告書　本文）
http://www.bunka.go.jp/tokei_hakusho_shuppan/tokeichosa/nihongokyoiku_suishin/nihongokyoiku_tenkai/hokokusho/
文化庁文化部国語課（二〇〇八）「日本語教育関連データ集」
http://www.bunka.go.jp/seisaku/bunkashingikai/kokugo/nihongo/nihongo_07/pdf/sankou5.pdf
文化庁文化部国語課（二〇一六）「平成28年度国内の日本語教育の概要」
http://www.bunka.go.jp/tokei_hakusho_shuppan/tokeichosa/nihongokyoiku_jittai/h28/pdf/h28_zenbun.pdf
文化庁文化審議会国語分科会（二〇一六）「地域における日本語教育の推進に向けて―地域における日本語教育の実施体制及び日本語教育に関する調査の共通利用項目について―［報告］」
http://www.bunka.go.jp/seisaku/bunkashingikai/kokugo/hokoku/pdf/hokoku_160229.pdf
法務省（二〇一六）「平成28年末現在における在留外国人数について（確定値）」
http://www.moj.go.jp/nyuukokukanri/kouhou/nyuukokukanri04_00065.html
法務省（二〇一七）「平成29年末現在における在留外国人数について（確定値）」
http://www.moj.go.jp/nyuukokukanri/kouhou/nyuukokukanri04_00073.html
総務省（二〇〇五）「留学生の受入れ推進施策に関する政策評価」説明資料
http://www.soumu.go.jp/main_sosiki/hyouka/seisakunaiyo/pdf/041008_1_8.pdf
（社）日本語教育学会（二〇〇九）「平成20年度文化庁日本語教育研究委託　外国人に対する実践的な日本語教育の研究開発（「生活者としての外国人」のための日本語教育事業）―報告書―」
http://www.nkg.or.jp/pdf/hokokusho/houkokusho090420.pdf

独立行政法人日本学生支援機構（二〇一四）「独立行政法人日本学生支援機構　日本語教育センターについて」
http://www.bunka.go.jp/seisaku/bunkashingikai/kondankaito/nihongo_suishin/04/pdf/siryou_5.pdf
独立行政法人日本学生支援機構（JASSO）（二〇一七）「平成29年度外国人留学生在籍状況調査結果」
https://www.jasso.go.jp/about/statistics/intl_student_e/2017/index.html

【読書ガイド】

鮎沢孝子編（二〇一四）**『日本語教育実践』**……凡人社

本書は、日本語教育の入門書。これから日本語教育に携わろうと考えている人にとっては本書から日本語教育の内容を幅広く学ぶことができる。また、実践を中心に書かれており、すでに現場の経験のある人にとっても本書を通して自らの実践の振り返りや授業へのヒントを得ることができる。

中島和子編著（二〇一〇）

『マルチリンガル教育への招待　言語資源としての外国人・日本人年少者』……ひつじ書房

本書は、教育現場での事例をもとに国内の年少者の日本語教育の現状と課題を浮き彫りにしている。同時に、海外の学校での言語教育やその理論的背景となっているマルチ言語教育理論について学ぶことができ、それにより、国内の年少者の日本語教育の将来を展望する糸口が得られるのではと思う。

第5章 戦後日本の枠組み
―天皇・憲法・東アジア―

この章を構成しているのは、現代日本の政治と、世界における日本の位置を理解するための文章です。前近代社会の王権に由来する天皇制が現代日本で果たしている役割。宗教と国家神道との関係。日本とアジア。一九四五年の敗戦と戦後憲法。自衛隊の存在や沖縄に集中している米軍基地。戦後日本の政治や社会意識を規定してきた冷戦。こうした論点は、留学生にとっても関心の高いテーマです。世界のさまざまな地域・国における王権、軍隊、隣国との関係と比べながら、読んでほしいと思います。

日本社会と天皇

……天皇制の歴史社会学……

友常　勉

Ⅰ「万世一系」と「男系男子相続」について

日本社会と天皇というテーマにかかわって、まず「万世一系」性と「男系相続」について考えよう。いずれもそれを絶対視すれば虚構になる。「大日本帝国憲法[1]（明治憲法）」の第一条は、近代において制定された天皇の法的な根拠である。ただし、そうした皇統の正統性とは、『古事記』『日本書紀[2]』以来繰り返されてきた主張である。それは中国の「易姓革命」（天命を受けた天子に不徳があったとき、別の姓の者が新王朝を興すこと）に対して、日本の王朝が不易であり純正であること、それゆえ日本の王朝には他国にない正統性があることを示すために構築され制度化された。

(1) 一八八九（明治二二）年に公布、一八九〇（明治二三）年に施行され、一九四六（昭和二一）年の日本国憲法発布（新憲法）まで続いた近代憲法。立憲主義と天皇大権と呼ばれる広大・強大な天皇の権限をもつ国体から構成されている欽定憲法であることを特徴とする。

(2)『古事記』『日本書紀』をあわせて『記紀』と呼ぶ。いずれも八世紀初頭に編纂され、天地開闢から歴代天皇の事績を記した歴史書である。『日本書紀』は天皇の命令による勅撰の正史であり、編年体・漢文で書かれている。これに対して『古事記』は紀伝体・変体漢文で書かれている。『記紀』は歴史研究にとどまらず、古代ヤマト社会の言語研究にとって欠かせないテキストでもある。

女系ではなく、男系男子による相続を絶対化する「男系相続」も同じように、皇統の正統性を補強するために繰り返されてきた主張であり、制度化された体制である。しかし、古代社会において、女性天皇は例外ではなかった。それは義江明子が以下のように述べているとおりである。

「記録上の最初の女帝は推古で、そのあと皇極（＝斉明）・持統・元明・元正・孝謙（＝称徳）と、古代には八代六人の女帝がいた。…推古が即位した六世紀末から、七世紀末〜八世紀初の律令施行を経て称徳が没するまでの約一七〇年間は、朝鮮半島諸国・中国との軍事衝突も含む厳しい国際関係の中で、国家体制の整備に邁進した激動期だった。そこで男帝とほぼ同数を占めた女帝を例外とみることはできない」（義江 二〇〇八：四頁）

男系男子の皇位継承になったのは、明治の「大日本帝国憲法」と「皇室典範」[3]で法的に定められてからである。一九四五年の敗戦のあとに定められた新しい「皇室典範」もこの男系相続を継承し、現在に至っている。

二つの皇室典範（旧皇室典範と新皇室典範）の違いは、旧皇室典範が、旧憲法と同様に天皇自らが制定した「欽定」であることである。ただし憲法は臣民に対して施行するものであったが、皇室典範はあくまで皇族一門にのみかかわる「家法」であり、旧皇室

(3) 皇室典範は皇位継承順位など皇室にかかわる法規であり、大日本帝国憲法時代の旧皇室典範は憲法と同格とされた。現行の皇室典範は現行憲法とともに新たに制定されたものである。生前退位による、明仁天皇から徳仁天皇への譲位は、二〇一七年に追加された皇室典範特例法にもとづいておこなわれている。

典範は公布されなかった(とはいえ明治憲法と互角の最高法規であった)。

男系男子相続の問題は現代の日本においてホットなトピックである。日本の天皇が現在直面している問題は、皇位継承者がいなくなるおそれが常に存在しているということである。男系男子継承を法的に定めた明治期に、支配層が皇位継承問題に不安を抱かなかったのは、明治天皇までは一夫一婦制ではなかったことが理由のひとつである。実際、明治天皇の一五人の子どもを産んだのは華族から選ばれた女官たちで、皇后は一人も出産していなかった。しかし大正天皇以後、天皇家は一夫一婦制になった。それは皇室の近代化の結果であるが、男系継承の原則を不安定にする。

また、明治のはじめ、明治政府の内部でも、西欧諸国にならって女性の皇位継承を可能にしようとする意見がなかったわけではない。しかし男系男子こそ「万世一系」の根本要素であり、これに変更を加えると天皇統治の正統性に困難をきたすおそれがあると、明治期の支配層は考えた。そしてそうした意見が新憲法・新皇室典範のもとでも優位を占めたのである(奥平 二〇〇八:二一〇八-二一一頁)。なお、今日、皇位継承に対する危機感が意識されるようになった結果、政府は女性天皇を可能にする方向での法改正を検討している。しかし「万世一系——男系男子主義」に固執する立場からの異議申し立ては根強い。

II 江戸時代の天皇

歴史上はじめて天皇の地位や義務を成文化したのは、徳川家康によって定められた幕府の基本法令のひとつである「禁中並びに公家諸法度」(4)(一六一五年)である。この「諸法度」第一条では、天皇に第一に学問、ついで和歌の修学を義務づけている。それは一三世紀初頭に順徳天皇が書いた有職故実書である『禁秘抄』を学ぶことが大事だとしている。『禁秘抄』は宮中行事・儀式・政務全般など統治の心得を書いたものであるが、それ自体は中国の理想的徳治政治とたたえられた唐代の皇帝・太宗の政治に関する言行録である『貞観政要』に基礎づけられている。すなわち帝王学である。その意味で天皇が学ぶ学問とは帝王の学問である。したがって江戸幕府は、天皇を統治権の掌握者とはみなさなかったとしても、依然として帝王・日本国の王とみなしていたと考えられる(藤田 二〇一一:一四一―一九頁)。

ただし、天皇と徳川将軍という二つの王権の共存は、江戸時代の政治体制にしばしば矛盾をもたらした。新井白石(5)(一六五七～一七二五)や荻生徂徠(6)(一六六六～一七二八)がそうした杞憂を抱いていたことはよく知られている。

もちろん幕府と天皇・朝廷とのあいだに存在した軋轢には、天皇側の意志も大きくかかわっていた。江戸初期の後水尾天皇(一五九六～一六八〇)は、天皇・朝廷の再建・再興をめざしたが、その意志は一八世紀末から一九世紀初頭まで在位した光格天皇(一

(4) 江戸幕府によって定められた天皇・公家の主務や権限、処罰などを定めた法度。一六一五(慶長二〇)年に公布。

(5) 六代将軍・徳川家宣、七代将軍・徳川家継に仕えた儒学者・政治家。「正徳の治」と呼ばれる文治政治を担い、財政・外交・内政で活躍した。

(6) 儒学者。五代将軍・徳川綱吉の側近・柳沢保明に抜擢され、また、八代将軍・徳川吉宗の信任を得た。古文辞学を提唱、朱子学を批判しつつ、古代中国の先王の教えに戻ること、中国語の発音で漢籍を読むことなどを提唱した。

七七一～一八四〇）に継承された。その孫である孝明天皇（一八三一～六七）は、開国と通商条約締結を要求するアメリカや西洋列強の脅威と、天皇の支配を復活させ、西洋列強や開国勢力を排除しようとする尊皇攘夷運動の圧力の高まりを背景に、天皇・朝廷の政治力の回復を追求し続けた。

ところで天皇を市井の人々はどう見ていたか。明治維新で天皇が東京に移るまで、東国の庶民には天皇は縁遠い存在であった。しかし、京都では多少事情が違った。江戸時代を代表する儒学者であり、京都に在住していた伊藤仁斎[7]（一六二七～一七〇五）には、門人・知友に何人かの公家がいた。そのなかには高位の公家もおり、仁斎は公家の屋敷に講釈のために参上するだけでなく、熱心に仁斎宅を訪問する公家もいた。仁斎はまた立太子の節会（皇太子を跡継ぎとして立てる儀式）の見物にも出かけている。京都市中の町人たちにとって禁裏（朝廷）は身近な存在であったのかもしれない（天理図書館善本叢書和書之部七十九巻の一『仁斎日記』天理大学出版部一九八五年）。

Ⅲ〈職の体系〉と天皇の〈神聖王〉的性格

前近代の天皇の存在は武家政権の歴史が続くにしたがって、有名無実の「飾り物」になっていったのだろうか。実は必ずしもそうとは言い切れない。その根拠のひとつが、天皇が前近代社会の支配体制を規定した〈職の体系〉の頂点に位置していたということ

(7) 儒学者。朱子学を批判し、古義学（古学）の方法にもとづき、情を重視しながら人倫の学としての儒学を教えた。

である。〈職の体系〉とは、朝廷における掃除、事務、計算、陰陽道、医業や、芸能としての和歌、蹴鞠などの〈職〉は世襲される〈氏〉に相伝されることである。たとえば掃部寮という宮廷の儀式のときの掃除や設営にあたる役所は中原氏、太政官(8)のトップは小槻氏、陰陽寮(9)はかの安倍晴明で知られる安倍氏などである。そしてこれらの〈職〉は天皇の実務的な職務として掌握されていた。こうして天皇を頂点とした〈職の体系〉がそのまま国家の支配体制である構造ができあがっていたのである（網野 二〇〇五）。

〈職の体系〉の頂点に位置する天皇が、王権の世俗的な性格を代表するとしたら、呪術的な性格を代表するのは、〈神聖王〉としての側面である。古代社会においては、首長が神を代表する人格とみなされていた。この首長＝神には、農業や漁業から得られた最初の収穫物が捧げられた。こうした最初の収穫物は「初尾」「初穂」と呼ばれた。古代・中世の日本社会では、農業・漁業にかぎらず、さまざまな生業の生産物の一部が「初穂」として神仏に捧げられていた。〈神への贈与〉である（これは租税の起源でもある。網野 二〇〇五。また、桜井 二〇〇一：第一章）。そして、このとき最初の収穫物は天皇にも捧げられたのである。

この「初穂」の習慣は江戸時代でも継承されていた。徳川将軍家は、家康の代から鷹狩で得た鶴を天皇家に献じていた（鷹を用いた狩猟の歴史は古いが、それは権力の象徴であった）。それ以外に渡り鳥である初菱喰（ヒシクイ）・初鮭を献上する行事は慣例化していた。飼いならした鷹による狩猟である鷹狩とは、もともと王権の権威が国土全域

(8) 古代律令制下における最高行政機関。王政復古をめざした明治維新期にも古代の官職名である太政官がやはり最高行政機関として設置された。
(9) 古代律令制下に設置され、占い・時・暦の編纂を担当した機関。

に及んでいることを象徴する文化であった。八～九世紀には天皇は国家が許可したもの以外の鷹利用をしばしば禁止していた。徳川将軍家は鷹と鷹狩について、天皇が有していた権威を継承したのである（塚本 二〇一三）。いってみれば、将軍家と天皇とのあいだで、権力は二重に存在し、前者の権力を後者の権威が支える構造になっていた。

そして「初穂」や鷹・鷹狩についてのこうした権威は、〈神聖王〉としての天皇の呪術的な性格にも関係している。すなわち国土全域、とりわけ〈山野河海〉に対する天皇の権限である。網野善彦が〈非農業民〉と呼んだ、天皇や有力な寺・神社に仕えた漁民や手工業者などの「神人」「供御人」たちの活動は天皇と有力寺社の権威によって保証されていた。それは、こうした「神人」「供御人」たちの活動領域が山野河海に重なっていたからでもある。そして、こうしたグループのなかに中世の「非人（被差別民）」たちもいた。中世の被差別民たちは葬送、皮革製造、芸能、下級警吏役などの仕事に携わっていた。さらにその芸能とは遊女、白拍子、獅子舞、猿引き、琵琶法師など、神事にかかわる芸能であった。

このような「神人」「供御人」「中世非人」らは、土地の支配とは別の人的関係にもとづく奉仕や経済的寄与によって天皇や寺社に帰属していた。その際、「五畿七道諸国」を自由に交通・交易する権利を、宣旨・綸旨・所牒などの〝ライセンス〟によって保証されていた。寺社権力が強固だった中世のこうした権威は、江戸時代にはほとんど形骸化する。とはいえ、まったく無力になったわけではない。

「神人」「供御人」「中世非人」たちの生業は天皇・寺社によって保証され、その経済活動がまた天皇・寺社の経済的基盤となっていた。ところで天皇・寺社によって保証された特権を証明する宣旨・綸旨には、数多くの偽文書が発見されている。偽文書は鎌倉時代から、戦国時代にますますさかんにつくられた。そうした偽文書には、鋳物師、生地屋、狩猟者(マタギ)らの広義の意味の職人たちのもの、薬売商人、各地の湊町に伝来している「廻船式目」、さらに江戸時代の関東の被差別部落の頭であった弾左衛門などの由緒書[10]が知られている。そしてこうした偽文書や由緒書では、生業における特権を、天皇、有力寺社、源頼朝や徳川家康らによって授けられたものとしている。職人や被差別民は、中世、戦国時代から近世への時代の転換期にあたって、偽の由緒書を作成することで、自らの特権を失うまいとしたのだろう。同時に、そうした時代や国家の体制が大きく変わるときにこそ、天皇の権威が必要とされたのだろう。

Ⅳ 日本資本主義論争と日本社会・天皇

ところで、一九四五年以前に、日本のアカデミズムにおいて、天皇・天皇制と日本社会の関係について、豊富な知見を残した論争があった。それは日本資本主義論争と呼ばれている。論争は、明治維新以降、日本は、天皇制にみられるように、前近代的で封建的な要素を残したまま高度な資本主義に突入したとする立場と、明治維新によって近代

(10) 家、職人の職能などの起源・由来・系譜を記したもの。

的な革命を達成した日本は、封建的な要素を残しているとしても、すでに自立した資本主義社会であるとする立場に分かれて行われた。双方ともマルクス主義の枠組みにもとづいており、イギリスなど西ヨーロッパの資本主義をモデルにして、日本がそのモデルに合致するかどうかが基本的な出発点であった点に限界があった。しかしこの論争をきっかけに、明治維新によって上からの近代化を果たした日本が、アジア太平洋地域に侵略戦争を開始することになった経済的要因の探求や、狭小で急峻な土地条件のうえに成立した稲作・水利技術が日本の農村や家族形態および近代日本社会に残している影響など、歴史学、経済学、家族社会学、民俗学までまきこんだ大きな論争となった。日本資本主義論争という言葉で語られることは少なくなったが、この論争が天皇・天皇制について考えていくうえで、依然として重要な意味を持っていることを指摘しておきたい。

V 補足 天皇退位問題について

二〇一六年八月、第一二五代天皇明仁《アキヒト》はＮＨＫで国民にむかって異例の「ビデオメッセージ」でその意志を表明した。戦後七〇年を経て、自身が高齢となり、健康上の不安を抱えていることから、生前退位についての理解を得たい、というのが趣旨であった。この呼びかけは迂遠にそのことを示唆するにとどまっていたが、もしも明確な発言をすればそれは現行の憲法が定める象徴天皇制を逸脱する政治行為となり、現行憲法に違反する恐れがあるからである。ところで現在の皇室典範には、生前譲位すなわち生前退位を認める条項はない。もともとそれは、中世に、退位した上皇や法皇が天皇以外の最高権力者となり、権力秩序の混乱を招いた歴史があったからであった。ともあれ、政府は明仁天皇の意向を受けて学者・知識人から構成される有識者会議を発足させた。結果的に二〇二〇年の東京オリンピック前に、一代限りの特別法によって生前退位と譲位を認めることとなった。本稿で論じてきたように、皇室典範の改正となれば、皇位継承の規定、すなわち女性天皇即位という論点もとりあげられることになる。そこで、皇室典範改正には踏み込まない手続きとして、一代限りの特別法となったのである。

ところで、天皇による国民へのメッセージは、二〇一五年の戦後七〇年の追悼式に際したもの、二〇一一年の東日本大震災のあとのビデオメッセージなどが想起される。しかし自身の退位をめぐる今回のメッセージは異例である。それは政治行為にならないような配慮を付した発言ではあったが、この行為自体がかなり政治的な判断に踏み込んでいることから、憲法に抵触してはいないかどうかについて、考える必要がある。他方、各種マスメディアの調査によれば、天皇の生前退位については国民の大半が支持していた。それは退位して上皇となった天皇明仁や現天皇を戦後の平和憲法の象徴とみる態度と重なっていた。また、今回、天皇が自分の判断について国民に理解を求めたということは、国民に対して、天皇制とどうかかわっていくかという主体的な態度を求めたということでもある。このように、日本社会における天皇と天皇制の位置は、慣習的に常にそこにある存在から、私たちが、より積極的な意思をもってそのありようを考えていくべき存在へと変わりつつあるといえる。いわば、主権者としての「国民」の政治的主体性が問われているのである。

参考文献

網野善彦（二〇〇五）「天皇と「日本」の国号」『日本の歴史をよみなおす』ちくま学芸文庫
奥平康弘（二〇〇八）「皇室典範」歴史科学協議会編、木村茂光・山田朗監修『天皇・天皇制をよむ』東京大学出版会
桜井英治（二〇一一）『贈与の歴史学―儀礼と経済のあいだ』中公新書
塚本学（二〇一三）「御鷹と百姓」『生類をめぐる政治　元禄のフォークロア』講談社学術文庫
藤田覚（一九七三）『日本思想大系36　荻生徂徠』岩波書店
――（二〇一一）『天皇の歴史06　江戸時代の天皇』講談社
源了圓（一九六九）『義理と人情―日本的心情の一考察』中公新書
義江明子（二〇〇八）「女帝と女性天皇」歴史科学協議会編、木村茂光・山田朗監修『天皇・天皇制をよむ』東京大学出版会

【読書ガイド】

網野善彦（二〇〇五）『**日本の歴史をよみなおす**』……ちくま学芸文庫

稀代の中世史家による通史。天皇、職能民、女性、中世非人など、日本の歴史と社会を知るための必読書。

桜井英治（二〇一一）『**贈与の歴史学―儀礼と経済のあいだ**』……中公新書

中世経済史・貨幣史を中心に、東アジア社会と日本との関係について、新しい論点を豊富に紹介。さらに経済史・文化人類学にまたがる刺激的な著作でもある。

塚本学（二〇一三）『**生類をめぐる政治―元禄のフォークロア**』……講談社学術文庫

悪政として名高い「生類憐みの令」は、実は江戸時代の国土開発の所産にほかならなかった――民衆史、農業史、社会史にまたがり、近世社会像を一変させた名著。

長岡新吉（一九八四）『**日本資本主義論争の群像**』……ミネルヴァ書房

日本資本主義論争の論者と論点を明快に整理した名著。日本資本主義論争から派生したさまざまな研究上の論点も網羅。

歴史科学協議会編、木村茂光・山田朗監修（二〇〇八）『**天皇・天皇制をよむ**』……東京大学出版会

古代から現代までの日本史研究者による天皇・天皇制論六八編を集め、歴史を通観し、現代の論点を理解するための論集。

……日本の宗教……

日本の宗教と国家神道
―島薗進氏インタビュー―

島薗　進
インタビュアー：友常　勉

――日本人は無宗教だといわれることがあります。実際にはどうでしょうか。

一九四五年の前と後では、「無宗教かどうか」ということはだいぶ違うと思います。一九四五年以前、天照大神を祀る伊勢神宮や明治天皇を祀る明治神宮など国家神道を支えていた神社参拝はずいぶんおこなわれていましたし、靖国神社（軍人・兵士の戦死者等を神として祀るもの。当初は招魂社とよび、一八六九（明治二）年に東京の九段に創建された）も盛んでした。学校では「教育勅語」を唱え、「御真影」とよばれる肖像を拝み、その存在をほめたたえる歌を歌うなど、神聖な存在である天皇にも深々と敬礼する礼拝をしていました。このようなあり方は宗教的です。日本における宗教については、海外の学者もよくわかっていません。「日本は世俗的な国だ」という人がいます。しかし、世界の国のなかでは、宗教が近代的なかたちをとり、国民国家形成にあたって大きな力になっている国もあるわけです。国民国家においては宗教よりもナショナリズムがその原理になると考えられていますが、しかし世界の多くの国ではナショナリズムと宗教が重なっています。

――一九四五年の前と後では違うかもしれませんが、天皇や天皇制に対する感情や心性は宗教とよべるのでしょうか。

「天皇制」というと、政治制度を指していう場合が多いですが、その政治制度と宗教がどう重なっているかという問題ですね。日本の場合、明治維新のときに、神道を国家宗教とする祭政一致という理念をたて、そのような国づくりをしました。それによって西洋諸国がキリスト教を通して入ってくるのをせき止めようとしました。そのために皇居に設けられた、天照大神や歴代天皇の霊などを祀る神殿で神道儀礼にもとづいた祭祀をおこなう、万世一系の天皇（つまり一度も王朝がかわることなく同じ神の子孫の血筋が続いてきた天皇）を崇敬するという考え方、それが国づくりの基本になったわけです。このような意味で天皇制のなかに宗教的な要素があったというのが特徴だと思います。近代以前も天皇は宗教的な機能や要素を持っていたわけですが、明治維新以前と以後ではだいぶ違います。明治維新以後は、多くの国民が天皇に対する宗教的な崇敬を持つことがめざされ、実際にそうなりました。

――日本の中心的な宗教が仏教だとすれば、それと天皇に対する宗教的な崇敬が両立しているということでしょうか。

私は二重構造とみています。東アジアでは、国のまとまりに力点が置かれている宗教と、一人一人の個人の生き方や死後の安心を与える宗教とがずれていると考えています。それぞれの人は違う程度でその両方の宗教に関わっている場合が多い。個人の宗教としては、一般に大乗仏教（仏教が成立してから数世紀後に新たな理念を掲げて分かれた仏教の流れで、東アジアやチベットで主流となった。他者の救済に重きを置く）が優勢ですが、さらに道教的なもの、先祖崇敬的なもの、さまざまな神や霊や目に見えない力を信じる、体系化された宗教でない、民俗宗教的なものが大きな役割を持ちます。他方、国のまとまりでは、中国の場合であれば皇帝の祭祀とともに儒教（古代中国の孔子によって始められた教え。人として正しい生き方や考え方、また振る舞い方を教えるとともに、社会の秩序のあるべき形を説き、それは中国文明の原初から聖人によって示されたものとした）を掲げる主体が大きな政治的指導力と精神的な価値の源泉でした。中国では宋の時代、近世社会ができあがるころ、韓国では李氏朝鮮のときに、そのような体制が強まり、科挙により官僚となる候補者である地主・文人としての地位と徳を備えた士大夫や両班（中国では宋代以降、朝鮮では李氏朝鮮時代に、儒教の教えを身につけた人物が国家運営に登用される体制が固められていく。中国の士大夫、朝鮮の両班は、そうした学ある有徳な人々を指す）が儒教を掲げることで政治体制を支えてきました。江戸時代の日本では儒教と神道がそうした役割を担いました。この神道には東照宮信仰（徳川家康の死後、家康を神として祀った神社を東照宮という）のようなものも入ってきます。国家秩序・帝国秩序を支える宗教と、個人の生き方や救いにかかわる宗教が共存できるわけです。国家秩序を支える体制のほうは、庶民が宗教によって安心（あんじん）（仏教で信仰や修行によって到達する心の安らぎや不動の境地を指す）を得ることを奨励しますから、二つの異なる宗教は対立するよりも支え合うわけです。

――島薗先生は戦後になっても「国家神道は解体していない」といわれています。これは国家秩序を支える宗教が残っているということでしょうか。

個々人の宗教は多様です。それとは別に国家秩序を支えて国をまとめる宗教があるという考え方は長い歴史を持っています。その基盤は律令（古代中国の国家体制の規定を指すが、日本では唐の時代の律令にならって七世紀後半に導入され八世紀に確立した）にさかのぼるのでしょう。そのような長い基盤があるので、一九四五年の敗戦をもってそれがまったく変わるというものではないですね。確かに一九四五年まで多くの国民が天皇崇敬と皇室祭祀に色濃く参加していたという事態は、戦後に変わりました。戦後はそうした行事への参加の程度が小さくなりました。その「程度の違い」は重要です。しかし天皇は皇室で儀礼をおこなっており、国民のために祈っています。それが国民の天皇への敬意の基盤にあります。そして天皇制への支持率が大変高いわけです。その場合、天皇の国家神道的で皇室神道的な行事は単にプライベートなものとは考えられていません。国民や政治勢力の側はそのような国民と天皇とのつながりを基盤にして国のまとまりを考えようとします。それが日本の精神文化の基盤であるという意識が大変に根強いです。

――戦前と戦後だけでなく、もっと長い精神文化の連続性があるということですね。それでは、一九四五年以後、天皇を崇拝する軍国主義を抑えるとともに、神社を国家から切り離すことを規定した「神道指令」などのGHQの占領政策はどのような意味をもったのでしょうか。

アメリカの文化のなかには個人の自由を貴ぶという考え方が強い。戦前の国家神道は個人の思想信条を抑圧する基盤になっていた。それが、日本が海外に対して優越的に攻撃的に対峙して、他国への侵略につながるような基盤になっていた。GHQの占領政策の「神道指令」はしたがって二つの意味を持っています。ひとつは国家神道の悪しき側面は宗教的側面にではなくイデオロギー的側面にあると考えていること。そしてそのイデオロギーの面を否定したということ。もうひとつは個人の自由を支えるためには国家と宗教との関係を切り離す必要があるということです。それはアメリカでは特定の教会と国家とが関係を持たないようにするという政教分離が、民主主義の根本と考えられてきたということです。そこでこれまでのように神社が国家と特別な関係を持ち、神職が公務員に近い体制であったことをやめさせたわけです。ところがGHQは皇室神道についてはまったく触れなかった。これは日本人が天皇制を支持していることを尊重する、そのほうが、占領や民主化がうまく進むという考え方にもとづいていた。その場合に国家神道が天皇制のなかでどういう位置を持つかということについては、はっきりした考えは持っていなかった。天皇が神であるという考えを否定すれば、皇室神道が持っていた、天皇崇敬が国家と結びついて国民の自由を抑圧することを危惧する必要はなくなるという判断をしたと思います。そこで一九四六年一月一日のいわゆる「天皇の人間宣言」(「新日本建設に関する詔書」ともよばれる)を出させることとなりました。しかし実際には皇室神道と天皇崇敬とは密接に結びついていて、国家神道の中核的なものであった。それぐらい大きな役割を持っている皇室神道をそのまま残したということですね。そこに日本の信教の自由にかかわる大きな空白領域が残されたということがいえます。

——その「空白領域」とはどういうものか、もう少し教えてください。

たとえば「日本人論」がたくさん出てくるのはその空白を埋めるために出てきたと見ることもできます。かつて「国体」で理解していたものを、それが採用できなくなったので、それに代わる、しかし「国体」につながりのあるいろいろな論が次々に出てきます。日本の戦後の政治のなかではその要素が次第に強くなってきています。国家神道を復興させようとしてきたわけですが、その動きは日本国憲法が規定している「信教の自由」「思想・良心の自由」との間で常に緊張関係があります。

——質問を変えます。島薗先生はオウム真理教も含めて、新宗教、新新宗教についても研究されてきました。そこでオウム真理教を例にとって、「現代日本の宗教意識」について教えていただければと思います。

日本の宗教史をみると、宗教集団がたくさんのグループに分かれて並存するような傾向が早くから起こりました。大乗仏教にそういう傾向がありました。中国や韓国でもそうですが、日本では特に強かったと思います。これは日本の封建社会にかかわることですが、集団がリーダーを中心に緊密にまとまって分離するということが宗教のなかで起こります。とりわけ鎌倉時代以後、本末関係で結びつく多様な宗派・宗門が生まれます。また、貴族や天皇と結びついて権威を与えられれば、それなりに存続できるという吉田神道や陰陽道のような宗教集団もできました。

こうして明治維新以前に多様化が進んでいた。しかも徳川時代は国のまとまりを重んじる思想と一般人の宗教のすみわけ、二重構造がすすみました。一方で宗派化した仏教寺院を利用しながら、当初はキリシタン禁教を目的としていた宗門人別制度にもとづき、人々の葬祭を行う寺と檀家が結合して、寺が人々を管理する寺檀制ができあがりました。しかし、公認宗派は布教を抑制され、それによって逆に、公認宗教ではない、さまざまな民衆宗教が発展し多様化が進んだわけです。民衆宗教というと、神道と仏教が結びついて神仏習合したものが多いですが、エリート宗教の構成から外れるような宗教集団も存在できる。地域社会では「講」という自発的信徒団体をつくっていく。中国では秘密結社などとよばれるものにあたるかもしれません。そういう多様な集団の存在は、明治以後も変えることはできなかった。国はひとつにまとまるが、集団は多様にそれぞれでまとまっている。国家神道の枠組みに服しさえすれば自由に活動できる。その結果、し

(1) 江戸時代末期に中山みきによって創始された教派神道。奈良県天理市に本拠地を置く。親神によって世界は守護されており、人間の身体を含めた存在を世神からの借り物として理解し、自己中心的なふるまいを慎む心遣い・身体の使用を教える。

(2) 江戸時代末期に備中(現岡山県)で赤沢文治によって創始された教派神道。天理教、金光教、黒住教の三つを合わせて数えられる幕末三大民衆宗教のひとつ。祭神は天地金乃神と生神金光大神。神への願いにかなう生き方を教える。

(3) 明治中期に京都府綾部の出口なおを教祖として創始された神道系の新宗教。「艮の金神(うしとらのこんじん)」を主祭神とする。なおの娘婿である出口王仁三郎によって体系化された。世の「立替え・立直し」という終末思想的で革命思想的な教義を有し、政府の警戒を招き、当局によって不敬罪を適用されて二度の弾圧を受けた(一九二一年、一九三五年)。

(4) 一九三〇年に教育者であった牧口常三郎と戸田城聖らによって、日蓮の仏法精神にもとづいた教育

ばしば国の統制に矛盾するような宗教集団が出てきます。天理教(1)や金光教(2)、大本教(3)などです。それらはときにかなり激しく国と対立する宗教集団でした。特に近代史のなかで重要なのは日蓮宗系だったと思います。強いナショナリズム、下からのイニシアチブ、民衆参加的な信仰形態を持っていましたから。独自の教育理論を持つ教師だった牧口常三郎とその協力者、戸田城聖が始めた日蓮宗に由来する新宗教である創価学会(4)が現在も大きな勢力をもっていますが、それは日本宗教史のなかでは必然性があります。しかし創価学会も体制内化して、人々の変革要求に応えられなくなる。一九七〇年代ぐらいからです。そして私が「新新宗教」とよんでいる団体が出てきます。その代表的なものがオウム真理教(5)です。

日本は明治維新以後、国家体制は祭政一致で国体によりどころを求めながら、他方で西洋的な近代精神を求めてきました。一時は国粋主義、「近代の超克」など、近代西洋とは違うオルタナティブを求める動きが主流となる時期もあったのですが、戦争に負けたので、もういちど近代精神にのっとった未来をめざしてきた。創価学会は日本生まれの日蓮仏法による世界救済を唱えた宗教で、近代西洋的なものに対するオルタナティブですが、科学に対しては肯定的で必ずしも根本からそれを否定するものではありません。近代的な宗教観と両立できるわけです。ところが一九七〇年代以降の状況はそういう近代のありかた自身が世界的に疑われるようになった。西洋的な近代を求めていくと価値の空白が生まれるということが自覚されるようになりました。世界的な宗教回帰です。

者育成を目的として設立された創価教育学会を前身とする。戦時期に不敬罪に問われ、逮捕された牧口は獄死。一九四五年に出獄した戸田によって創価学会に改称して再建され、布教活動を展開した。一九六〇年以来、池田大作が最高指導者となり公明党を通して政治活動も活発化した。教義は日蓮にもとづくとし、海外にも信徒が多い。

(5) 麻原彰晃（本名、松本智津夫）を教組とする。原始仏教の経典であるパーリ仏典などを教義とする。鍼灸師であった松本智津夫が一九八〇年代にヨガ教室「オウムの会」を開き、当時のオカルト・ブームのなかで、核戦争による世界終末と、ヨガを発展させた修行による「解脱（解放）」を説き、世間の耳目を集めた。一九八七年に「オウム真理教」設立。修行の過程での信者殺害事件、入信した家族をとりもどそうとする被害家族救済活動を支援していた坂本弁護士一家殺害事件などを引き起こした。さらに衆議院選挙への集団立候補と落選の後、日本国家への敵対を強め、「ハルマゲドン（世界

そこにはファンダメンタリズム（元来の教義を譲らずに守ることを主張する宗教集団、根本主義、原理主義などと訳されることもある）も含まれます。知識人も世俗主義とは異なる何か、ニューエイジ（一九七〇年ごろから広まった新しい宗教思想で、キリスト教など、従来の伝統宗教と近代科学のどちらも信ずるに足らず、新たに宗教と科学を統合するような思潮が未来を担うとする宗教運動）、宗教を超えた新しいスピリチュアリティーを求める運動（新霊性運動）——瞑想やヨーガや気功、あるいはさまざまな神秘思想や心理療法などを用いながら教団は形成しない宗教のあり方を指す——のような、個人の自由をさらに強調するようなタイプの宗教的なもの、他方で集団の秩序の変革と結びついた宗教的なものに帰るという考え方が生まれた。国家神道も含め政治的統合へと向かうものと、オウム真理教のように違う方向に向かうもの、個人的な方向に向かうものなどいろいろな方向があります。共通しているのは西洋近代に対する失望と、それに代わる目標の探求だと思います。

ただし、あまり宗教に向かいすぎると自由が脅かされます。近代化で得られた自由もすてがたい。そこは一進一退がありますが、一方的に近代的自由へとどんどん進んでいくという時代ではなくなったということでしょう。せめぎあいや綱引きの時代になったと思います。

とはいえそうした宗教回帰のなかで、日本や東アジアの場合には宗教よりも国家へと向かう傾向があります。国家はどこかに精神的な価値を支えとしています。日本の場合

終末戦争）」に備えると称して教団の武装化を進めた。一九九五年三月に地下鉄サリン事件を引き起こし、一三人の死者と六〇〇〇人以上の負傷者を出した。事件後、麻原ら教団幹部は逮捕。二〇一八年には死刑判決を受けていた麻原はじめ一三人の被告の死刑が執行された。二〇〇〇年、破産に伴いオウム真理教は消滅したが、アレフという教団が引き継いでいる。

それが国家神道になります。国によっては共産主義と儒教が組み合わされる場合もあるように、です。

——ありがとうございました。

島薗進
一九四八年生まれ。東京大学大学院人文社会系研究科名誉教授、上智大学神学部特任教授、上智大学グリーフケア研究所所長

【読書ガイド】

島薗進（二〇一〇）『**国家神道と日本人**』……岩波新書

宗教学の第一人者による国家神道論。一九四五年の敗戦とＧＨＱによる「神道指令」以後も、国家神道は継続している――天皇制の思想と宗教儀礼を克明に追跡しながら、天皇制・国家神道・日本社会を把握するうえで不可欠の書。

島薗進（二〇一二）『**現代宗教とスピリチュアリティ**』……弘文堂

現代世界において宗教が果たしている役割と、新宗教・新新宗教という現象を知るための必読書。

安丸良夫（二〇一三）『**出口なお――女性教祖と救済思想**』……岩波現代文庫

戦後の民衆思想史・宗教思想史を代表する名著。大本教の教祖・出口なおへの深い共感と、民衆の近代経験に対する鋭い洞察。非西洋世界がたどった近代化・西洋化の経験を知るうえでも不可欠の書。

幸徳秋水と現代世界
―戦争、庶民、アジア―

橋本雄一

自分なるもの、自分が所属する場所、自分を覆うことを目論む当局……に対する批判から始めた人、幸徳秋水（一八七一〜一九一一）。戦争へと向かわされるとき、〈自分〉から始めるのは容易ではない。

「愛国心」なる現象を疑い、それを利用して庶民をある方向に動かそうとする政治家、資本家と金融業者、軍人を疑い、それらに動かされる人間を疑った。世界でも先駆の帝国主義批判の書『廿世紀之怪物　帝国主義』（一九〇一）は、幸徳のユニークな言語に満ちている。それはレーニン『帝国主義』（一九一七）のいわば金融科学論に比べると、政治社会心理学とでも言おうか。「姑息なる政治家や、功名を好むの冒険家や、奇利を趁《お》うの資本家は、（中略）絶叫して曰《いわ》く、四境の外を見よ大敵は迫れり、国民はその個人間の争闘を止めて、国家のために結合せざるべからずと。彼らは実に個人間における憎悪の心を外敵に転向せしめて、もって各々ためにするところあらんとするなり。而してこれに応ぜざるあれば即ち責めて曰く、非愛国者なり、国賊なりと[★1]」。「愛国心は、今や発して軍国主義となり、帝国主義となって、全世界に流行す[★2]」。

〈現代語訳〉

★1　一時しのぎで政治を進めようとするずるい政治家や、名声だけを求める冒険家や、正当でない利益を得ようとする資本家は、（中略）「（日本の）国境の外を見なさい、大きな敵が迫ってきている、国民は個人の戦いを止めて、国のために力を合わせなければならない」と大きな声で叫ぶ。彼らは個人個人の間にある憎悪の気持ちを外の敵に向かわせて、その結果、自分たちの利益を得ようとしているのである。そして、それに従わない人がいれば、その人たちを「愛国者ではない、国に害を与える悪人だ」と責める

★2　愛国心は今や軍国主義となって、そして帝国主義となって、全世界に流行している

漢文書き下し調のこれら日本語は古い言い回しであることは否めないが、その主張する内容はいま読んでも分かりやすく、力強い。国外の「外敵」をいつも声高に指差し、国内政治と社会事情また日常生活の経済がいかに困難で逼迫しようとも我慢して、「外

敵」から「自国」を守る「愛国」のもとに団結せよ、という「自国」政府。現代に至るも、これは東アジアのどこかの国家の、あるいは地球上のたくさんの国家の、政府に似ていないだろうか。

幸徳の言葉は、当時から真実を語っている。しかものち日本帝国主義の一九四五年の崩壊、そして現代世界にまで続く現象……まで言い当てている。そのような日本の近代政治とは別の方向を目指そうとしたのが幸徳だった。

それは幸徳のネットワークにも言える。近代最初期に注目された公害問題（足尾銅山鉱毒事件）を生涯を通して訴えた田中正造(1)の明治天皇への「直訴文」（一九〇一）は、『帝国主義』の刊行と同じ年に幸徳によって起草された。「東京の北四十里にして足尾銅山あり（中略）その採鉱製銅の際に生ずる所の毒屑毒水、久しく澗谷を埋め渓流に注ぎ渡良瀬川に奔下し沿岸皆なその毒を被らざるなし、（中略）山林を濫伐し水源を赤土となせるが故に、河身変じて洪水頻りに臻《いた》り、毒流四方に氾濫して、毒屑の浸潤せる茨城栃木群馬埼玉四県（中略）に達し、魚族斃死し田園荒廃し数十万の人民産を失い業に離れ」た★3。

（現代語訳）

★3　東京の約一六〇キロメートル北に足尾銅山がある。（中略）銅を採掘し製錬する際にできる有害な廃棄物や汚染された水が長い間谷やきれいな川に注がれ、渡良瀬川に流れ

(1) 田中正造（一八四一～一九一三）：一八八九年成立「大日本帝国憲法」のもと、最初の選挙による第一回「帝国議会」衆議院議員（一八九〇～）。いわゆる足尾銅山鉱毒事件（栃木県、群馬県、茨城県、埼玉県に影響を及ぼした。日本で初めて公けになった近代公害）の問題究明に、地元の被害住民たちと生活もともにして力を尽くす。現在、『田中正造選集』（全7巻、岩波書店、一九八九）などがある。

込み、その沿岸に住む人は皆その有害物質の害を被っている。（中略）山の木をたくさん切って、水源となる山を赤土の状態にしてしまったために、川は洪水が増え、鉱山の有毒物質はあちこちに広がり、川の流れる茨城、栃木、群馬、埼玉の四県（中略）にも広がり、魚は死に、田園は荒れ、数十万人の人々は自然の恵みを失い、仕事ができなくなった。

国内の環境問題への眼とネットワークに参加した幸徳の態度と精神は、金権と政治の犠牲になる庶民という構図への抗いにおいて、当時の日本の対外政策と内政をつなぎ、帝国主義批判とつながっている。

一九〇三年盟友の堺利彦[2]とメディア『平民新聞』を立ち上げ、二人の翻訳によって日本に初めて紹介されたマルクス・エンゲルス「共産党宣言」は、同新聞第五三号（一九〇四／一一／一三）に掲載された。日露戦争期に戦争のリアルタイムの意味と「成果」を正確に測量したのが彼らの記事だった。幸徳は言う、「議会政党は今やことごとく『戦争のため』という一語に麻酔して、その常識を棄て、その理性をなげうち、（中略）増税の器械これなり」[★4]（「ああ増税！」同新聞第二〇号、一九〇四／三／二七）。自国政治システムの悪弊への不満をかわされようとする庶民は、かわされたとしても、且つ自国が戦争に勝ったとしても、その不満と批判は解消されない、というサイエンス。現在の政治は「実にその国を富まさんがためにその人民を貧しくし、その国を強くせんがた

(2) 堺利彦（一八七一～一九三三）：幸徳秋水の永遠の盟友。日露戦争の際に戦争・政治・世論に反対して、幸徳とともに働いていた大きな新聞社を辞め、二人で『平民新聞』を立ち上げる。「大逆事件」の際には、すでに別の思想事件で獄中におり、このフレームアップ冤罪から偶然に難を免れる。事件後、処刑された友たちを弔う旅を続け、かつ従来からの思考を貫いた。生活困窮の中に一九一〇年「売文社」も創設してユーモアと批評精神とに生きた日本語思想の人でもある。

めにその人民を弱からしめ、その国光国威を輝かさんがためにその人民を腐敗し堕落せしむるなり。故に曰く、帝国主義はその国を大にしてその人を小にすと（中略）今や我日本もまたこの主義に熱狂し（中略）台湾の領土は増大されたり、北清の事件には軍隊を派遣せり、（中略）軍人の胸間には幾多の勲章を装飾せり、議会はこれを賛美せり、文士詩人はこれを謳歌せり。而してこれいくばくか我国民を大にせるか、いくばくの福利を我社会に与えたるか★5」（『帝国主義』）。

（現代語訳）

★4　議会の政党は今では何もかも「戦争のため」という言葉に麻痺、陶酔したようになって、常識も理性も捨てて、（中略）増税をするための道具のようになっている

★5　国を豊かにするためにその国の人民は貧しくさせられ、国を強くするためにその国の人民は弱くさせられ、その国の偉大さを見せるために、その国の人民は腐り、堕落させられる。だから、帝国主義というものはその国を大きくして、人は小さくするものである、と言えるのだ（中略）今やこの日本もこの帝国主義に熱狂し（中略）日清戦争から日本は植民地に台湾を増やし、「義和団事件」（一九〇〇）には北京に軍隊を送り、（中略）「勲功」があった軍人には勲章を飾らせ、議会はそれを賛美、物書きや文学作家もこれを讃える。その結果、果たしてどれだけこの国の国民の利益を増やしたか？　どれだけの福利厚生をこの社会に実現したか？（しなかったのだ）

彼の日本語は日本の庶民に向けて語られたものであり、近代日本の国家・政府と資本家を告発するものである。だがそれはこの枠を超えて、他国への戦争発動と植民地支配が公然と行われた当時のアジアと世界にユニヴァーサルに訴えかける世界言語でもある。ばかりか、この現代世界における各国民国家が内部や外部に抱える事情にも共通したユニヴァーサルでもある。日露戦争開戦直後に非戦をもって連帯すべくロシア側に訴え(「露国社会党に与える書」同新聞一九〇四／三／二七)、またロシア側から戦争に反対した作家トルストイの文章を同新聞に紹介、賛同を示しつつ距離もとっている。国際戦争は「トルストイ翁の言えるが如く、単に人々が耶蘇の教義を忘却せるが為にあらずして、実に列国経済的競争の激甚なるにあり★6」。この構えは幸徳が最後の獄中で執筆した「宗教」批判にも通ずる。「社会主義的制度ひとたび確立して、万民平等にその生を遂ぐるに到らば、彼らは何を苦しんで悲惨なる戦争を催起するの要あらんや★7」(「トルストイ翁の非戦論を評す」同新聞第四〇号、一九〇四／八／一四)。

(現代語訳)

★6　トルストイが言うように、「それは人々がキリスト教の教えを忘れたから」ではなく、列強国どうしによる経済の競争がひどくなったためである

★7　社会主義の制度が一度確立して、全ての人が平等にその生活ができるようになったなら、彼らは何が困るからと言って悲惨な戦争をしようとする必要があるだろうか

いわゆる初期社会主義者や大杉栄らアナキストなど、多くの仲間も『平民新聞』やそれを引き継ぐ後身メディアに集った。そのなかで幸徳や堺の非戦の思想に影響を受けて出発した若者に、荒畑寒村(3)がいる。足尾銅山鉱毒による連動した被害が甚大な渡良瀬川下流、谷中村の現状を荒畑はまず『平民新聞』において告発、すぐに平民書房から『谷中村滅亡史』(一九〇七)を刊行する。当時二十歳。幸徳と田中正造とが連帯して「帝都」にあからさまにした問題、つまり帝国主義が国内・国外に生み出す問題を、新たにジョイントさせた一冊だ。荒畑は言う、「銅山流毒の(中略)影響を蒙《こうむ》りたる者は、実に河岸の漁民なり。(中略)魚族種を絶ちて、しこうして沿岸の漁夫農民(中略)離散零落せざるべからざる非運は来れり[★8]」。「農商務大臣陸奥宗光は、(中略)次子が古河市兵衛の養嗣子にして(中略)、陸奥はその姻戚なる古河の利益を保護するために、態度を曖昧にして以て責任を免れたり[★9]」と。古河とは足尾銅山の経営者である。つまり、「国家」を叫ぶ「政治家」と私益をのみ追求して止まぬ「資本家」がつながっているのだ。それらの叫びと追求にいつも巻き込まれ従わされ命を削らされる庶民を問うた幸徳の書『帝国主義』と、荒畑は問題意識を同じくする。かつ問うべき対象それぞれに対して新たな具体的プロフィール(谷中村問題)を与えたのが荒畑の書だった。この書では政治家と資本家の結託を批判する各種のユーモアが際立っている。たとえば、「明治二十九年(中略)渡良瀬川の毒水は、利根川に混じて江戸川に氾濫し、咄嗟《とっさ》東京府に押し

---

(3) 荒畑寒村(一八八七~一九八一):若くして幸徳たちの『平民新聞』に影響を受け、労働運動に参加。堺の「売文社」に参加、また大杉栄と同人雑誌も創刊する。「大逆事件」以前に発生したいわゆる足尾銅山鉱毒事件についてのルポルタージュは、現在の地球環境問題につながる書物の草分けである。

寄せて本所、深川の両区を浸し、本所小梅なる時の農相榎本子の邸内にまで浸入するに至れり[★10]」。幸徳の撃つ帝国時代（いや、現代国家も）の産業資本と政治家・政府との癒着を、荒畑は逆説的に一本の河の流れでつないで見せてくれる。

（現代語訳）

★8　足尾銅山の公害の（中略）影響を受けるのは、その川で魚を捕る漁業者である。（中略）魚がいなくなって、その結果、沿岸の漁業者や農民は（中略）そこに住めなくなったり、非常に貧しくなったりするような不幸なことになった

★9　農商務大臣の陸奥宗光は、（中略）二番目の子どもが古河市兵衛の養子になっているので（中略）、陸奥は親戚である古河の利益を保護するために、（公害があることを責められても）態度をあいまいにして、責任を逃れた

★10　明治二九（一八九六）年（中略）渡良瀬川の有害な水は、利根川に注がれて江戸川にもあふれ、あっという間に東京に押し寄せて本所、深川の地域に浸水し、本所小梅にある、現在の農務大臣榎本子爵（当時の貴族）の家にまで浸水した

いわゆる大帝国の建設や、必要にあらずして欲望なり、福利にあらずして災害なり、国民的膨張にあらずして少数人の功名野心の膨張なり、貿易にあらずして投機なり、生産にあらずして強奪なり、文明の扶植にあらずして他の文明の壊滅なり。これあに社会文明の目的なるや、国家経営の本旨なるや。

移民のためということなかれ、移民は領土の拡張を必要とせざるなり、貿易のためということなかれ、貿易は決して領土の拡張を必要とせざるなり。領土の拡張を必要とする者は、ただ軍人政治家の虚栄心のみ、金鉱及鉄道の利を逐う投機師のみ、軍需を供するの御用商人のみ。★11

（現代語訳）

★11　いわゆる大帝国を建設するということは、必要だからするのではなく、欲望からであり、人々のためになることではなく災害をもたらすものであり、国民皆を大きくするのではなく、少数の人の功名や野心を大きくすることであり、外国と交易をするのではなく、金儲けのために投機するものであり、生産することではなく強引に奪うものであり、文明を発展させるのではなく、他の文明を壊滅させることである。これが社会の文明が求めることだろうか、国家を運営していく本当の意味だろうか、いやそうではない。

外国に移民するためだと言ってはいけない、移民するためには領土を広げることが必要だというわけではない、貿易のためと言ってはいけない、貿易のためには領土を拡張しなければならないわけではない。領土の拡張を必要とするのは、軍人や政治家の虚栄心だけ、鉱山や鉄道の利益を得ようとする投機を目的とする者だけ、戦争と軍備で富を得る御用商人だけである。

これは幸徳『帝国主義』の中の一節だが、この帝国主義の本質を眼前の現実の光景とつないで荒畑『谷中村滅亡史』も次のように言う。

日露戦争中、谷中村よりも五十余人の兵士を出し、ムザムザ幾多の壮丁をして、己が墳墓の地を亡《ほろ》ぼし、父母兄弟を他郷に流離せしめたる国家、政府のために、讐《あだ》も怨《うら》みもなき露国の同胞と戦いて、空《むな》しく命を鋒鏑に暴《さ》らさしめたる。★12

（現代語訳）

★12　日露戦争中、谷中村からも五十数人の兵士を出した。自分の骨を埋める故郷の地を滅ぼし、父母兄弟を故郷から追い出して他の地方に放浪させるような国家と政府のために、たくさんの成人男性の兵士に、敵でもなく恨みもないロシアの人々と戦わせ、あっさりむなしく命を互いの武器の前にさらさせている。

幸徳が荒畑の書にも見せるソリッドな根は、思想のみならず、その言語にも言える。彼の言葉遣いは、仲間たちとのネットワークの中に根を延ばした。さらに荒畑の書にはこうある、「わが心、悲憤の炎に燃ゆ。（中略）政府、国家とは、実にかくの如き暴戻、悪虐、残忍、冷酷なるものを知らざるか。爾が何ものにも勝りて尊崇せる、政府、国家とは、人民の膏血に腹を肥し、その権利を蹂躪し、その財産を掠奪し、法律の暴力を藉《か》り来って、人民をその墳墓の地より追ふものなるを知らざるか。ああ爾が崇拝せる国家の本体とは、法律という爪と、政府という牙を有して、軍隊、警察等の擁護の下に、力弱き人類を取り喰《くら》う怪物なるを知らざるか」[★13]。幸徳と荒畑によって使用された「怪物」というファンタジックな一ワードは、庶民の側の感情豊かな力がこもった若き荒畑の書において、帝国主義・国家・政府を定義するリアルな言語へと完成した。

〈現代語訳〉

★13　私の心は、強い悲しみ、憤りの気持ちに燃えている。（中略）政府、国家とはこのように残酷で人の道に外れたもの、悪虐、残忍、冷酷であることをあなたは知らないか。あなたが何ものよりも大事に尊敬する政府、国家とは、人民の血で満腹になり、人民の権利を踏みにじり、人民の財産を奪い、法律の暴力を借りて人民をその骨を埋めるべき故郷から追い払うものであることを知らないか。ああ、あなたが尊敬し、奉る国家の本質とは、法律という爪と政府という牙を持って、軍隊と警察等に守られて、力の弱い人類を取って食う怪物であることを知らないか

二〇一七年一〇月、きたる二二日実施予定の衆議院議員総選挙に向けて、「この国を、守り抜く」と大見えを切る言語の政党。近隣アジアの他国による戦争兵器開発への対策をことさらに選挙の争点としている。「自分たち」の「国民国家」の外部にあるとされ

る「脅威」を強調することによって、他方、内部のアイヌ、オキナワ、フクシマ……といった場所の人間の生活・生存・生命を忘れさせようとする。まさに幸徳が批判する、「四境の外を見よ大敵は迫れり、国民はその個人間の争闘を止めて、国家のために結合せざるべからず」という「愛国」ディスクールと多元的に重なってくる。だが、そのような「脅威」とは「国民国家」どうしである限り、こちら側と向こう側の双方で生じてくるものだろう。フクシマ原発のメルトダウンとその後の情況は、近隣他国にとって「脅威」ではないだろうか。加えて現代日本は、幸徳がいち早く冷静に認識した帝国日本自身が外部に対する脅威だった近代史を、忘れようとしている。現代世界に再来する「帝国主義」とは、歴史の記憶と確認を捨て去った帝国主義なのである。現代の帝国主義とは忘却という名に置き換えられる。

『平民新聞』（平民社）に集った人々は、日露戦争前後から日本に亡命し東京で活動していた中国人革命思想家・活動家たちとも交流があった。張継《チャン・チー》、劉師培《リウ・シーペイ》、章炳麟《チャン・ピンリン》たちが一九〇七年に「社会主義講習会」を設けたさいは、幸徳たちも講演者として参加したという。さらに同年、章たちが本部を東京として創設した「亜州和親会」は、「侵略主義を主張する者を除き、民族主義、共和主義、社会主義、無政府主義」のアジア全ての人間に参加を呼びかけた。幸徳が一九〇三年に『社会主義神髄』を著し、一九〇九年にアナキスト、クロポトキンの『麺麭《パン》の略取』を翻訳しているのを合わせ考えると、たいへん興味深い。留学生として日本にいた魯迅《ルーシュン》は一九〇八年に章の講演を聴いており、そのような新しいアジアの社会を目指すアジア人が集まる時間と空間が当時の東京でもあった。

幸徳の最後はどうであったか。たった百数年前の帝国日本の政治と警察・司法当局による嘘でフレームアップされ、死刑判決を受けて殺された（一九一〇〜一一。「明治天皇の暗殺を謀議した」という冤罪を着せられた「大逆事件」）。彼とその同志、日本の他地域にいて思考を共振させた多くの人間が、命を奪われ虐待された。

しかし幸徳と仲間たちの声と眼は、なお内政を対外戦争のほうへと反らそうとする政治が続くこの地球において、よみがえり生き続ける。だが、その持続と再生を確かめ新たに記憶し確認する者がいなければ、彼らの声・眼・命はたどり返されない。それは現代世界における「帝国主義」の側の得を野放しにすることにほかならない。帝国日本が幸徳たちのいのちを奪ったという記憶を捨てた政府与党は、二〇一七年六月、「共謀」と権力側が判断した段階で処罰できる「改正組織的犯罪処罰法」（「テロ等準備罪」を含む）を強行採決してしまった。

だが明治期の当時から、記憶を守ろうとしそれをたどって考え続けようとした確かな人間たちがいた。小説家の徳冨蘆花は「事件」の直後、講演「謀叛論」（一九一一）において幸徳たちの思想と生命を正当に言語化した。また晩年に社会主義へと傾倒していった歌人、石川啄木《たくぼく》(4)は「大逆事件」に注目したが、日露戦争時の幸徳たちの言論活動をこう記憶した。「想うに、当時彼らは、国民を挙げて戦勝の恐ろしい喜びに心を奪われ、

---

(4) 石川啄木（一八八六〜一九一二）：言わずと知れた、近代日本短歌による詩人。与謝野鉄幹・晶子の短歌誌『明星』にロマン詩人として登場、『一握の砂』『悲しき玩具』などがある。新聞記者として勤めつつ、「大逆事件」の前後から近代日本の現状や眼の前の社会について凝視、社会主義や〈ひと〉〈たみ〉の生存について、考えるようになる。

狂人のごとく叫びかつ奔《はし》っている間に、ひとり非戦論の孤塁を守って、厳酷なる当局の圧迫の下に苦しい戦いを続けていたのである★14」(「トルストイ翁論文」一九一一)。

(現代語訳)

★14 想い返すに当時彼らは、国民みながすべて戦争に勝ったという喜びに夢中になり、狂った人のように叫び走っている時に、援助のない中で孤独に「非戦論」を主張し、厳しい政府や警察の迫害を受けつつ苦しい戦いを続けていた

われわれも、幸徳その人のさらなる言葉をもって、記憶し思考することを続けたい。

陸海軍人の国家を変じて農工商人の国家たらしめよ、貴族専制の社会を変じて平民自治の社会たらしめよ、資本家暴横の社会を変じて労働者共有の社会たらしめよ。而《しこう》して後《の》ち正義博愛の心は即ち偏僻なる愛国心を圧せんなり、科学的社会主義は即ち野蛮的軍国主義を亡さんなり、ブラザー・フードの世界主義は即ち掠奪的帝国主義を掃討芟除することを得べけんなり。★15

(『帝国主義』)

（現代語訳）

★15　陸軍海軍の軍人の国家を変えて、農業と工業の従事者、商人の国家にしよう、貴族が勝手なことをする社会を変えて、一般庶民による自治を行う社会にしよう、資本家が横暴に振る舞う社会を変えて、労働者が中心の社会であるようにしよう。そうなれば、正義や博愛の心は偏った愛国心に打ち勝つだろう、科学的社会主義は野蛮な軍国主義をなくすだろう、兄弟愛の世界主義は略奪の帝国主義を根絶することができるだろう。

（引用にさいして、漢字や仮名は現代に通用するものに変えた）

参考文献

荒畑寒村（一九〇七）『谷中村滅亡史』岩波文庫、一九九九
幸徳秋水（一九〇一）『帝国主義』岩波文庫、二〇〇四
徳冨健次郎（蘆花）『謀叛論　―他六篇・日記―』岩波文庫、一九七六
レーニン『帝国主義論』（角田安正訳）光文社古典新訳文庫、二〇〇六

【読書ガイド】

石川淳（一九三八）短篇小説「**マルスの歌**」『焼跡のイエス・処女懐胎』に所収……新潮文庫（一九八九）

石川淳（一八九九〜一九八七）も大杉と同じ学校でフランス語を学び、翻訳者でもあった。大杉栄の思考に影響を受けたと思われ、この短篇小説でそれが分かる、おそらく幸徳や大杉たちの線上の後輩として「日中戦争」期に発表、掲載誌は当時発売禁止となる。彼の膨大な日本語空間を知ってみたい。

大杉栄（一九七一）『**自叙伝・日本脱出記**』……岩波文庫

大杉（一八八五〜一九二三）は東京外国語大学でフランス語を学び、のちに幸徳たちと協働した。「大逆事件」の前に思想によって逮捕され牢獄に繋がれており、偶然にも難を免れる。その後も〈ひと〉〈たみ〉が生きていくための言論・活動をなし、逮捕されるたびに新たな外国語を一つ自学した人。ユニヴァーサルにそして自由に世界に飛び出したその言語と日本語だった。しかしそのような人を、関東大震災（一九二三）の混乱に乗じて近代日本は抹殺。幸徳たちを自分の心で葬送した言葉に、「春三月　縊り残され　花に舞う」がある。

神崎清（二〇一〇）『**革命伝説　大逆事件**』全四巻……子どもの未来社

日本による長き戦争が敗戦と終戦（一九四五）となり、その後に初めて、幸徳や仲間たちの思想をきちんと検証できるようになった。そのような近代日本だった。著者はその新たな言論空間の中で、この人々の思想と人生そして不当な近代史に、切り込んでいる。

……憲法……

日本国憲法第九条と戦後体制

石川晃司

I　デモクラシーと憲法

憲法（constitution）は、その名の通り、その国の基本構造（constitution）をあらわすものである。近代の国民国家においては、民主政治（国民主権）が標榜される。民主政治とは、私たちが私たち自身の政治を決定するという形態である。これを〈支配―被支配〉の観点からみれば、〈誰かによって私たちが支配されるのではなく〉私たちが私たち自身を支配するという形態――つまり「支配者と被支配者の同一性」と定義することができる。これは具体的には、私たちの共通意思として法を制定し、その法に服するという形で実現される。これが〈法の支配〉であり、最高法規として憲法を定めれば

〈立憲主義〉ということになる。立憲主義とは、国家権力を憲法の制約のもとにおき、法律の制定や権力の行使が憲法に違背してはならないとするものである。国民国家において、民主政治とは主権者が国民であることを意味するが、憲法上、国民主権とは最高法規としての〈憲法の制定権〉を、国民がもつことを意味する。

第二次世界大戦敗戦を経て制定された日本国憲法は、とうぜん戦後の日本という国の在り方の基本を示すものである。だが、この憲法は、日本国の主権が回復していない、連合国軍総司令部（GHQ）占領下という特殊な状況のもとで制定されており、しかも近代憲法の〈常識〉からは考えられない条文（第九条）を含むことが、話を複雑にしている。この問題は、日本の戦後体制を考えるうえで、今日にいたるまで論争の的であり続けている。これからそれをみていこう。

II　日本国憲法の制定と国民の九条受容

戦後日本は、日本の非軍事化や民主化などの内容が盛りこまれたポツダム宣言(1)を受諾して、連合国軍の占領下におかれたところから始まる。連合国軍最高司令官D・マッカーサーは日本に着任して間もなく、日本政府に改憲を示唆した。これを受けて日本政府は憲法問題調査会を設置し草案を作成したが、その草案は、天皇の統治大権を変更しないなど、ポツダム宣言の内容に違背する、受け入れ難い保守的内容だったため、マッカ

---

(1)　日本の戦争終結条件を示した米、英、中国三ヵ国首脳の宣言であり、軍国主義者の除去と武装解除、民主主義の復活強化、言論・宗教・思想の自由、基本的人権の尊重の確立、平和主義の実現などを内容として含む。

ーサーは、ＧＨＱ民政局に、新たな憲法原案の作成を命じた。後の憲法九条が盛りこまれたこの原案が、日本政府案として憲法制定議会と呼ばれる一九四六年の第九〇回帝国議会にかけられた。

議会では、天皇制をめぐる国体(2)の問題と戦争放棄（憲法九条）が、大きな議論の的となったが、結果として、最高司令官の強い要望を背景に、草案がほぼそのまま成立した。天皇制に関する条項は、その後、象徴天皇制が国民の間に根づき、現在では大きな問題にはならないが、九条は今も最も大きな問題であり続けている。九条は次のようになっている。

第一項　日本国民は、正義と秩序を基調とする国際平和を誠実に希求し、国権の発動たる戦争と、武力による威嚇又は武力の行使は、国際紛争を解決する手段としては、永久にこれを放棄する。

第二項　前項の目的を達するため、陸海空軍その他の戦力は、これを保持しない。国の交戦権は、これを認めない。

この条文に関し、先の帝国議会で当時の吉田茂首相は「九条は自衛権を否定していないが、九条二項で一切の軍備と国の交戦権を認めていないから、自衛権の発動としての戦争も、交戦権も放棄していることになる」と答弁しているが、これは九条の文言を素

(2) 国家の根本体制のことだが、戦前の日本では、万世一系の天皇が頂点に君臨する尊い国家体制の意味で使われた。

直に解釈したものといえる。この解釈は、当時のアメリカの意向にも沿うものであった。

一方、九条を国民はどのように受け取ったのか。マッカーサー案が明るみに出る前に、政党や報道機関などから、さまざまな日本国憲法の私案が出されていた。それらの私案よりも、マッカーサー案は進歩的な内容を持っていた。それは、とりわけ九条に明らかであり、平和を願う当時の国民の心情に寄り添うものであった。吉本隆明は[3]「敗戦直後の焼け野原、食べ物その他の生活必需品の欠乏、あるいは職もなく家もないという情況のなかで、戦争はもうたくさんだという国民大衆が心底から同感した条項、それが第九条でした」（吉本　一九九五）と、当時の国民の心情を代弁している。

Ⅲ　日本国憲法第九条の独自性と先進性

九条は、世界史上においてもまた憲法史上においても、画期的な意義をもっている。一般に近代の国民国家は、その憲法に拠って、他から峻別して自らの体制を打ち立てるという排他性・閉鎖性をもつ。したがって、この国家が組織された軍隊（国軍）を保持することは憲法上も自明の前提とされ、国家の排他性・閉鎖性を打破するという発想それ自体が存在しない。

私たちは、ここで、二〇世紀の世界大戦が当時としては最先端の国民国家間において行われたことを、つまり国民国家と大戦争の間に本質的な関係があることを想起する必

(3)　吉本隆明《よしもとたかあき》（一九二四～二〇一二）：東京工業大学卒。詩人であり、戦後日本最大の思想家。主要著作に『言語にとって美とはなにか』『共同幻想論』『心的現象論序説』『心的現象論本論』『ハイ・イメージ論』Ⅰ～Ⅲがある。

要がある。この点に関して、多木浩二[4]は次のように語っている。

「国民国家というものが成立し、国民が主権をもつものとして登場したとき、はじめて国家は「戦争機械」になりえた。そこでは法定の戦争暴力が常備軍として存在し、いつでも起動しうる状態にある。だから指導者が、戦争権の行使を決定すると、法の定めるところにしたがって戦争が始まる。戦争の暴力は合法的なので、あらゆる暴力のなかでどこまで苛酷になってもいいものになる。それだけに途方もない犠牲を生んできた」（多木　一九九九）

しかるに日本国憲法の場合、その前文で平和主義を宣言し、九条では国際紛争解決の手段として武力の行使を否定し、軍隊の保持までも認めないことを明記している。九条は、完成された国民国家の憲法にうたわれた平和条項としては最も徹底している。

九条は太平洋戦争直後の日本において、戦争は二度と起こしてはならないという国民の思いと願いを、率直に反映し宣明したものである。重要なことは、戦争であれだけの犠牲を払ったからこそ、こうした絶対的な平和条項が結実し、それを戦後数十年、今日に至るまで変更せずにきているということである。九条の生命は、核兵器が開発・使用されるまでに至った軍拡の趨勢に対して、日本が率先して自発的に戦力を放棄することによって歯止めをかけようとする、理念と理想の表明であるところにある。そして、拡

(4) 多木浩二《たきこうじ》（一九二八〜二〇一一）：東京大学卒。独特の写真論、芸術論を転回したことで知られるほか、多様な分野にわたって刺激的な論考を発表した。『眼の隠喩』『写真論集成』など、著書多数。

大して考えれば、これは単に日本国民の問題ではなく、戦争の悲惨を経験した人類の切なる願いであったということができる。

この条項は、明らかに国民国家の憲法の基本的な〈常識〉を満たしていないが、そこにこそ価値がある。この条項は、絶対的な平和の理念として語られたものである。その本意は、二度と戦争を起こしてはならないという決意の表明にあり、戦争それ自体の否定にある。戦争に正義も不正義もないのであって、戦争それ自体を否定するという徹底した理念が九条には表明されている。国民国家に軍隊がつきもので、さらに戦争がつきものであるという、そうした〈常識〉や自明性にこそ、九条は戦いを挑んでいる。私たちは国民国家を永久不変のものだと考えがちであるが、それは比較的日付の新しい、特殊な人間の集まり方を指しており、現在、そのあり方に疑問が呈されているともいえる。九条は、こうした国民国家の将来的な展望との関連で本質的に問われて初めて大きな意味をもつ。

今日に至るまで、九条、特にその二項は実態に合わないとして改憲論者から批判されてきた。確かに解釈に無理に無理を重ねて今日に至っているわけで、これだけの規模の自衛隊を存立せしめている実態から見るならば、九条が実態に合わないのは当たり前である。だが、だから九条を捨てなければならない（実態に合わせて変えなければならない）とするのは転倒した論理である。九条をなし崩し的に形骸化してきたことこそが問題なのだ。九条を活かし平和主義を実効性のあるものとするためには、絶えずこの条項の理想と理念を外部に向かって発信し、具体的な行動として打ち出すことが肝腎だったのだが、そうした努力を、残念ながら日本は怠ってきたのである。

Ⅳ　憲法九条のなし崩し的形骸化

日本国憲法第九条は、以上のような世界史的意義をもつと考えるが、戦後日本の保守政権はその理想と理念を活かすことなく、逆の方向に進んだ。日米安全保障条約、自衛隊問題などについて、無理な憲法解釈や司法の判断回避を今日まで重ねている。この流れを、ごく簡単に辿ってみよう。

【米ソ冷戦によるアメリカの対日政策の変更】　アメリカの対日政策は、一九四七年頃からの米ソの冷戦によって大きな変更をうける。この米ソの対立を背景として朝鮮戦争(5)（一九五〇）が起こるにおよんで、日本を東アジアにおける共産主義勢力への防波堤にするという対日政策の方向転換が確実なものとなった。朝鮮戦争勃発直後、アメリカの要請を受けて、吉田茂首相は後の自衛隊の前身である国家警察予備隊を創設した。

集団的自衛権は、自国と同盟関係になる国家が攻撃を受けた場合、それを自国への攻撃とみなして、防衛のために共同で武力行使する権利のことだが、このアメリカの軍事戦略に日本を取り込むとする対日政策の変更にとって、日本が集団的自衛権を承認することが望ましいことはいうまでもない。これは別の面からみれば、九条が最大の障害に

(5)　親米政権である大韓民国と親ソ政権である朝鮮民主主義人民共和国との間で、一九五三年までの間に行われた戦争で、三〇〇万人の戦死者を出した。

なることを意味していた。

【日米安全保障条約の締結[6]】　一九五一年、日本はサンフランシスコで講和条約と同時に日米安全保障条約（旧安保条約）にも調印した。さらに翌五二年には、安保条約の具体的な内容を明確にする日米行政協定（後の日米地位協定）が結ばれた。旧安保条約は、六〇年に改定され新安保条約が締結された。

自衛隊の創設と日米安全保障条約の締結は、高度に政治的な問題だが、明らかに九条に抵触する。この後、九条との関係で自衛隊や日米安全保障条約・日米地位協定、在日米軍の存在が大きな問題となっていく。政府解釈のうえでも、違憲審査のうえでも、である。政府解釈は、概して自衛隊に関しては容認し、実質的に九条を形骸化する方向に動いた。九条に関する違憲訴訟もおこなわれたが、上級審は概して保守的であり、高度に政治性を有する問題に関しては司法審査の対象にしないとする統治行為論を盾に判断を回避する傾向がある。

【自衛隊合憲発言】　一九九四年、社会党出身の村山首相が、国会で自衛隊は合憲である旨の答弁をおこなった。自民党でさえも自衛隊を合憲とまで踏み込まなかったことを考えると、これは社会党だけにとどまらない大転換であった。

【自衛隊イラク派遣】　二〇〇一年、小泉純一郎内閣はアメリカ軍支援のために自衛隊を出動させることを意図したテロ対策特別措置法を制定し、集団的自衛権行使の道を一歩進めた。さらに二〇〇三年には、武力攻撃事態対処法を含む三つの有事関連法[7]を成立さ

---

(6)　日米間の軍事同盟。旧安保条約は「日本全土における米軍基地の自由使用を認める一方、米国は日本の防衛義務は負わないとするきわめて不平等な条約であった」（孫崎 二〇一二）が、新安保条約では「防衛義務を負う」ことを明記した。

(7)　「武力攻撃事態対処法」の他の二法は、「安全保障会議設置法の一部を改正する法律」「自衛隊法及び防衛庁の職員の給与等に関する法律の一部を改正する法律」。

せた。多国籍軍を組織してイラクへ侵攻しイラク戦争[8]を開始したブッシュ米大統領との会談で、小泉首相は自衛隊の多国籍軍への参加を表明し、これを充分な国会審議を経ないまま閣議決定した。自衛隊の任務は人道支援が中心ではあったが、アメリカが世界中で展開する戦争に、自衛隊を参加させたという事実は否定できない。

【集団的自衛権行使容認の閣議決定と法整備】　安倍晋三内閣は二〇一四年七月の臨時閣議で、憲法解釈を変更して、いくつかの要件に該当する場合に限り、集団的自衛権行使を限定容認することを決定した。従来の内閣法制局[9]の解釈では、自衛権を認めたうえで、個別的自衛権[10]と集団的自衛権を分け、個別的自衛権の行使は認められるが、集団的自衛権の行使は禁止としていたため、この決定は戦後のわが国の安全保障・外交政策上、重大な転換となった。この閣議決定をうけて、集団的自衛権の行使を可能にする安全保障関連法案（安保法制[11]）が国会に提出された。この法案には〈戦争法案〉だとする国民の大きな反発があり、国会周辺においても反対デモが繰り返されたが、二〇一五年九月に可決、成立した。

一般に法は抽象的であるから、その運用に当たっては、その〈解釈〉が要求される。また、憲法は容易に変更することはできないようにつくられているから、条文を変えずに〈解釈〉によって実情に対応していくことも必要なことではある。しかしながら、その〈解釈〉には、おのずから許容範囲がある。集団的自衛権についていえば、九条に抵触しているとするのが通説であり、〈解釈〉によって容認することには無理がある。ま

---

(8) 米・英を中心とする諸国が、イラクに義務づけられていた大量破壊兵器の不保持に違反しているとして、イラクに侵攻して引き起こされた戦争。結果的に、大量破壊兵器は発見されなかった。

(9) 内閣に直属し、法案や法制について審査・立案・意見・調査をおこなう機関。

(10) 自国が他国などによる攻撃を受けた場合に、反撃をおこなう権利。

(11) 「国際平和支援法」と「平和安全法制整備法」の二法案のこと。

た、これほど重要な問題を、九条改憲手続きを経て国民に問うことをせず、一内閣による憲法解釈の変更で行使容認に転換することについても疑念が残る。

V　おわりに

憲法は「不磨の大典」ではないのであって、民主主義の国家においては、国民の意思によって変えられるべきものである。九条に関しても大いに議論してしかるべきだ。そうして、国民の合意を形成していくことが必要不可欠なのだが、九条に関しては、保守派・革新派を問わず、本質的な議論を回避して今日に至っている。

憲法（とりわけ九条）をめぐる戦後日本の体制を考えるとき、いわゆる保守派が改憲を志向し、革新派は護憲を志向するという〈捻じれ〉状態が続いている。保守派がおこなってきた、憲法の条文をそのままにして内実を変えようという曲芸に近いやり方については、述べてきたとおりである。しかし、一方の革新派にしても、「九条を守れ」と叫ぶだけで、九条の理念を実現するために、何ら普遍的で実効性あるプログラムを提示してきたようにはおもわれないのである。

参考文献

多木浩二（一九九九）『戦争論』岩波新書

孫崎享（二〇一二）『戦後史の正体　1945-2012』創元社
吉本隆明（一九九五）『超資本主義』徳間書店

【読書ガイド】

柄谷行人（二〇一六）**『憲法の無意識』**……岩波新書

日本人の歴史的・集団的無意識が憲法九条の改憲を阻んできたとする、独自の視点からの九条論である。

多木浩二（一九九九）**『戦争論』**……岩波新書

国民国家と戦争の不可避的な関係について、非常にわかりやすく書いてある。

豊下楢彦（二〇〇七）**『集団的自衛権とは何か』**……岩波新書

集団的自衛権および日本におけるその解釈の意味について、的確にまとめてある。

孫崎享（二〇一二）**『戦後史の正体　1945-2012』**……創元社

アメリカが戦後の日本に行使してきた甚大な影響力について、余すところなく抉り出している。

吉本隆明（一九九五）**『超資本主義』**……徳間書店

時事評論を中心とした著作。社会党村山内閣の「自衛隊合憲発言」を批判し、九条の意義に触れた文章も収録してある。

戦後言説と冷戦責任

……戦後の歴史社会学……

岩崎 稔

第5章「戦後日本の枠組み」全体の学習目的は、現代日本の政治秩序を時間的にも空間的にも奥行きをもって理解することにある。そのためにこの章の各節では、「天皇制」「国家神道」「超国家主義」といった戦前期からの補助線を引いて扱わなくてはならない項目と、「日本国憲法」という戦後秩序の骨格にあたる項目とが取り上げられている。それらの意味を押さえたうえで、本書の入門編にあたる『日本をたどりなおす29の方法—国際日本研究入門』の第5章第5節「東アジアと冷戦構造」では、戦前戦後の繋がりを多元的に把握し、戦後日本の平和と繁栄を東アジアの時空間のなかで再考することを目指している。さらに、その発展学習として、「戦後」が同時にもうひとつの戦争である「冷戦」の時代であったことも考えてみよう。それらは「戦後」をめぐる最新のホットな論点だからである。

「戦後」という切り口で説き始める際にまず留意すべきは、英語やフランス語であればpostwarやaprès guerreにあたる「戦後」という語彙が、日本では相対的にかなり長く用いられてきたということだろう。「戦後」という表現は、第二次世界大戦のどの戦勝国においても、また日本と同じ敗戦国であったドイツにおいても、すでに現在を特徴づける時間観念としては喚起力を持たなくなっている。ところが日本社会は、政治的立場の違いを問わず、いまだにこの言葉遣いにこだわっている。先の安倍政権などを典型として、このところの日本政府は（国際標準に照らせば明らかに）自民族中心主義的な極右の歴史認識に囚われており、そうした政権の周りに蝟集する政治家は「戦後レジームの清算」ということをしきりに主張する。かれら、彼女らにとって「戦後」は、いまだに対抗すべき「敵」として存続しつづけているのである。他方で、政治的左派やリベラルを標榜する知識人も、多くの場合に「戦後民主主義を守れ」という標語を掲げて対抗する。脱却か擁護かの違いはあっても、左右どちらも「戦後」という語彙によって現状を捉えることがなおもリアルな説明だと見なす点で共通している。だからひょっとすると、このように日本でことさら長持ちしている「戦後」という時間観念に対して、留学生諸君が違和感を口にするかもしれない。しかし、この単元で問題にすることは「戦後」という語彙の「賞味期限」だけではない。入門編で「玉音放送」や「終戦記念日」をトピックとして説明していたのは、「昭和二十年八月十五日」に象徴される「戦後像」全体が日本社会のなかで纏ってきた意味であり、その呪縛力や死角であった。本書を用いた授業は、この強張りを解きほぐしていく形で進めてほしい。その手助けとなるように、以下では、戦後日本に関するさまざまな研究を参照しながら、「終戦の日」「断絶と連続」「複数の占領」「失われた脱植民地化」、そして「戦後と冷戦」という五つの視点から、授業案づくりに資する議論を紹介しておこう。

I　終戦の日

言うまでもなく「八月十五日」は、アジア全体に二千万人の死者をもたらし、国内でも二百万人の軍人・軍属と百万人の民間人の死を招いたアジア太平洋戦争において、日本がついに無条件降伏をした日とされてきた。その日を境に、軍国主義の戦前と民主主義の戦後とが分かたれる。だからこの日は「国民的な」コメモレーション(1)の対象ともなっている。ただし、「戦没者慰霊式典」や千鳥ケ淵の戦没者墓苑などの光景とともに、相も変わらず旭日旗(2)を掲げてこの日に靖国神社に登場する軍服姿の人びとの映像も使って、戦争の記憶がどのような分断を孕んでいるのかを留学生に提示すれば、ちょっとしたショックを与えることになるだろう。あるいは「遊就館」という軍事博物館が靖国神社内に設置されていることや、そこで臆面もなく主張されるアジア太平洋戦争の解釈が「アジアを解放するための大東亜戦争」であることなどは、とくにアジアからの留学生

(1) 主として国家のなかで共有されていたり、共有すべきだとされていたりする社会的記憶を実践的に再確認して、それを共同体の絆の強化に結びつける儀式のこと。「戦勝記念式典」や「革命記念日」のパレードなどがその典型である。

(2) 朝日が昇るときの光の放射をデザインした旗で、戦前は日本軍の連隊旗や軍艦旗として頻繁に用いられた。そのために、アジア太平洋戦争の被害国からは、軍国日本の侵略性と植民地支配を象徴する記号としてことさらに忌避されている。

にとって驚愕と嘲笑を引き起こすことだろう。それでも、これらは奇矯な例外ではない。「日本遺族会」を重要な票田のひとつとしている与党自民党の見解でも、だからそれが作っている政府の見解でも、アジア太平洋戦争を公式に「侵略戦争」と表現することはいまでに禁忌とされているのである。

手始めは佐藤卓己の『**八月十五日の神話**』を参照するのが手ごろである。この本は終戦の詔勅が「８１５字」でできていたという謎めいた説の真偽も含めて、「終戦記念日」をめぐる興味深い話題に満ちている。そもそも日本がポツダム宣言を受け入れて無条件降伏すると連合軍に連絡したのは、八月十五日ではなく十四日であった。中華人民共和国や台湾、ロシアなどにとっては、「対日戦勝記念日」は、降伏文書調印の翌日である九月三日と正式に定められている。いずれも八月十五日ではない。だが、佐藤が本当に問おうとしているのは、「八月十五日」を前後する日付のバラツキだけではなく、それが非常に制約された視角から構築された時間秩序だという点である。そのような時間秩序のなかにこそ、もっぱら戦後日本にだけ通用している発想や観念が深く根を下ろしている。

II　断絶と連続

戦後民主主義を絶対的な価値観として称揚する立場からすれば、「八月十五日」を決定的な「断絶」と捉えるのは当然のことである。そうした八月十五日観をもっとも素直に表現したのは「八月革命」という言葉だろう。それによって見据えられているのは、天皇と国体の名において個人の自由を奪い、この国にもアジアにも途方もない惨禍をもたらした「超国家主義」の体制がついに崩壊し、主権者となった国民の手による新しい時代が始まったという意味での「断絶」である。戦後民主主義を形骸化して「逆コース」[3]を進もうとする旧勢力やその価値観がなおも存続しているかぎり、「戦後」という時間性を持った社会が果たすべき最大の課題とは、普遍的な基準としての民主主義を発展させ、成熟した市民社会へと近づいていくことであった。

そうした革新派の理解とは反対に、保守派にとっては、八月十五日という「断絶」は、当然にも痛苦で恥多き時間性である。そこからは、日本国憲法を「敗戦によって押しつけられた憲法」として否認し、それに代わる自主憲法を制定しなくてはならないという「悲願」が出てくる。「憲法改正」によって戦前戦後の「断絶」を修復し、日本人の「自主的な」政治秩序を作り出して、民族としての「連続性」を再建するのだという。その限りで右派にとっては、「戦後」とは不愉快で未清算な現実そのものとなる。もっとも、奇妙なことに、日本人としてのアイデンティティを快復すべきだと強調する政治勢力に限って、その一方で、日米安保体制下の対米従属に掉さすことに熱心であり、そうした戦後の所与からもっとも益を得ていることが多い。そのために、戦後日本の右派ナショナリズムの主張は、かなりねじくれたものになっている。

---

(3) 米軍の日本占領では、当初は連合軍総司令部の民政局（GS）に拠るニューディール派によってさまざまな民主改革が進められたが、やがて反共主義を優先させる参謀第二部（G2）の軍人たちによって民主的性格が骨抜きにされ、戦前からの反動的な勢力の容認や復権へと引き戻されていったこと。

このような左右の対立が示す「断絶」と「連続」の図柄が、戦後日本の一般図式となってきた。それに対して、左派の側からは、とくに一九六〇年代末の青年叛乱[4]が、高度経済成長と戦後民主主義がもたらした虚妄の繁栄を左右の既成秩序の結託だと捉え、その息苦しさに激しい異議申し立てを行ったことがあった。世界各地で起こった「1968[5]」は、日本ではこの時期の新左翼や全共闘の闘いとなって噴き出したのだが、「戦後」的秩序へのそうした異論ははっきりとした帰結を生み出すことなくやがて退潮してしまう。

戦後的なものの「ねじれ」については、もっと後に、つまり一九九〇年代半ばに、文芸評論家加藤典洋と哲学教師高橋哲哉との間で、「歴史主体論争」と呼ばれる論争を招いたこともある。加藤はある文芸誌に載せた「敗戦後論」というエッセーで、「戦後」において繰り返しジキル博士とハイド氏のように、戦後秩序に基づく価値観を肯定することとそれを否認することとが矛盾しつつ交錯して現れることをあらためて問題とした。かれの説明では、その分裂状態の基底にあるものこそ戦後の「ねじれ」である。そして、それを克服するためには、二千万人のアジアの死者を哀悼する前に三百万人の日本の死者を哀悼するナショナルな主体が構築されるべきだ、と提起した。これに対して高橋をはじめ多くの論者は、日本人の主体性をリセットして再スタートするという加藤の発想は、侵略戦争や植民地支配に対するある視野狭窄の上に成立していると批判して大きな論争に発展した。

---

(4) 一九六〇年代から七〇年代初めにかけて、日本のほとんどの大学で、ベトナム反戦などの国際的な問題への抗議とともに、産学協同教育に対するラディカルな批判も掲げて、ストライキやバリケード封鎖の戦術も駆使した学園闘争が広がっていったこと。

(5) パリの五月革命をはじめ、西欧諸国やアメリカ、日本などで同時的に、産業社会の文化的抑圧や人間疎外に対する異議申し立ての左派運動が青年層に広範な支持を得た。こうした騒乱は、それがもっとも激しかった年に象徴させて「1968」と総称される。

また、「歴史主体論争」と同じ九〇年代に保守と革新という対立配置そのものに投じられた別の一石もあった。それは、戦後民主主義や福祉社会それ自体を、二〇世紀の「総力戦」とそれへの「国民的動員」という観点に基づいて、戦間期から連続した動態として捉え直した「総力戦体制論」と呼ばれる議論である。代表的な主張は社会学者山之内靖が中心になって編纂した**『総力戦と現代化』**という論集にまとめられている。「総力戦体制論」は、戦後民主主義のもとでの国民形成や、経済成長を導いた諸政策は、けっして戦後の独自の達成であるのではなく、むしろ戦間期から戦中にかけての国民国家の総力戦動員のなかですでに開始されていたものであると明らかにした。具体的には、欧米に倣った total war への合理的動員を目的とした戦間期の「教育科学運動」や教育制度改革が、敗戦直後の教育政策の下地をなしていたことなどがある。あるいは終身雇用制など、戦後日本経済に固有とされた雇用システムや、通産省（現在の経済産業省）の産業界に対する「行政指導」、そして戦後の福祉社会を支える各種の政策制度もまた、戦時動員のための国民化のなかで開始されたものだと指摘した。それによって、戦後の福祉社会と民主主義を、単純に権力の抑圧とは無縁な絶対的な価値として前提にするのではなく、むしろそれ自体が人びとの生を支配する別様の権力であると論じていた。こうした議論もまた「八月十五日」の「断絶」と「連続」をより複雑に考えることを促した。

III 複数の占領

さらに「八月十五日」を相対化するということは、戦後占領をどのように捉えるのかという問題にも関わっている。ことはけっして占領期の七年間をめぐる一解釈にはとどまらない。というのも、ブッシュ政権はイラクのサダム・フセインとの戦争を始める際に、開戦を正当化するための論拠のひとつとしてこれを活用したからである。「ネオコン」と俗称された当時の右派政治家たちは、「軍国主義に凝り固まっていた国を戦争で打ち破り、民主化してもっとも従順な同盟国にすることに成功した日本占領という前例がある」と主張した。「成功した間接占領」――つまり、連合軍総司令部が占領していても、直接の統治は日本政府が行って、国民に受け入れられる民主主義体制を首尾よく構築することができたという理解は、日本においても根強いものである。しかし、そのように説明するときに死角となっているのは、日本の「間接占領」は、あくまでアジアの他の地域の、具体的には沖縄や南朝鮮の「直接占領」と、そこでの剝き出しの暴力に支えられて初めて成り立っていたという点である。それに、一九四七年には、緊迫する朝鮮の政治状況との関係で、日本国内においてすら「阪神教育事件」に関わって占領軍による戒厳令措置が例外的に実施されたこともあった。それらのことが、「八月十五日」観や「間接占領」のイメージによってすっかり不可視にされてしまっている。言い換えるなら、戦後占領は、一国史的な発想ではなく、東アジアおよび環太平洋地域の多様なリアリティのなかで見直されるべきもっと複雑な過程であった。

Ⅳ 失われた脱植民地化

「八月十五日」という日付が意味したのは、蘭領東インド、つまり現在のインドネシアにおいても、仏印、つまり現在のベトナムなどにおいても、平和の訪れを意味する断絶としてよりも、むしろアジア太平洋戦争に接続する植民地解放のための熱戦であった。また、日本の植民地支配を受けていた朝鮮半島にとっては、たしかに植民地支配が終わった「光復節」は八月十五日であるものの、そこでも「朝鮮戦争（韓国戦争）」までの、地続きともいえる内戦的な状況が存在していた。しかも、そうした左右の擬似内戦的な現実において、日本による植民地支配の恩恵を受けてきた人びとへの責任追及は、「共産主義」の排除撲滅という反共主義の枠組みを利用して抑圧されていた。こうしたアジアの植民地主義をめぐる各地の困難も、「八月十五日」を単純な転換点としてしまう日本国内の時間感覚からは不可視になり、それは日本社会からは植民地支配の歴史を反省する機会を失わせる効果を持った。

アジア太平洋戦争中の戦意発揚の標語であった『進め一億、火の玉だ』や、敗戦の責任をあいまいにした典型的な発想である『一億総懺悔』などに出てくる「一億」という人口数に目を留めてみよう。この時点で、日本の列島弧に住む人びとは、せいぜい七千万人ほどであったにもかかわらず、それが「一億」として表現されていたことに注意すべきである。この「一億」人という数には、植民地支配地域であった台湾と朝鮮、南洋諸島の「帝国臣民」が当然のように算入されていた。ところが、「八月十五日」によって平和な世界が到来したという転換のイメージとともに、自らが植民地支配の当事者であり加害者であったということが日本人の平均的な意識から消失してしまう。西欧の旧宗主国であるイギリス、フランス、オランダなどは、おしなべて脱植民地化の過程に苦しむのだが、後発の植民地帝国であった日本は、ポツダム宣言受諾とともに植民地を放棄させられ、それと同時にその植民地支配責任を完全に忘れ去った。戦後、単一民族言説が持ち出されては問題化したり、日本で暮らしている在日朝鮮人に対する差別意識が根強く残り続けたりしているのも、植民地支配という問題を主題化する機会を逸したからである。これらの点について、たとえば、社会学者中野敏男らが編集した『**継続する植民地主義**』は、植民地主義の問題がなおも現代日本を深く規定し続けていると問題提起した論集である。中野らは、戦後日本において未清算なままのポストコロニアル的契機[6]を切り口として、戦後の読み直しを試みていた。

V　戦後と冷戦

議論はさらに「冷戦」という問題にもつながっていく。というのも、「戦後」とは数

---

(6)　植民地主義に苦しめられたアジア・アフリカ地域は、独立後もその負の遺産を、経済的、文化的、心理的に背負い込んでいる。コロニアリズムが形を変えたまま存続している現実や、それとの思想的・文化的格闘は、ポストコロニアリズムと総称される。

年間のタイムラグを挟んで、すぐにもうひとつの戦争としての「冷戦」の時代となり、それが一九八九／九一年まで続いたからである。だから、今日「戦後」を問題とするのであれば、この冷戦という戦争についても、あるいはその「冷戦」の「戦後」という観念についても問題にしなくてはならない。「冷戦」とは、そしてその「冷戦」の「戦後」とは何だったのか。「冷戦」は、長く米ソの対立構造を前提とした国際関係論やイデオロギー論としてだけ議論されてきた。しかし、近年ではあらためて「冷戦文化論」という視点が設定され、この時代の文化や民衆生活に入り込んで考えようとする見直し作業が進んでいる。それは、たとえば、この時代の社会運動にあらためて注目し、とくに挫折した社会運動や「異議申し立て」にもっと丁寧に寄り添うさまざまな試みがそれである。こうした社会運動とその蹉跌の歴史は、今日のような新自由主義的な発想が強い時代では、すっかり陳腐化されているのだが、そうした見失われてきた人びとの記憶をあえて掬《すく》いあげたものとして、一九五〇年代のサークル文化運動(7)についての研究である道場親信の『**下丸子文化集団とその時代**』は優れた実例である。下丸子地区などの東京南部地域の労働者たちは、仲間とともに詩を書き、サークル詩の雑誌を出していた。道場はそうした活動が、今日考えるよりもはるかに大きな広がりがあり、能動的なヘゲモニー運動(8)であったことを、実際のサークル雑誌の発掘を通じて明らかにした。また、その問題意識を引き継いでいるものとしては、宇野田尚哉と坪井秀人が編んだ『**対抗文化史**』がある。

---

(7) 雑誌『現代思想』の「総特集＝戦後民衆精神史」（二〇〇七）を嚆矢とする近年の実証研究は、一九五〇年代の左派運動が工場や地域のサークルによる活発で自発的な文化運動であり、この時期が「集団」というあり方が焦点化した特徴的な時代であったことを再発見した。

(8) イタリアのアントニオ・グラムシの『獄中ノート』によって彫琢され、現代マルクス主義が継承している鍵概念のひとつ。狭義の政治にとどまらず、文化や社会規範を含む社会的諸関係のなかに言語を介して作用している能動的、受動的な権力関係を指している。

しかし、それに加えて「冷戦」研究に重要な転換をもたらしたのは、冷戦と民衆という下からの視点すらもすっかり変容させた益田肇の『**人びとのなかの冷戦世界**』だろう。アジア・太平洋戦争という熱戦については、「総力戦論」も含めて、民衆の動員や民衆自身の戦争責任という問題がこれまで論じられてきた。しかし、益田は、「冷戦」という戦争に関しても、そこに民衆がどのように関与していたのかを鋭く問いかけている。しかも、それは、国民国家日本の内側に閉じこもったものではなく、アジアの多くの地域の人びとの感情や不安を視野に収めて考察している。益田は、冷戦が文字どおり人々のなかで、つまり草の根のレベルでどのように作用し、どのように「世界各地の人口の大部分の人々によって同時代の現実として承認されていった」のかを問題にした。かれは説いている。「もし、そのような社会的承認と支持がなければ、冷戦という言説は単なる一つの見方から反駁の余地のない世界の『真実』へと変貌することはなかっただろう。このようにして冷戦を社会的な見地から見てみたとすれば、それをいつまでも米ソ対立の枠組みのみで見続けるわけにはいかないことが分かる。むしろ、それを壮大な規模を持った社会装置――つまり、さまざまな社会紛争や文化戦争を封じ込めることで世界各地の混沌とした戦後状況を『安定化』させるという装置――として、またそのような役割を各地で果たした想像上の『現実』として捉えることができるだろう。」(『人々のなかの冷戦世界』三二二頁)

このようなさまざまな戦後論の文献を用いて、この節の学習目的を豊かに実現することができる。特定の「戦後像」を、まるで陣営を守るみたいに擁護したり、逆に乱暴にうち捨てたりするのではなく、それを自覚的に再検討しつつ複雑化していくこと——このことは、別の言い方をすれば、そこにあったにもかかわらず実現しなかった暗黙知を救いだし練り上げていく試みでもある。その点について、かつて民衆史家の安丸良夫が、戦後思想の未完の可能性を示唆して「戦後知」という言葉を用いていたことを思い出す。この概念で、安丸もまた「戦後」をめぐる思考の未発の可能性を未来にわたそうとしていたのかもしれない。

【参考となる書籍】

ヴィクター・コシュマン（二〇一一）『戦後日本の民主主義革命と主体性』葛西弘隆訳、平凡社
宇野田尚哉、坪井秀人編（二〇二二）『対抗文化史―冷戦期日本の表現と運動』大阪大学出版会
長志珠絵（一九九五）『占領期・占領空間と戦争の記憶』フロンティア現代史、有志舎
高榮蘭（二〇一〇）『「戦後」というイデオロギー―歴史／記憶／文化』藤原書店
佐藤卓己（二〇一四）『増補 八月十五日の神話―終戦記念日のメディア学』ちくま学芸文庫
中野敏男他編（二〇〇五）『継続する植民地主義―ジェンダー／民族／人種／階級』青弓社
益田肇（二〇二一）『人びとのなかの冷戦世界―想像が現実となるとき』岩波書店
道場親信（二〇一六）『下丸子文化集団とその時代―一九五〇年代サークル文化運動の光芒』みすず書房
山之内靖（二〇一五）『総力戦体制』ちくま学芸文庫
山之内靖他編（一九九五）『総力戦と現代化』パルマケイア叢書、柏書房

【読書ガイド】

佐藤卓己(二〇一四)『**増補　八月十五日の神話—終戦記念日のメディア学**』……ちくま学芸文庫

「終戦記念日」のイメージを刷新してくれるこの本が入り口としては最良であるが、さらに多面的に考えるための手がかりとして以下数冊を挙げておこう。

山之内靖(二〇一五)『**総力戦体制**』……ちくま学芸文庫

山之内靖他編(一九九五)『**総力戦と現代化**』パルマケイア叢書……柏書房

「総力戦体制」という観点については、主唱者のひとりであった山之内靖の『総力戦体制』や山之内靖他編の『総力戦と現代化』がいい。後者は、コーネル大学出版会からも英語版で *Total War and "Modernization"*, 2010 が出ているから、留学生には議論の微細なニュアンスを英語でフォローしてもらうこともできる。

加藤典洋(二〇一五)『**敗戦後論**』……筑摩学芸文庫

高橋哲哉(二〇〇五)『**戦後責任論**』……講談社学術文庫

「歴史主体論争」については、当事者の二著、加藤典洋『敗戦後論』と高橋哲哉『戦後責任論』はともに文庫になっている。実際に読んでみると、きっと微妙に論点がズレていると感じるだろうが、それもまたこの論争の特徴かもしれない。

道場親信(二〇一六)『**下丸子文化集団とその時代—一九五〇年代サークル文化運動の光芒**』……みすず書房

「冷戦文化」という視点については、この本を薦めたい。夭折した道場には、戦後社会運動論としては『占領と平和—〈戦後〉という経験』(青土社、二〇二一)もある。

益田肇（二〇二一）『**人びとのなかの冷戦世界—想像が現実となるとき**』……岩波書店

この本は、冷戦という主題にそれまでになかった視座を開いた最新の議論であり、二〇二一年度の大佛次郎賞を受賞している。

第6章 現代日本の暮らしと文化

本章では、高度経済成長に由来する日本社会の諸問題を取りあげます。戦後日本の教育政策・制度や、農産物の輸入自由化と密接不可分な農業問題、東日本大震災と地域といったテーマです。また、男性雇用者と家庭役割を引き受ける女性とによって成り立つ「サラリーマン社会」や、ジェンダーの視点から戦後日本の経済・経営の特徴を論じたテーマも収録しています。これらの諸問題が社会のあり方や人々の日々の暮らしにどのような影響を与えたのかを、討論しながら考えていただきたいと思います。

「教育の機会均等」とは何か

……教育社会学……

岡田昭人

「教育の機会均等」という概念は、それを論じる人たちによって様々に解釈され、多様な定義が与えられている。それらを総合すれば、一般的には以下のように定義できる。

「教育を受ける機会が、人種、信条、性別、社会的身分、経済的地位または門地[1]により差別されず、能力に応じてひとしく保障されるべきであるという、近代公教育を支える理念の一つ」

このことから分かることは、教育の機会均等概念の根底には、全ての人々が人生の目的や達成を追求するとき、生まれながらに平等の権利もっているといった考えがあり、

(1) 通説上、人の出生・背景に規定される家柄、血統等を意味する。

そのためにどんな人でも、親あるいは自分自身の社会的地位や身体的、経済的条件などによって差別を受けるのではなく、自己の希望や期待、そして能力に応じて教育を受ける機会が均等に与えられるべきであるという思想がある。フランス革命やアメリカ独立宣言などでその理念が明示されていた。

現代の公教育法制における機会均等原則は三つの柱によって構成されている。①義務公教育の「無償性」：経済的地位などによる教育上の格差解消を進める上での基礎となる原則、②国が教育機会の提供を保障するための「義務性」、そして③特定の政治的立場に与することなく、科学的視点に立って自主的な教育を確保するための「中立性」である。

近代的な学校制度が確立する以前の教育はどうなっていたのだろうか。日本の場合をみてみると、「藩校」や「寺子屋」[2]があったとはいえ、教育の大部分は人々が人生の大半をそこで過ごしていた「イエ」や「ムラ」で行われていた。当時、人々の生活の場が直接労働と生産の場であった伝統的な地域社会では、子どもたちは、幼少のころから大人の仕事をみたり手伝ったりしながら、生産に必要な知識や技術を学び、日常生活の習慣や規範などを身につけていた。また子どもや若者層を中心とした様々な組織（「子ども組」や「若者組」[3]など）の中での集団活動や仲間遊びを通じて、地域共同体の成員としての行動様式や規範意識を修得していた。こうした社会では、家庭と地域共同体が主たる教育の担い手であり、また教育の重要な目標は親の職業を世襲

(2) 「藩校」は武士を対象として、身分に相応しい文武の教養を身につけさせることを目的としており、「寺子屋」は主に庶民を対象として、「読み」「書き」「計算」といった日常生活に必要な知識を身につけさせることを目的としていた。

(3) 一定の年齢に達した者を集め、地域の規律や生活上のルールを伝える土俗的な教育組織であった。

させること、地域共同体の構成員として生きていくための知識、習慣、儀式などを修得させることであった。

「教育の機会均等」は、近代学校教育制度の成立にともない、「社会的地位の再配分原理」として登場してきた概念である。それは従来、人々の教育機会や将来の社会的地位が「属性原理」といわれるような、つまりは身分、家柄、人種、民族、性別などによって決定されるといった社会に対抗する原理として登場し、それに代わって「業績（能力）の原理」によって置き換えようとするものである。これは「メリトクラシー」ともよばれている。

日本の教育は、小学校六年、中学校三年、高等学校三年、大学四年の六・三・三・四制を採用している。小中学校の合計九年間が義務教育で全ての学齢期の子どもたちは就学しなければならない。しかし、現在高等学校の進学率は、九八パーセントにも達し、まさに「高校全入」という状況になっている。また大学進学率も五〇パーセント以上であることから、日本は韓国や中国と並び、世界の中でも有数の高学歴社会となっている。こうした人々の教育機会に対する熱意を支えているものが「学歴主義」である。一般的に「学歴主義社会」とは人々の評価や将来の社会的地位を決定する学歴の力が相対的に大きい社会を意味する。

一九六〇年代に入り高度経済成長期に達したころからあらゆる段階の教育機会が飛躍的に拡大した。とりわけ大学を含む高等教育の機会が拡充し、それにあわせて「学歴主義」や「学歴主義社会」といった言葉が生み出され、その後、塾や予備校などの受験産業が登場してくる。日本や韓国など西洋諸国と比べて産業化が比較的遅れて進められた国々では「学歴主義社会」になる傾向が強まる（ロナルド・ドーア 一九七八）。そのため、子どもたちは人生の早い段階から学歴取得のための競争に参加することになり、塾や予備校などの教育産業が発達してきた。一〇代の子どもが塾に通うことは西洋世界ではあまりなく、「日本の子どもはかわいそうだ」という意見がある。

大企業に就職するためには一流大学へ、そのためには有名な高校や中学校へと受験競争は過熱する一方で、小学校さらには幼稚園から塾に通う子どももいるほどだ。特に幼少期から有名な私立の幼稚園を受験させることを「お受験」とよぶ。親にとって子どもをよい学校に入れることは、将来、有名大学に進学する道が約束されると思わせる。なぜなら、こうした私立の学校の大部分が私立の有名大学につながっているからだ。そして、子どもたちだけではなく、親たちまでが「両親の面接」の準備をするために塾に通うといったケースもみられる。最近では受験の時期だけに販売される合格を祈願したお菓子やグッズが登場し、よく売れている。これらは、日本が学歴主義社会であるために起きた現象で、だれもが疑問を感じながら、この受験競争に参加しているのが現状である。

第二次世界大戦までの日本の教育制度は、差別的なもの（男女別学、階層分断的、能力別、地域差など）であった。特に中等教育以降の教育は学費を徴収していたため、経済的に裕福な家庭でなければ進学することは困難であった。また経済的な要因だけではなく、当時は所属する階層の身分的な文化要因（家柄、家系、出自、門地など）も子どもの進路決定に大きく作用していた。貧しくても能力がある子どもであったとしても、所属する階層によっては高等学校に進学することが「分不相応」であるとされるため進学辞退を余儀なくされた場合もあった[4]。

戦後の日本の教育制度は原則としてアメリカをモデルとして「単線型」学校制度を採用した。「単線型」学校制度（すなわち六・三・三・四制）とは、全ての学齢期の子どもたちが可能な限り同じ形態・内容・カリキュラムに基づく教育を比較的長い期間において受けさせることを目的としており、「平等性」を重視したものである。また憲法や教育基本法などによって教育の機会均等が法的に保障されることになった。

一九五〇年代に日本は再独立し、一九六〇年代の高度経済成長期を迎えるころには、「日本はもう戦後ではない」状況となった。それ以後世界第二のＧＤＰ経済大国に成長した日本は、国民の所得も上昇し（「所得倍増計画[5]」など）、国民の暮らしは飛躍的に向上した。全ての人々が自身を中流階級であると認識しているという「一億総中流」という言葉が登場するのもこの時期である。戦後の平等主義に基づく教育制度の確立と国民の生活レベルの向上などがかみ合うことによって、日本では「だれもが努力さえすれば、出身家庭にかかわりなく高い学歴を取得することが可能である」、といったような考え方が広まっていった。また学校内部においても生徒を成績でクラス分けすることや、ま

(4) 貧困層で能力のある子どもには旧制中学で優秀な成績を収めれば陸軍士官学校や海軍兵学校、師範学校などに進学するものもいた。こうした学校は学費無料で立身出世の道として認識されていた。

(5) 一九六〇年に池田勇人内閣によって策定された長期経済計画。一〇年間で国民所得を倍増させ、完全雇用の達成や階層間の所得格差の是正などによって生活水準を西洋先進国並みに引き上げることを目的とした。これにより高度経済成長期に国民一人当たりの消費支出は二・三倍に拡大した。

(6) 一九六六年にアメリカ政府が実施した教育実態調査に基づいて社会学者ジェームズ・コールマン

たあらゆる面において序列化することを徹底して否定する傾向が強まっていく。こうした傾向は、一方で教育現場における競争主義を緩和する効果があったものの、他方で家庭環境と学業成績の相関関係を学術的に分析することさえタブー視する風潮を生み、合理的根拠に基づく教育政策の策定を妨げることにもつながった。

同時期、西洋先進諸国（特に米英）では子どもの出身階層と教育の機会に大きな格差が生じていることが様々な研究によって実証されていた。アメリカでは一九六〇年代に「コールマン報告書」(6)が出され、教育的に不平等な立場に置かれている黒人やヒスパニックの子どもたちに特別優遇措置（アファーマティブアクション(7)やヘッドスタート(8)など）をとるといった「結果の平等」を目指した政策が実施された。西洋諸国では子どもたちの出身家庭の経済・文化事情によって、たとえ教育の機会均等が法的に保障されていたとしても、実際には裕福であるのかないのか、またマジョリティであるのかないのかによって、れっきとした不平等が生じていることが大問題となり、教育制度そのものを改革する重要な要因となった。日本でも状況は同じであるにもかかわらず、国家レベルの教育改革で、階層と教育機会の不平等問題が議論されることがほとんどみられない。これは前述した日本に特有の教育の機会均等に対する考え方があるからではないだろうか。

近年、主に教育社会学の分野で教育と階層間格差の研究が行われている。戦後の教育改革により教育の機会均等は法的に達成されたのであるが、それはあくまで形式的であ

が分析しまとめた学校教育と機会均等の関係についての報告書。アフリカン・アメリカンなどの教育的不平等を是正する上で、学校が極めて限定的役割しか果たせないことを明らかにした。この報告書によって教育における平等の論争は、機会の平等から結果の平等へと論点が移行した。

(7) アファーマティブアクション（「積極的格差是正措置」）は、性別や人種（マイノリティ）など歴史的・社会的な差別によって不利な立場にある人々を救済するための様々な措置。そのような人々に一定の範囲で雇用や入試などで優遇する機会を与え、実質的な機会の平等を実現することを目的としている。

(8) アメリカで一九六〇年代半ば頃から実施されている、経済的・文化的な支援を必要とする家庭の子どもを対象とした就学援助プログラム。低所得家庭の五歳までの幼児及び心身的な障がいをもつ子どもに健康診断や予防接種、栄養管理、教育や学習のサポート、社会的サービス等の多面的な支援を提供する。

り、実際には階層間、経済力、男女、地域差などによって格差が根強く残っていることが実証されている。日本でも「階層と教育格差」の存在が実証されているにもかかわらず、それが国レベルでも議論に発展しない、また一般大衆の関心をひかないのはなぜだろうか。

原因としては以下の諸点があげられよう。

第一に、一般大衆の間には戦後の六・三・三・四制の導入によって民主主義的・平等主義が達成されているといった信念がある。第二に、一般的に日本人は、「だれもが努力すれば望む教育機会が得られる」、といった「努力主義」を志向する程度が他の社会と比べて強い。言い換えれば自身の能力不足を家庭の経済的・文化的背景に原因づけることを忌避する心情がある。第三に、戦後右肩上がりで続いた高度成長によって、「国民一億総中流化」といった考え方が広まった。[9] 実際これは事実ではなく、近年では貧困レベルにある家庭の割合が増加している。第四に、教育は「お上から与えられるもの」であり、「権利として受ける」といった意識が弱い。第五に、教育の機会均等は、まさに人権の問題であるにもかかわらず、教育の機会均等を論じる日本の研究者は、教育格差を縮小することによってもたらされる社会的コストの減少と経済効果を強調する反面、教育の基本的人権としての側面やそれに対応する国家の義務を十分に考慮していない。他にもまだ原因はあるが、日本社会に特有の学歴主義社会や平等観が強い影響を与えていると考えられよう。

(9) 一九七〇年代の日本の人口は約一億人であった。この時期、日本国民の大多数が自身を中流階級だと考える「意識」が広まった。あくまで社会的に流布した「意識」であり、現実には経済格差は存在していた。

日本では、階層間による教育格差がみられるにもかかわらず、国レベルではそれを拡大させるような教育政策・改革が実施されている。それは教育における「市場原理」の導入である。これは親や子どもを教育を購入する「需要者」とし、学校などを教育やサービスを販売する「供給者」に位置づけ、前者が後者を選択するといった市場原理を働かせることによって、教育の質を向上させることを目的とするものである。人気のある学校は国から配分する予算額が増強され、さらに学校規模を拡大することが出来る一方で、人気のない学校は予算がカットになり、ひいては吸収合併や廃校になる可能性がある。また需要者側は、自身が選択した教育の結果がたとえ期待に沿うものでないものになったとしても、それは「自己責任」として考慮されない。具体的には以下のような政策として現実化する。

第一に、公立学校のレベルで小中一貫校や中高一貫校といった六・三・三制を多様化する学校制度改革が進められている。これはすでにそのような形態で運営されている私立の学校に対抗するために創設される。しかし、こうした公立の一貫校は入試を抽選にしない限りは、結果的にエリート校化し、経済的に裕福な家庭が選抜に有利であることが様々な研究によって実証されている。また受験競争の低年齢化が進んでいる（高校入試段階から中学入試の段階へ）。このほかにも地域の事情を反映した、四・四・四制度なども検討されている、

第二に、現在公立学校では、子どもは市町村に指定された学区内の小中学校に通うこ

とが定められている。しかし、もし市場原理が強化され、義務教育段階から「親の選択の自由」を認めることになれば、学区外の学校に子どもを通学させることが可能となる。これは義務教育段階における平等の原則を根底から変えるものであり、学校間の競争が公立の学校制度へ導入され、裕福な家庭ほど経済力と情報力を用いて有利な学校選択をする傾向が加速されよう。

第三に、全ての授業を英語で行う学校の認可や特に理系に特化したスーパーサイエンス校[10]など、これまで公立の義務教育になかった特別な学校が設置される。こうした学校も入学段階の試験が実施される限りでは、エリート校化することは確実であるため、さらなる教育の機会の不平等を促進させることになる。

教育の機会均等問題への関心が高まらない状況が続けば以下のような結果が生じうる可能性があろう。まず、社会が「勝ち組」と「負け組」といった二極化したものとなり、差別的で不平等な社会が形成される。そして、教育だけではなく、医療や福祉など他の社会制度面においても格差が是認される。「命を金で買う」といったような時代がくる。その結果、格差が拡大し続けると社会不安が増大し、戦前のような社会風潮につながる危険性がある。

参考文献

ドーア、R・P著、松居弘道訳（一九七八）『学歴社会 新しい文明病』岩波現代選書

---

(10) スーパーサイエンスハイスクール（SSH）とは、二〇〇二年から開始された文部科学省の制度で、理科・数学教育に重点を置いている高校および中高一貫校が指定され、教育実践活動や研究開発を予算面など様々な支援がされる。SSHでは一校の指定期間は五年、毎年三〇校程度が新しく指定される。

また、スーパーグローバルハイスクール（SGH）とは、文部科学省が国際的に活躍できる人材育成を目的として指定し、重点的に支援する高等学校制度。SGHでは総合的英語力の獲得をはじめ、社会課題への関心、問題解決力、コミュニケーション能力など将来のグローバルリーダーの育成を高校段階から目指している。

【読書ガイド】

岡田昭人（二〇一三）『**教育の機会均等**』……学文社

「教育の機会均等」という大きなテーマを初めて学ぶ読者を対象に、その基礎的な知識や諸理論を概説している。

苅谷剛彦・山口二郎（二〇〇八）『**格差社会と教育改革**』……岩波書店

現実の教育改革と結び付けて機会均等論を理解したい読者向け。現在進められている教育改革は、格差を固定・拡大させるのではないか、それへの対抗軸はあるのかといった論点をめぐる教育社会学者と政治学者の対話が収められている。

小林雅之（二〇〇八）『**進学格差——深刻化する教育費負担**』……筑摩書房

「大学全入時代」といわれ、誰もが進学可能な印象とは裏腹に、大学進学にあたって様々な格差がある。親が子の教育費を負担するのは当然という意識は、日本は突出して高い。教育費の負担について、各国との比較をふまえ、現状認識と同時に、日本の教育政策に再考を促す一冊である。

米からコメへ
―日本社会のなかの米―

……日本の農業……

野本京子

狭い土地に高い山々がそびえる日本の地形は、降った雨やとけた雪がはげしい勢いで川に流れ込み、急流となる。明治時代に日本政府に招かれたオランダ人の土木技術者は、日本の川のことを「まるで滝のようだ」と語ったという（旗手 一九七六）。日本ではこの川の水や降り注《そそ》いだ雨水を灌漑《かんがい》用水として利用し、急峻《きゅうしゅん》な山間部にも棚田《たなだ》とよばれる階段状の水田をつくり、稲作を営んできた。棚田は中国雲南省やフィリピン等でも存在し、とくに雲南省の棚田はユネスコによって世界文化遺産とされている。日本の棚田は、上からの眺望《ちょうぼう》から「千枚田」とよばれる景観をかたちづくってきた。この「千枚田」に関する口承《こうしょう》がある。ある人が「千枚田」と称される田んぼの数を数え九九九枚しか数えられなかったが、自分の足元を見ると、そこにも一枚の田があったというものである。

これはもちろん実話ではないが、それほど狭い土地にも水田を開き、米作りをしてきたという農民の営為《えいい》を示している。

農林水産省は棚田の維持・保全の取組みを積極的に評価し、日本各地にある代表的な棚田を「日本の棚田百選」として認定している。また一九九五年からは毎年、「全国棚田（千枚田）サミット」を開催し、棚田のある自治体が交流する機会を設けている。棚田は交通不便な地域に立地しており、面積が小さく形もさまざまなために、生産性の面から見れば効率はよくない。しかし水田のはたす役割は、農業生産面だけではない。大雨の際には水を湛え、保水・貯水機能により洪水や土壌の浸食、地すべりを防ぐなどの機能も持っている。たとえ面積当たりの収量は落ちるにせよ、山間部に多い棚田は、このような多面的機能を担うとともに、人の手の加わった独特の美しい景観をかたちづくってきた。現在の棚田への関心の高まりは、きびしい自然条件の中で維持されてきた営みに着目し、積極的に評価しようというものである。

ところで、日本では田とは水田のことを意味し、水のない白く乾いた田を「畠《はたけ》」とよび、木や藁《わら》を火で焼いた地を「畑」という漢字で表す。このことは、日本農業において、水田とそこで営まれる稲作がいかに重視されてきたかを物語っている。歴史をさかのぼってみると、江戸時代には農民は税（年貢《ねんぐ》）として米を納め、幕府や藩の財政を支えてきた。明治維新後、農民の政府に納める地租は金納化する。地租は本格的産業化への離陸をはかるための財政的基盤となり、日本の近代化を支えたのである。また近代化の過程で農村の暮らしも、自給自足的生活から次第に変化し、貨幣経済が浸透していくが、一方で「米遣《つか》い経済」といわれるシステムも存続した。例えば、農民が収穫前に必要な肥料を購入する場合、肥料商には収穫後に米で代価を払うといった仕組みである。主に戦前期にではあるが、米は食料というだけではなく、貨幣の代わりの役割もはたしたのである。

さらに、米は日本人の主食とされるが、戦前においては米を生産する農民、とくに山間部の農民は、毎日、「白いご飯（白米）」を食べていたわけではない。土地を借りている農民（小作農《こさくのう》）は土地の所有者である地主に対して米で地代を払った。この小作料は収穫量の半分以上、場合によっては六〇％から七〇％にものぼる高率なものであった。残った米も貴重な現金収入源であるため、自らは米に麦や粟《あわ》・稗《ひえ》を混ぜて食べ、甘藷《かんしょ》（さつま芋）や馬鈴薯（ジャガイモ）を主食代わりにする地方もあった。とりわけ条件的に稲作に不利な山村では、腹もちがよく、冷めても美味しい米の飯を腹いっぱい食べることができるのは特別の日（祭りや盆、正月など）であり、白く輝くご飯は「あこがれ」であった。主食がほぼ白米のみという暮らしが農山村に定着したのは、戦後のことである。

戦争から戦後にかけての食料難の時代においては、米を含む主要食料の確保は政府の重要な課題であった。食料増産が叫ばれ、戦後、秋田県の八郎潟《はちろうがた》干拓事業も実施された。当時の八郎潟の面積は滋賀県の琵琶湖についで、日本の湖で第二位であった。一九五四年に始まったこの事業によって、一〇年後に誕生したのが大潟村《おおがたむら》である。干拓事業はその後も継続され、二〇年にもわたる大事業となった。大潟村は全国から入植者を募《つの》り、日本の農家としては規模の大きい農家（平均一五ヘクタール）によって構成される「モデル農村」として期待されたのである(1)。

しかし、この戦時下から戦後にかけての食糧難という状況は、戦後の高度経済成長期を経て大きく変わり、日本では「米余《あま》り」の時代を迎える。一九七〇年から始まった米の生産調整政策、いわゆる減反《げんたん》政策は、需給バランスを考え、他の作物への転換（転作）の奨励と米の作付面積を調整（制限）するというものであり、調整面積は水田面積の約三〇%にも及んだ。この政策は誕生したばかりの大潟村にも適用され、入植した農家に大きな衝撃《しょうげき》と混乱をもたらした。米から大豆や小麦への転作が奨励され、減反する農家には補償金（補助金）も支払われた。二〇〇一年度には、生産調整面積（全国）がはじめて一〇〇万ヘクタールを超えたのである。しかし「米余り」という現象は続き、政府が農家から一定量を政策米価（米価について話し合う審議会で決めた米価）で買い上げるというシステム（価格支持政策）により、次第に財政負担が大きくなっていった。

この米の流通や米価決定のあり方は、戦時特別立法として一九四二年に制定された食糧管理法にもとづいていた。この法律によって主要食糧である米は、国民生活の安定という観点から自由な売買は禁止され、政府の統制下におかれた。戦争が終わった後も、食糧難という状況はしばらく続き、食糧管理法は生き続けることになった。しかしその

---

(1) 一九六〇年時点での農家一戸当たり経営規模は全国平均〇・八八ヘクタール、北海道を除く都府県〇・七七ヘクタール、北海道三・五四ヘクタール（農林水産省「農林業センサス」「農業構造動態調査」）であり、当時、大潟村の経営規模は際立って大きかった。参考までに二〇一〇年度の数値をあげてみると、全国平均一・九六ヘクタール、都府県一・四二ヘクタール、北海道二一・四八ヘクタールである。

後、このような状況は大きく変わり、前述したように「米余り」の時代を迎える。食糧管理法に由来する特別会計の赤字は「食管赤字」と称され、次第に、「過保護農政」という批判が目立つようになる。これにともない、農業補助金の削減や農産物の価格支持政策の抑制、そして競争原理の導入や市場メカニズムにもとづいた新たな法律の必要性が声高に叫ばれるようになっていった。その後、食糧管理法に変わり、新たに食糧法（「主要食糧の需給及び価格の安定に関する法律」）が施行されたのは一九九五年のことであった(2)。

それではなぜ「米余り」という状況になったのだろうか。生産面では稲作の生産力水準の上昇をともなう増産があったが、食生活の変化にともなう米の消費量の減少も大きく影響していた。米の一人当たり年間消費量は、戦後のピークといわれる一九六二年には約一三〇kgであったが、減反政策の始まった一九七〇年には一〇五kgへと減少している。その後、一九八〇年には八七kg、一九九〇年七七kgといったように減り続け、現在は六〇kg以下まで減少している(3)。つまり消費面からしても、ピーク時の半分以下になったということである。この背景には、貿易の自由化や高度経済成長期を経て生活が豊かになり、食生活の洋風化が進行したことが関わっていた。学校給食をはじめとするパン食の普及や、それにともなう副食の変化という食生活の変容はたんぱく質や脂質の摂取量を増やし、主食である米の消費にも大きな影響を与えたのである。パンの原料はそのほとんどがアメリカ産小麦の輸入によるものであり、戦後のアメリカの余剰小麦戦略と

(2) この食糧法では米の流通自由化が促進され、大幅な規制緩和により、農家は自由に米の販売ができるようになった。一方で、同法は需給調整による価格安定を掲げており、生産調整は維持され、生産者と生産者団体が責任を負うものとされた。これにより、国は価格支持政策から解放されたといえる。

(3) 出典は農林水産省「食料需給表 平成一六年度」による。ただしここでの数字は玄米換算での数字であり、例えば一九六二年の約一三〇kgは精米に換算すると約一一八kgになる。

も関わっていた。
総務省の家計調査によれば、二〇一一年には一世帯（二人以上世帯、農林漁家世帯を除く）当たりの年間のパン購入額がはじめて米購入額を上回っている。一九九〇年には一世帯当たり米の消費量は一二六kg、購入額は六万二五五四円であったが、二〇一一年には八二kg、二万七七八〇円へと大幅にダウンしている。二〇一一年は消費量にすると九〇年の約六五％、購入額では約四五％と半分以下になっている。白米の「ご飯」が食卓にのぼる回数は確実に減っているといえよう。またこの数字から、この間の米価の下落も読み取ることができる。このような過程で日本の食糧自給率（カロリーベース食糧総合自給率[4]）は低落し、一九六五年には七三％であった自給率が、近年は四〇％前後で推移している（二〇一五年三九％）。以下では、この米価の低落とも関わる輸入自由化をめぐる動向について概観してみよう。

一九八〇年代に入ると次第に、国内外からの農産物輸入拡大を求める声が強まっていった。この時期は「財政再建」や「行財政改革」が主張され、農業分野への競争原理の導入と農業補助金削減とが主張されていく。当時、「三K赤字」が社会問題とされたが、これは米・国鉄（国有鉄道）・健康保険の頭文字をとったものである[5]。さらに一九八〇年代後半になると、農産物輸入自由化の要求がいっそう声高に唱えられるようになった。この動きに拍車をかけたのが、一九八六年九月のアメリカ精米業者協会（ＲＭＡ）による米市場開放の要求と、同年に開始されたＧＡＴＴ（General Agreement on Tariffs and

---

(4) 品目別ではなく、食料全体における自給率を示す指標としては、ここであげたカロリー（供給熱量）ベースのほか、生産額ベースの算出方法がある。後者の自給率は一九六五年度八六％、二〇一五年度は六六％である（農林水産省「食料需給表　平成二七年度」）。

(5) その後、国鉄は分割民営化され、ＪＲ六社が誕生する。一九九五年には食糧管理法に代わり、より明確に市場・競争原理を導入した食糧法が施行されたことは本文および注（２）でも触れた。なお減反政策も二〇一三年一一月、第二次安倍内閣で二〇一八年に終了するという方針が発表された。

Trade）のウルグアイラウンド[6]である。このラウンドでは農業分野が焦点のひとつであり、世界的な農産物自由化の動きのなかで、牛肉やオレンジ等にとどまらず、「聖域」とされていた米の輸入自由化も例外ではなくなっていく。一九九五年以降は、特例措置として、当面の関税化が猶予される一方、ミニマム・アクセス米（最低輸入量）の輸入が義務づけられた。この結果、段階的に国内消費量（約一〇〇〇万トン）の四％から八％の外国産米が、輸入されるようになった。二〇一三年度のミニマム・アクセス米（七七万トン）の輸入先は、アメリカ、タイ、オーストラリア、中国などである。

なお、減反政策が始まった頃から新聞等で「コメ」という表記が目立つようになり、その後の国的な輸入自由化をめぐる動きのなかでさらにその傾向が強まった。当初、米は輸入自由化の例外（「聖域」）とされていたが、次第に米も国内の需給にとどまらない農産物商品（「コメ」）と見なされていったのではないか。同時に、このことは、日本社会における主食としての米の位置の揺らぎを象徴しているように思われる。それは稲作という生産面と米の消費という両面での揺らぎである。日本の近代化を根底で支えてきた日本農業は、現在、産業としての規模は小さくなっているが、棚田を含め、防災（水害）や地力維持機能にはたす水田の役割は依然として大きい。しかしながら、大切に維持されてきた棚田も現在、生産調整や担い手の高齢化により、耕作放棄地が増えつつある。棚田オーナー制等の工夫によって、維持されている地域も多いのである[7]。

TPP（Trans-Pacific Strategic Economic Partnership Agreement）[8]への加入など、

---

(6) 多角的な自由貿易体制を推進するための交渉の場がラウンドであるが、一九八六年にウルグアイで開始されたため、ウルグアイラウンドとよばれる。

(7) 棚田オーナー制とは、都市部（非農家）の米作り体験希望者が一定額を農家や農家の委託を受けた自治体などの管理者に支払うというシステム。オーナーは、田植えや稲刈りなどの作業を行い、日常の管理は地元農家やボランティアが担っている。『朝日新聞』二〇一五年五月六日一面は、石川県輪島市の「白米《しろよね》千枚田」を取り上げ、「棚田維持　頼みは観光客」という記事を掲載している。この「白米千枚田」は、二〇一一年に世界農業遺産に認定された「能登《のと》の里山里海」の代表的棚田である。

(8) TPPは二〇〇六年、シンガポール、ニュージーランド、チリ、ブルネイの四カ国で発足した関税を例外なく撤廃していくことを中心課題とする経済連携協定。二〇一〇年にはアメリカ、オーストラリア、ペルー、ベトナム、マレー

国際的な競争力にさらされる日本農業――その象徴としての米（コメ）――をどのように国民経済ひいては日本社会のなかに位置づけ、対応するかという国民的コンセンサスが問われ続けているのである。

シアが加わった。二〇一二年にカナダとメキシコ、翌年には日本が参加。なおアメリカは、二〇一七年一月に離脱を表明。

【読書ガイド】

あんばいこう（一九九一）『**頭上は海の村―モデル農村・大潟村ものぐさ観察記**』……現代書館

その後、減反政策をめぐって順守派と自由作付け派とに村が二分したとされる大潟村の日常やコミュニティのあり方について迫ったルポルタージュ。著者は秋田県をはじめとする東北地方の歴史や文化・民俗等の書籍を出版する無明舎（秋田市）の代表。大潟村について関心のある方は、著者が足しげく大潟村に通い、執筆した本書をぜひお読みいただきたい。

田代洋一（二〇一二）『**農業・食料問題入門**』……大月書店

今後、日本社会は、人間・社会・自然の関わりの結節点にある農業・食料をどのように位置づけていくべきかという視角から、歴史的アプローチと現状分析とを交差させつつ論じた書。第一部農業・食料問題とは何か、第二部農業・食料問題の展開、第三部今日の農業・食料問題から成る。本書で言及した食管制度等や政策の歴史的推移等を参照した。

旗手勲（一九七六）『**米の語る日本の歴史**』……そしえて文庫3

冒頭のオランダ人技術者の発言は本書で紹介されていたものである。出版年は古いが、河川灌漑等の日本の農業水利の特色を熟知した著者による、米を通じて見た日本の歴史である。

矢口芳生（二〇一三）『**農家の将来—ＴＰＰと農業・農政の論点**』……………農林統計出版

日本農業の現状を踏まえたうえで、文末で触れたＴＰＰへの対応や農政の課題、そして地域農業の再建や農家の「生き残り」策について具体的に論じている。地域農業システムのなかに兼業農家をどのように位置づけるか等、示唆されるところ大である。

……日本の農村社会……

東日本大震災後の集落の暮らし
―丸森の町から―

野本京子

二〇一一年三月一一日、日本の観測史上もっとも大きいマグニチュード九・〇という地震により巨大な津波が発生し、東北地方から関東地方の太平洋側一帯の広い範囲で、多くの犠牲者《ぎせいしゃ》をだし、死者・行方不明者は一万八〇〇〇人以上にのぼった。津波による直接的な犠牲者だけではなく、震災後の体調不良や心労により亡くなられた方々を加えると、さらにその数は増す。

東北地方の太平洋側の諸県は甚大な被害を受け、福島県もこの大地震とそれによって発生した津波という自然災害によって大きな被害を受けた。しかし、それだけではなく、東京電力福島第一原子力発電所の炉《ろ》心溶融《しんようゆう》（メルトダウン）と建屋《たてや》の爆発によって、日本の福島は世界の「Fukushima」として知られることになったのである。事故の発生以降、関係市町村は、国の指示に基づき、同原発から二〇km以内の地域を警戒区域に、事故発生から一年以内で積算線量が二〇ミリシーベルトに達するおそれがある地域を計画的避難区域に設定した[1]。避難指示区域等からの避難者数は、二〇一三年三月時点で約一〇・九万人にのぼる。福島県全体で見ると、避難者数は全体で約一五・四万人であり、県内の他市町村への避難者数は約九・七万人、県外への避難者数は約五・七万人となっている。つまり福島県では、避難者は計画的避難区域だけにとどまらず、幼い子どもへの影響等を考え、それまで居住していた地域から他地域へと避難した家族も数万人近くにのぼったのである。避難地域は北海道から沖縄まで全国津々浦々に及んだ。

また、浪江町、双葉町など警戒区域に位置していた自治体は、県内外に役場（行政機能）を移した。その後、計画的避難区域の指定を解除された地域もあるが、原発事故は漁業や農業といった産業面への影響だけではなく、そこに住んでいた人々の健康をおびやかし、日々の暮らしに長期にわたる影響を与え続けることになった[2]。この影響とは、身体面だけではなく、家族や親しい友人を失った悲しみや、地域でともに支え合って生きてきたつながりが断ち切られることによる喪失感をともなうものであった。

当然ながら、目に見えない放射性物質は県境を越えて隣接する他県にも降り注《そそ》いだ。しかし、原発被害イコール福島というイメージで語られることが多く、これらの地域への関心は福島と比べ低いのが現状である。それでは、このような地域では、原発事故の影響をどのように受け、また暮らしを再建しようとしているのだろうか[3]。

---

(1) 二〇ミリシーベルトとは、政府がＩＣＲＰ（国際放射線防護委員会）の勧告に従い、緊急対策が必要とされる状況において、避難を含む放射線防護措置を実施するための目安として設定した線量水準である。ただし、二〇一一年三月一一日の事故以前の「安全基準」は、一般の人は年間一ミリシーベルト以下、職業として放射線を扱う人は二〇ミリシーベルト以下であった。

(2) 避難指示区域（東京電力福島第一原発から半径二〇km圏内の区域及び計画的避難区域）は二〇一二年四月以降、「避難指示解除準備区域」、「居住制限区域」、「帰還困難地域」の三区域へと区分されることになった。その後の調査によると、若い世代を中心に生活の場を外に移し、すでに新たな場での生活が定着しつつあり、帰還する予定のない住民の比率もかなり高い。例えば復興庁・福島県・浪江町が行った「浪江町住民意向調査　調査結果」（二〇一四年一〇月）によると、「帰還の意向」について、「戻らないと決めている」が四八・四％を占めており、「す

宮城県伊《い》具《ぐ》郡《ぐん》丸森町《まるもりまち》は宮城県の最南端にあり、二〇一三年六月一日現在、人口一万四六七五人の町である。地方出身者が出身地の地元にもどるUターンに対し、都会出身者が地方に移り定住することを、字の形から一方向への移住という意味でIターンというが、過疎と高齢化の進む丸森町は多くのIターン者を受け入れてきたところである。二〇〇〇年代に入ると、年齢層の若いIターン家族が移り住むようになり、二〇〇四年には新住民による「丸森ニューファーマーズネットワーク」も組織された。ネットワークへの参加はこの時点ですでに二〇軒ほどにのぼり、その後も増え続けたという。丸森町も豊かな自然を生かし、クラインガルテン（滞在型市民農園）や棚田での田植えツアー、干し柿作り体験など、グリーンツーリズム(4)に積極的に取り組んでいった。原発事故は、この丸森で生活の基盤をつくりあげてきた人々、あるいはつくりあげようとしていた人々の生活を一変させたのである。

小斎《こさい》地区は丸森町のなかでも平坦な場所にあり、美しい田園風景の広がる農村である。この地で農業（「かたくり農園」）を営《いとな》むご夫妻は、二人とも農家出身ではない。保《たもつ》さんは大学卒業後、地方公務員(5)として勤務していたが、体調を崩《くず》したことをきっかけに、三〇代半ばで、安心して食べられる農作物を自ら作ることを決意した。パートナーのみどりさんとともに各地をめぐり、定住の地と決めたのが丸森町小斎地区であった。みどりさんが農業を志《こころざ》すきっかけとなったのは、一九八六年、チェルノブイリ原子力発電所での事故だったという(6)。丸森町は町（行政）としても、外からの新規就農者を積極的に受

ぐに戻りたい、いずれ戻りたい」の一七・六％を大きく上回っている。とくに四〇歳以下では約六五％が、戻らないと回答している。これは浪江町だけではなく、南相馬市でも同様であり、住民の中には何を根拠にした帰還時期なのかという疑問の声もあがっている（「プロメテウスの罠」『朝日新聞』二〇一五年九月三〇日）。

(3) 朝日新聞の連載『プロメテウスの罠』の第四九シリーズ「県境の先で」一～二四（二〇一四年六月一一日～七月四日）は、このような観点から、福島県と県境を接する丸森町とそこに住む人々に焦点を当てている。

(4) グリーンツーリズムとは農山漁村地域において、自然や文化そして地域の人々との交流を楽しむ滞在型の余暇活動のことである。ヨーロッパでは長期休暇を利用して農村に滞在し、ゆったりした時間を楽しむという余暇の過ごし方が普及している。ルーラルツーリズムとも呼ばれる。日本の場合は短期滞在型が多い。

(5) 地方公務員とは国家公務員以外の（東京都や新宿区などを含

け入れていたのである。お二人の営む農園は、このような丸森の新規就農者の草分け的農家のひとつだった。

一九九二年に神奈川県から家族で移り住んで以降、みどりさんは無耕起《むこうき》・無肥料・無農薬による農業生産の方法（自然農）によって生産した少量多品種の野菜の産地直送（産直）、保さんは化学肥料や農薬を使用しない等を基本とする有機農業を営み、できる限り自然に負荷《ふか》のかからない農業そして生活を目指してきた。二〇〇四年には農閑期に二年ほどかけて、家屋《かおく》を自分たちの手で改修し、自然農法や有機農業に関心を持つ人たちの農業体験館であり、都市から訪れる人々の交流施設である「里の家」をオープンさせている。また、もともとそこで農業を営んできた地元の方々とともに、地域の直売所「小斎蔵の市」を立ち上げるなど、地域密着型の活動も行っていた。二〇〇九年には「里の家」で「農的暮らしのワークショップ」を始めるなど、さまざまな努力と工夫を重ねたうえで生きる場を築きあげ、自らが求め、考える農業を丸森町小斎地域で実践していたところに襲《おそ》ったのが原発事故であった。

保さんとみどりさんは事故後の二〇一一年一一月、宮城県南部で有機・自然農等を営む生産者たちとともに、みんなの放射線測定室「てとてと」をオープンさせた。行政に働きかけても、福島県ではない宮城県ということで、放射線量の測定が思うようになされなかったからである。「てとてと」とは手と手をつなぐという意味である。カンパ(7)を募り、周囲の協力も得ながらベラルーシ製の放射能測定器を共同購入し、生産者でも消

む）地方の自治体の職員のことである。一般的には安定した職業と見なされている。

(6) チェルノブイリは現在のウクライナにあるが、地理的にはベラルーシとの国境に近い。そのためベラルーシは原発事故当時、風の吹く向きもあって、非常に大きな被害を受けた。この事故は原子力発電（原発）の歴史上で最悪の事故であり、健康被害をはじめ被災地住民の生活に甚大な影響をもたらした。また、その後の各国の原発政策にも大きな影響を与えた。

(7) カンパとは多くの人々に協力を呼びかけて資金を集めることである。

費者でも安価に「誰でも測れる」ことをモットーに、「小さな町の測定所」として活動を続けている。保さんたちは測定事務スタッフとして働き、測定データから見えてきたものについて、「てとてと」が出している雑誌（通信）誌上で検証し、発信している。(8) 週に一度開かれる「てと市」には、みどりさんも作った野菜を出荷するとともに、スタッフとして活動中である。「てと市」で販売する食べ物はすべて測定済みのものであり、生産者のわかる野菜やこんにゃく、リンゴなどの果物、そして味噌などを売るだけではなく、料理の仕方を提案するなど、訪れた客との交流を大切にしている。

目に見えない放射能は県境を越え、市境を越えやってくるが、同じ地区でも地形や土質などによって、農産物から検出される放射線値はかなり違うという。みどりさんは「危険なものをみつけるだけではなく、『すべてをあきらめることもない』ことも測定は教えてくれる」とし、「目をそらさず、でもあきらめずに向かっていこう」と述べている。(9) かたくり農園から届ける野菜はすべて、測定数字を明示しているが、送り先はかなり減ったという。みどりさんは「(野菜の放射線量の)数字をきちんと測って送っていても、断られるんですよね。でも断った方の気持もわかるんです」と語り、「風評被害とは実際は問題ないにもかかわらず、物が売れなくなること。実際に問題があれば、それは風評ではないんです」という。だからこそ、線量をきちんと計測し、安全であることを確認した農産物を届けたいという強い意志をもって生活しているのだろう。

筆甫《ひっぽ》地区は丸森町のなかでも最南端の福島県境にほど近い山間の集落である。過疎化

(8) みんなの放射線測定室「てとてと」発行の冊子『てとてと』は、二〇一二年には春と秋の二冊、以降は毎年春に一冊刊行され続けている。活動報告だけではなく、事故当時、宮城県に住んでいた方々が何をどのように考え、どう決断してきたかという思いを「それぞれの選択」といった特集で掲載している。

(9) 北村みどり（二〇一二／七）「食品放射能汚染との戦い　しあわせに生きていくために」『参加システム』第一二巻第四号。

は進んでいたが、四季折々の豊かな自然を生かした暮らしがそこにはあった。原発事故後には、隣接する福島県南相馬市から、廃校になっていた旧筆甫中学に二〇〇人近い避難者を受け入れたこともあったという。この筆甫にも有機無農薬の米と大豆を栽培《さいばい》し、味噌《みそ》醸造所を営む太田さんがいる。パートナーの未弧《みこ》さんもこの豊かな森林に囲まれた山里に魅《み》せられて、東京から移り住み、太極拳《たいきょくけん》教室を開いたり、高齢化の進む地区でお年寄りに鍼灸治療《しんきゅうちりょう》を行ってきた。未弧さんは原発事故直後の一時期、子どもたちと東京そして京都に避難《ひなん》したが、その後、いろいろ考えた末に筆甫に戻り、この地で生きることを決めたという（『てとてと秋二〇一二』）。そして二〇一三年七月にはご夫妻を中心にNPO法人「そのつ森」を立ち上げて、使われなくなった中学校の校舎を活用し、地域密着型のデイサービスをはじめ、地域の高齢者や訪れる人々の交流の拠点《きょてん》にしようと活動している[10]。

なお筆甫地区には地区住民の自治組織がある。東京の大学を卒業し、海外ボランティアの経験もある吉澤武志さんが事務局長となり、従来から住民間の交流や過疎化と高齢化の進む地域の活性化を促す活動を行っていた。地区への移住者や地元の方たちと「NPO法人　ひっぽUIターンネット」を組織し、地域の担い手育成に取り組んでいたという（『てとてと春二〇一三』）。また、特産品である「へそ大根」（大根を輪切りにして茹で、串に刺して一カ月ほど天日干しした保存食）の売り込みも軌道に乗り始めた時に、原発事故が起こったのである。

---

(10)「そのつ森」のホームページでは、「高齢者福祉の拠点として支え合いの仕組みづくりに貢献し、宿泊・体験学習・生産施設として地区内外のふれあい交流の場を実現していく。そしてこの施設を自然エネルギーの利用および学習の場としても機能させることで原発事故という負の遺産をプラスのエネルギーに昇華していくことも同時に目指していきたい」としている。なおデイサービスとは、日帰りで施設に通い、食事や入浴など日常生活上の介護や機能訓練等を受けることのできるサービスのことである。

その後、移住希望者からのキャンセルや後継者が帰ってこないといった過疎化のいっそうの進行、そして住民間・家族間の放射能への認識の違いによる心理的葛藤など、事故は地域の暮らしに大きな影響をもたらした。原発事故にどう向き合うかをめぐっては、暮らしや生産をめぐる価値観の違いが顕在化し、住民間の軋轢を生じさせることもあったようである。それでも地区では、住民と地区出身者のカンパによる測定器の購入、放射線量の測定とそのマップの作成、有志による小学校の校庭と通学路の除染等、従来からの「できることは何でもしよう」という考え方にたって、さまざまな取組みを行っていった。[11] また将来を見据えて、地域での小水力発電や太陽光発電への取組みを行おうとしている。そこに住む地域の人々が中心になって、「先の見えない不安」から未来を取り戻そうしているのである。

丸森ではあいかわらず、のどかな里山や田園風景がひろがり、山に入ると緑のトンネルのようになった道や渓流《けいりゅう》がある。しかしながら、少しずつ状況は改善されてきたとしても、まだまだ制約を受ける暮らしがある。何かをするときに（例えばきのこや山菜取り）考え躊躇するということは、実は気持ちのうえで大きな負荷になるのではないだろうか。現在、私たちが最低限心がけるべきことは、この現実に立ち向かっている多くの人たちの営みに関心を寄せ続けることではないか。一〇年以上の歳月がたった現在、これはやさしそうでいて、実は決して容易《ようい》ではない。

---

(11) 二〇一四年八月七日、筆甫まちづくりセンターで、吉澤武志さんにお話をうかがった。なお筆甫地区では、ほぼ全住民を網羅したに等しい六九四人によって、原子力損害賠償紛争解決センター（原発ADR）に申し立てを行っている。東京電力に対し、福島県と同水準の賠償金保障を求めたものであり、二〇一四年五月にADRは「福島県と同水準の賠償を東京電力が支払う」という内容の和解案を示した。これは地域住民の総意による申し立てという点と、県境で分断されない賠償を認めさせたという点で注目に値する。

参考文献

朝日新聞特別報道部（二〇一二〜二〇一五）『プロメテウスの罠』（全九冊）学研パブリッシング
北村みどり（二〇一二）「食品放射能汚染との戦い　しあわせに生きていくために」『参加システム』第一二巻第四号

【読書ガイド】

朝日新聞特別報道部（二〇一二〜二〇一五）『**プロメテウスの罠**』（全九冊）……………学研パブリッシング

注（3）で取りあげた新聞連載記事を書籍化したもの。本文で言及した第四九シリーズは第九冊（第四九〜五六シリーズ）に所収。各地域で原発事故に遭遇し、さまざまな困難に直面した人々へのインタビューから成り、多くの人々の暮らしを一変させた事故後の現実に迫っている。

スベトラーナ・アレクシエービッチ著、松本妙子訳（二〇一一）『**チェルノブイリの祈り―未来の物語**』………岩波現代文庫

被災地域の住民や駆けつけた消防士、汚染処理作業に従事した人々等へのインタビュー集。事故に直面した人々が何を感じ、思ったのかに焦点を当てている。

高度経済成長とサラリーマン文化

……現代社会と文化……

山口裕之

現代日本の社会と文化を考える上で、会社という組織のなかでどのようなことが求められており、そこで働いている人たちが一般にどのようなメンタリティーをもっているかを知ることはきわめて重要である。第二次世界大戦後、同じ敗戦国であるドイツもインフラの破壊、経済的混乱、男性労働力の圧倒的な不足といった状況のなかで、一九四〇年代末からとりわけ一九六〇年代半ばにかけて「奇跡の経済復興（Wirtschaftswunder)」と呼ばれるほどの経済成長を遂げている。ほぼ同じ時期に日本も「高度経済成長」と呼ばれる飛躍的な経済発展をなし遂げており、両国の共通性が指摘されることもしばしばある。しかし、ドイツと日本の会社のなかでの組織に対する考え方やメンタリティーはおよそ異なるものである。ちなみに、戦後の飛躍的な経済成長はもちろんドイツや日本に限られるものではなく、ヨーロッパ、アジア、南米などで比較的共通して見られる現象だった。しかし、日本とドイツの場合、ともに敗戦国のきわめて不利な条件から出発しながら、戦後、経済的に大きな力をもつことになったという点で比較されることも多いようだ。

それはともかくとして、まずは日本の高度経済成長期におけるいくつかの具体的局面について確認しておきたい。戦後の経済的混乱から日本の経済が大きく進展するきっかけとなったのは皮肉にも朝鮮戦争（一九五〇～五三）であり、アメリカによる軍需物資などの発注（朝鮮特需）によりこの期間に「特需景気」といわれる好景気がもたらされた(1)。その後も一九五四年から五七年にかけて、神武景気と呼ばれる好景気が続く。これは日本の神話的記述において初代天皇とされる神武天皇以来、類を見ないほど飛び抜けたものという意味でそのように名づけられたものである。この時期には国民の生活も安定して豊かになり、冷蔵庫・洗濯機・テレビ（白黒）が家庭に普及してゆく。ちなみにこの三つの家電製品は、これも日本神話にちなんだものであるが、この時代に「三種の神器(2)」と呼ばれた。日本の高度経済成長期はこの神武景気の頃から始まると考えられているが、すでに一九五六年には「もはや戦後ではない(3)」という言葉が流行語ともなった。

その後、一時的な不景気はあったものの、一九五八年から六一年までのあいだ、岩戸景気(4)と呼ばれる好景気があり、この時期までには「サラリーマン(5)」と呼ばれる社会層とその生活感覚が基本的に形成されていた。そういったサラリーマンのメンタリティーを

---

(1) 一九五〇年六月、北朝鮮は北緯三八度線を越えて南側に侵攻し、朝鮮戦争が始まった。ソ連の軍事的支援を受けた北朝鮮に対して、南の韓国は、アメリカを中心とする国連派遣軍の支援を受けていた。日本は敗戦後、連合国軍の「総司令部(GHQ, General Headquarters)」による占領下にあったが、朝鮮戦争の勃発とともに、戦争に必要な大量の物資が、在朝鮮アメリカ軍、在日アメリカ軍によって日本に対して発注された（朝鮮特需）。朝鮮戦争は一九五三年の休戦協定によって一旦終結した状態にある。

(2) 三種の神器とは、日本神話のなかで天照大神《あまてらすおおみかみ》（皇室の祖神）によって授けられたとする鏡・玉・剣を意味する。そこから派生して、大きな力をもつ三つの物をひと組で言い表すときにこの言葉を比喩的に用いることがある。

(3) この言葉は、一九五六年度の経済白書のなかで最初に使われた。経済企画庁長官の声明では、戦後一〇年の目覚ましい経済復興を振り返るとともに、「復興が終わったという事実は新しい問題を提供する」として、「復興過程を終え

きわめて典型的に示しているのが、コミックバンド「ハナ肇とクレージーキャッツ」のメンバー、植木等の歌う「スーダラ節」である。この歌は一九六一年八月に発売され、圧倒的な人気を獲得した。「チョイト一杯のつもりで飲んで／いつの間にやらハシゴ酒(6)／気がつきゃホームのベンチでゴロ寝／これじゃ身体《からだ》にいいわきゃないよ／分かっちゃいるけどやめられねぇ／ア　ホレ　スイスイ　スーダララッタ／スラスラ　スイスイスイ…」（この歌はぜひ実際に聴いていただきたい）。この歌の爆発的な流行を受けて、翌一九六二年には同じ「スーダラ節」の名前で、クレージーキャッツが出演する映画も制作されている。

一九五九年から六〇年にかけて「安保闘争(7)」が日本中を揺るがせたが、一九六四年に開催される東京オリンピックに向けて、日本は重要なインフラの整備を始めていた。一つは首都高速道路であり、一九六二年に最初の区間が開通している。もう一つは東海道新幹線であり、オリンピック直前の一九六四年一〇月に開業した。女性の会社員をあらわす「ＯＬ」（オフィス・レディーという和製英語の省略）という言葉が新たに生み出されたのもこの時期である。ちなみに、「サラリーマン」は一般的に男性社員（管理職以外）のみをあらわすが、「ＯＬ」という言葉は単に性別をあらわすだけではなく、女性従業員に一般的に想定されていた比較的単純な補助的業務（現在「一般職」として理解されているもの）のイメージを基本的にともなっている。

その後、一九六五年の後半、「いざなぎ景気(8)」と呼ばれる長期間の好景気が続く。一

たわが国が、経済の成長を鈍化させないためには〔…〕日本の経済構造を世界の技術革命の波に遅れないように改造してゆくこと」の重要性が強調されている。こういった視点から、この経済白書の「結語」では次のように述べられている。「もはや「戦後」ではない。我々はいまや異なった事態に当面しようとしている。回復を通じての成長は終わった。今後の成長は近代化によって支えられる。そして近代化の進歩も速やかにしてかつ安定的な経済の成長によって初めて可能となるのである。」つまり、戦後の復興による経済成長をこれまでと同じように期待することはできない、次のステップへの新たな視点が必要となるという意味で「もはや「戦後」ではない」というある種の戒めの言葉が語られているということになる。

しかし、おそらく一般的には、そのような当初の意図とは無関係に、敗戦と戦後の混乱を脱したという宣言としてこの言葉が流布したと思われる。

(4)　特需景気の後の神武景気よりも長い好景気であったために、神

九七〇年に大阪で開催された万国博覧会（「大阪万博」）はこういった好景気の象徴であるとともに、当時の日本人にとっては六四年のオリンピックとならぶ、国際的に重要なイベントとなった。こういった戦後の好景気は、一九七三年のオイルショック[9]によって、どの国でも終わりを告げる。

さて、この高度経済成長期に形成されていった日本の「サラリーマン社会」においてきわめて特徴的であるのは、個人や家庭よりも、会社という組織を優先することが一般的に美徳とされる思考様式であり、それを支えている「年功序列」や「終身雇用」という日本の伝統的な雇用システムである。しかし、まさにそのような雇用形態であるがゆえに、企業に対する忠誠心というサラリーマン社会の特質と一見矛盾するように見えるかもしれないが、それほど一生懸命に働いていなくとも、安定して会社の職を保ち給料をもらうことができるという安心感や緊張感の欠如も生じることがあった。植木等の流行歌はまさにそういったサラリーマンの裏面を見事に描き出していたからこそ、同時代の人たちの大きな共感を得たのだろう。「スーダラ節」に続くヒット曲「ドント節」（一九六二）では次のように歌われる。「サラリーマンは／気楽な稼業ときたもんだ／二日酔いでも　寝ぼけていても／タイムレコーダー　ガチャンと押せば／どうにか格好がつくものさ／チョッコラ　チョイと／パァにはなりゃしねェ[10]　アッソレ　ドンと行こうぜドンとね…」

この歌はしかし、完全に男の歌である。生真面目に会社に対して忠実に働くにせよ、

武天皇よりもさらに神話を遡り、皇室の始祖とされる天照大神《あまてらすおおみかみ》が天の岩戸に隠れたという伝説を引き合いに出して名付けられた。

(5) この言葉そのものは、すでに大正時代には使われていた。一九二八（昭和三）年には、前田一『サラリマン物語』及び『続サラリーマン物語』が発刊されベストセラーとなった。また同じ年に、長谷川國雄（年ごとの言葉による時代の流れを描き出す『現代用語の基礎知識』をのちに発刊する）が月刊誌『サラリーマン』を創刊しているので、この時点では「サラリーマン」という言葉はかなり定着していたと思われる。文学においても、例えば谷崎潤一郎の『痴人の愛』（一九二四（大正一三）年に新聞連載開始、翌年書籍刊行）の主人公は、自らを「先《ま》ず模範的なサラリー・マン」と呼んでいる。

(6) 「ハシゴ酒」（はしご酒・梯子酒）とは、次から次へと店を変えて飲み歩くこと。はしごの段を一つずつ登ってゆくように店をたどってゆくことから来ていると思われる。

仕事はほどほどにして会社の終わった後に飲み歩くにせよ、その背後には家で家事や育児を担当するものとされた女性がいる。サラリーマンの感覚としては、会社が終わった後に会社の同僚や上司と飲むことは会社組織のなかで協調性を発揮する重要な場である。それに対して、妻や家庭は完全にプライベートな空間であり、プライベートな空間よりも会社組織のなかでの協調性のほうが優先されなければならない。男性はそれによって自分のプライベートな時間が侵害されたと感じない場合も多いが、犠牲を被っているはずの女性もまた、それが「家庭を守る」女性としては当然のことであるという感覚をもっていることが多い。サラリーマンの価値観は男性だけではなく、女性も含めた社会全体のなかでひろく共有されるものとなっている。

会社で働く男性と、家で家事や育児にあたる女性という構図は、もちろん高度経済成長期にはじめて生まれたわけではない。家父長的なシステムを継承する社会において一般的に見られる傾向である。しかし、男性が高度成長期にサラリーマンとして家計の主な担い手になり、「中流階級」[11]としての安定した生活を家族に保証できたことによって、女性が家庭に入ることが最も効率的で合理的な選択肢となり、この性役割の分業がこの時期にさらに固定化されていったということはいえるだろう。そして、もう一つここには日本独自の雇用形態も大きく関与している。企業が終身雇用によってサラリーマンとしての身分を保障する一方で、職種や勤務地、勤務時間を限定せず、いわば無制限に社員を働かせることによって、戦後の日本経済は劇的な成長を遂げることができた。しか

（7）第二次世界大戦での敗戦後、日本は連合国軍の占領下にあったが、一九五一年、アメリカをはじめとして連合国とのあいだで戦争状態の終結のために平和条約が結ばれた（「サンフランシスコ平和条約」）。それによって日本の主権も回復された。ちなみに、このように早い段階での主権回復には、朝鮮戦争が大きなきっかけとなっている。この平和条約と同じ日に、日本とアメリカのあいだで安全保障条約（「旧日米安保条約」）への署名が行われた。この条約は在日アメリカ軍の駐留権を認めるものであった。この安保条約に代わるものとして、一九六〇年一月に岸信介首相とアイゼンハワー大統領とのあいだで新しい安全保障条約への署名が行われた。この新安保条約の承認をめぐる国会審議が始まり、五月に強行採決が行われるという過程で、学生、知識人、労働組合をはじめとして、膨大な数の一般市民が参加する大規模な反対運動が行われた。新安全保障条約に対するこの闘争によって、アイゼンハワー大統領の訪日は中止になり、岸内閣も総辞職に追い込

しまさにこういった勤務形態のために、企業内で昇進を前提に働くサラリーマンの業務は、女性にとっては決定的に不向きなものとなってしまったのである。というのも、女性の場合、出産・育児によるキャリアの中断や、家事・育児を任されている限り、勤務時間・勤務地に関する制約が必然的に生じるからである。

　こと勤務地についての考え方に関して、日本のサラリーマン社会の通念は西欧的な視点からすればかなり特殊なものと見えるだろう。家族がある土地・コミュニティのなかで生活するために、それを保証するための生活の基盤として労働の場を求めるという環境は理想的なものである。しかし、日本ではしばしば会社が要請する勤務地で働くことが無条件に前提とされており、そのために家族の生活の場を移すことは当たり前のことと考えられている場合が多い。しかもその転勤は数年ごとに行われることもよく見られることであり、家族はその度に引越しをして生活の拠点を移さなければならない。ここには、家族の生活のために会社で働くというよりも、会社のためにプライベートな空間としての家庭が完全に従属させられるという構造がある。

　こういった複合的な要素をともないつつ、女性がおもに関わるプライベートな空間よりも基本的に会社の人間関係が優先され、それとともに女性そのものが社会のなかで男性よりも下位に置かれるというサラリーマン社会の価値の枠組みが形成されることになった。このことは女性の労働環境や働き方に対する考え方にも如実に反映している。女性が会社などで働く場合は、業務遂行のための総合的判断や責任を求められない比較的

まれた。

(8)「岩戸景気」をさらに超える長期の好景気となったために、天照大神の父である伊弉諾尊《いざなきのみこと》の名前が冠されることになった。

(9)「オイルショック」（第一次オイルショック）は、oil crisis を表す和製英語。一九七三年一〇月に勃発した第四次中東戦争を受けて、石油輸出国機構（ＯＰＥＣ）加盟の六カ国が原油価格の大幅引き上げを決定するなどの対応をとった。それによって、先進国の経済は大きな打撃を受ける。日本でも大幅な物価上昇が生じ、「狂乱物価」と呼ばれた。

(10)「ぱあになる」は、苦労したことが無駄になる、だめになるということ。ここでは、それほど厳密にまじめにやらなくても、出勤時刻を記録するタイム・レコーダーに記録さえしておけば、自分の仕事や地位がだめになることはない、という気楽な感覚を歌っている。

(11)「中流階級」という言葉自体は、「上流階級」と労働者層の中間にある市民層を指す概念として歴史学や社会学などで一般的に使われているが、日本ではとりわけ

単純な補助業務を担当する従業員として雇用された。一九四七年の労働基準法では、労働時間や作業内容などの就業制限があり、年少労働者とともに弱い労働力とみなされていた。また、結婚やとりわけ出産に際しては会社を退職し、家事・育児に専念することが女性の働き方であるという考え方が、長く一般的な社会の了解事項とされてきた。しかし、雇用者数のなかで女性従業者の占める割合が増加していくにつれて、女性が職業と家事・育児を調和的に両立させるための福祉策を講じる必要性が認識されるようになってゆく。そういった一連の流れの最初の成果として、一九七二年に「勤労婦人福祉法」が制定されるが、これは努力目標としての性格が強いものだった。さらに一九七五年に国際連合が女性の地位向上のために一〇年間を国際婦人年とし、世界各国でそれぞれの実情に合わせた行動計画を立て実現するよう呼びかけた。日本でもこれを受けて政府内で論議が進み、国際婦人年の最後の年に間に合わせるかたちで、一九八五年に「男女雇用機会均等法」が制定され、翌一九八六年に施行される。この法律により、従業者を男女によって差別することが禁止されたため、事業主は女性だからという理由で女性を補助業務につかせることができなくなった。そのため、雇用体系において「総合職」と「一般職」という二つの区分が設けられることになる。

総合職は、さまざまな役務につくことを前提として、一般に大学の新卒者から採用される。職場では自分自身の総合的な判断が求められる基幹業務を担う。採用に際しては事務系と技術系に分けられることがあるものの、欧米のように職種ごとの採用、職務に

一九七〇年代には、内閣府の世論調査で、人口一億人の日本の約九〇%の国民が自分自身を「中流」と意識していることがわかり、「一億総中流」という言葉がジャーナリズムでしばしば用いられた。

応じた給与体系ではなく、その意味で独特な雇用形態である。それに対して一般職は、定型的な補助業務を担当し、基本的に職務上の判断は総合職の社員にゆだねる。一般的に、総合職は男性従業員が圧倒的多数を占め、一般職はそれまで女性の担っていた補助業務が引き継がれる場となった。それゆえ、男性が一般職につくことは稀である。つまり、女性従業者が補助的業務を行い、男性が責任と判断をともなう基幹業務を担うという構造自体は、基本的になにも変わらない。会社の女性従業員を意味する「ＯＬ」という言葉は、男女雇用機会均等法の前も後も同じような意味合いで使われていたといえるだろう。

その後、一九九九年に施行された改正男女雇用機会均等法では、女性のみを一般職として採用することも男女差別として禁止されたため、一般職が廃止される傾向が広まっていった。しかし他方で、働き方の多様性が求められる動きが高まったことに対応して一般職の復活も見られる。

こういった会社における雇用形態ときわめて密接にリンクしながら進展しているのが、「男女共同参画（gender equality）」を目指す政策上の努力である。「男女共同参画」はもちろん法の上での男女平等を目指す憲法上の理念の実現をより進めていくための政策ではあるが、政府が進める「少子化対策」とともに、労働人口を保ち、年金構造を維持するための経済政策としての側面ももっている。実際、機会均等法が制定されバブル期でもあった一九八〇年代後半以降、そして「男女共同参画社会基本法」（一九九九）が

(12) 内閣府は、「男女が、社会の対等な構成員として、自らの意思によって社会のあらゆる分野における活動に参画する機会が確保され、もって男女が均等に政治的、経済的、社会的及び文化的利益を享受することができ、かつ、共に責任を担うべき社会」の実現を目指して、世界および日本の動向のなかで、一九九九年に「男女共同参画社会基本法」を制定した。そ

制定され[12]、行政による「子育て支援[13]」が明確に打ち出されつつある現在に至るまで、こういった流れは明確なかたちをとりつつある。女性の総合職従事者は確実に増加し（といっても、現在、女性の管理職の割合は日本ではまだきわめて低い[14]）、女性が結婚後も仕事を続けていくための社会的体制がある程度整備されつつある。そして、これが非常に重要なことなのだが、総合職でフルタイムの仕事をしながら出産後も仕事と育児を両立することができる雰囲気が、職場のなかで醸成されつつある。そこには、政府が各企業に対して女性の就業環境の安定のために働きかけるとともに、男性の「育児参加[15]」を呼びかけていることも大きく作用しているだろう。

しかしここでもまた、しばしば重要な視点が欠けている。女性が家事・育児と仕事を両立できる基盤が会社のなかで、社会のなかで作り上げられてきたのはいいのだが、それに対して、男性が外で仕事をして家のなかのことは女性に任せるという構図は、基本的には大きく変わっていないということだ。男性は女性が社会進出することは認めるようになっているが、自分自身が家事・育児を女性と同じ程度引き受けることは一般的にあまり想定していない。要するに、女性は会社のなかで男性と同じように仕事をするようになったにもかかわらず、男性が家のなかでの仕事をあまり引き受けず、多くの場合、女性に任せたままにしているわけだが、そうすると単に女性の負担が増加するだけとなってしまう。もちろん、厚生労働省が呼びかける男性の「育児参加」は、この構造を少しでも是正するための政策上の努力ではあるだろう。しかし、それはあくまでも「参

ここには、「男女の人権の尊重」「国際的協調」「家庭生活における活動と他の活動の両立」などの柱が盛り込まれている。

(13)「子ども・子育て支援法」が二〇一二年に制定され、政府による子育ての援助の姿勢が明確に示されることになった。それによって、各地方自治体による子育て支援制度も明らかに前進している。ただし、国による子育て支援そのものは、例えば児童手当の給付というかたちでも一九七〇年代から始まっている。

(14) 二〇一八年四月一三日の日本経済新聞の記事によれば、都内企業の女性管理職の割合は八・四％とされる。政府は、二〇二〇年までに課長以上の女性管理職の比率を三〇％にする目標を掲げていたが、その達成年限を二〇三〇年に繰り延べした。

(15) 厚生労働省は、二〇〇六年に「男性が育児参加できるワーク・ライフ・バランス推進協議会」による企業への提言（「男性も育児参加できるワーク・ライフ・バランス企業へ―これからの時代の企業経営」）を行っている。

加」でしかない（「女性の育児参加」という言葉を思い浮かべてみると、「育児参加」という言葉がいかに奇妙なものであるかわかるだろう）。男性が女性と同じように育児に関わるということは、女性も男性と同じ職業上の条件で働いているとすれば、理屈としてはまったく自然なことであるはずなのだが、実際には男性中心のサラリーマン社会の構図は保たれたまま、「男女共同参画」が進められようとしているということになる。

だが、このサラリーマン社会の価値の枠組みは、男性だけのものではない。すでにふれたように、しばしば女性自身がそれを共有している。こういった思考法を自明のものとして受け継いでいる女性においては（それは家庭・学校・社会のなかで再生産されてゆく）、「内助の功」という日本語の表現にも典型的に現れているように、外で働く夫を女性が支え、内側である「家庭を守る」ことが美徳とされる。かつては、女性が働くことは生活が苦しいためにやむなくそうするのであって、それは貧しい家庭であることを示しており、中流以上の家庭であれば妻は「家庭を守る」ものだという見方が男女を問わず共有されていた。こういった価値観は、現在では、少なくとも総合職に就いて働く女性の意識としてはもはや過去のものといえるだろう[16]。しかし他方で、現在、専業主婦を志向する二〇代の若い女性が増加しており、その割合は四〇代以上の女性を上回るという興味深い事実もある[17]。こういった若い女性の場合、専業主婦を望む理由としてあげられるのは「ラクをしたい」ということであり、かつてのように「家庭を守る」ことを美徳とする意識によるわけでは必ずしもないようだ。しかし、ここにもサラリーマン文

(16) 内閣府男女共同参画局による二〇一五年の世論調査で、「夫は外で働き、妻は家庭を守るべきである」という伝統的な考え方に対して、「反対」が四九・四%、「賛成」が四四・六%という結果が示され、「反対が賛成を上回る」結果になったことが強調されている。しかし、二〇一五年でもまだそれぞれほぼ半数の状況であると見ることもできる。

(17) 同じ内閣府男女共同参画局による二〇一五年の世論調査のなかで、「また、若い世代の女性に専業主婦願望が増加しているとの調査結果もあります」との言及がある。

化のメンタリティーがいくぶん変質したかたちで保たれているのかもしれない。

参考資料

厚生労働省「雇用における男女の均等な機会と待遇の確保のために」http://www.mhlw.go.jp/stf/seisakunitsuite/bunya/koyou_roudou/koyoukintou/danjokintou/
厚生労働省「子ども・子育て支援」http://www.mhlw.go.jp/stf/seisakunitsuite/bunya/kodomo/kodomo_kosodate/kosodate/index.html
厚生労働省「男性も育児参加できるワーク・ライフ・バランス企業へ―これからの時代の企業経営」https://www.mhlw.go.jp/bunya/koyoukintou/ryouritsu02/pdf/01a.pdf
内閣府男女共同参画局「共同参画」二〇一五年二月号 特集２／「女性の活躍推進に関する世論調査」の概要 http://www.gender.go.jp/public/kyodosankaku/2014/201502/201502_03.html

【読書ガイド】

中根千枝（一九六七）**『タテ社会の人間関係―単一社会の理論』**……講談社現代新書

東大で最初の女性教授となった社会人類学者・中根千枝（一九二六〜二〇二一）の一九六七年のほぼ最初の重要な業績であり今も読み継がれている著作。社会構造の比較研究という視点から日本社会の特質を描き出した。大きく変貌した現代日本をまったく同じ尺度で捉えることができない点があるとはいえ、根幹になお残存する日本の特質を突きつけられるとき、根本的な指摘についてその通りだと感じる読者は多いだろう。

松野弘編著（二〇〇一）**『サラリーマン社会小事典』**……講談社現代新書

サラリーマン社会がさまざまな意味で転機に差し掛かっていた時期にこのような「小事典」が発行されたということも興味深い。「辞典」のような語順による用語集ではなく、テーマ別に主要なキーワードが挙げられ、通読できるものとなっている。用語の説明そのものはさらに別の情報をたどることが望ましいが、日本のサラリーマン社会の特質を歴史的に読み解くための主要用語と現場の感覚がここに集約されている。

小熊英二（二〇一九）**『日本社会のしくみ―雇用・教育・福祉の歴史社会学』**……講談社現代新書

日本社会はどのようなしくみと特質をもつか――この著作は緻密な分析とデータ、歴史的な視点によって、圧倒的な力量でそれを描き出してゆく。日本社会を知るための必読書。

戦後日本の経済と経営
——浅川雅己氏インタビュー——

浅川雅己
インタビュアー：友常 勉

——かつて戦後日本の経済は年功序列制や終身雇用制がその特徴とされてきました。このような「日本的経営」はどこから生まれたのでしょうか。また、今後も存在していくのでしょうか。

年功序列制を維持できる条件が失われてきていることはまちがいないです。グローバル化が進む中で、外国資本の参入障壁となるような日本独自の慣行を維持できなくなってきていることもありますが、もう一つは少子化のような人口再生産のインパクトも大きいといえます。このことを説明しましょう。

いわゆる「日本的経営」の起源ですが、それは基本的には、イエスタ・エスピン＝アンデルセンがいうところの「保守主義レジーム」(1)の一種としての日本経済の特性にもと

(1) エスピン＝アンデルセンの「福祉レジーム」論：先進資本主義諸国の福祉政策体系と福祉諸制度の総体を「脱商品化」「社会的階層化」という指標を用いて分類・整理したもの。「脱商品化」は、何らかの事情で労働力の販売（就労）の継続ができなくなった場合でも、生計を維持する手段（公的扶助など）が整備されている程度を表す指標である。「社会的階層化」は、福祉諸制度が地域や職能ごとに区別立てされている度合いを表す指標である。エスピン＝アンデルセンは、この二指標を用いて、「福祉レジーム」を次の三つに分類した。第一は、「脱商品化」の程度が高く「社会的階層化」の程度が低い「社会民主主義レジーム」である。第二は、「脱商品化」の程度は中位だが、福祉供給において家族などインフォーマルな共同体的団体の役割が「社会民主主義レジーム」に比べて大きく「社会的階層化」の程度が高い「保守主義レジーム」である。そして、第三が、「脱商品化」の程度が低く、「社会的階層化」の程度も低い「自由主義レジーム」である。

づくものです。日本のような後発資本主義社会は、明治国家の近代化が「上から」すすめられたように、統制した産業政策をとります。そこには労働者の企業横断的、産業横断的移動を抑制するという傾向があります。そこで、労働市場の横方向の移動が抑制されていることに対応して、企業の側が、それぞれの企業ごとに、労働者の企業特殊的な技能を育成します。その結果、年功序列制や終身雇用制が形成されました。これがいわゆる「日本的経営」です。

社会民主主義型レジームも、自由主義レジームも、基本的に企業・産業横断的な労働移動が優勢な労働市場に対応しています。日本のように労働市場の横断的移動が抑制される傾向があると、一律の普遍的な福祉制度はできにくい。そのかわり職能別の福祉制度になります。国民年金と厚生年金[2]のようにです。そこで生まれる格差をどう補っていくかというと、家族の自己負担です[3]。福祉サービスを自給自足で補うようにするわけです。それがワークライフバランスのゆがみを生んでいます。そうしたゆがみは、女性の過重負担や男性からの生活能力の剝奪につながり、そこから少子化や晩婚化といった人口再生産のトラブルが生じるわけです。その矛盾の積み重ねとグローバリゼーションのために、「日本的経営」を維持する条件は失われてきています。

こうした事情は、ジェンダーの問題にもかかわっています。経団連（日本経済団体連合会）が、一九九五年以来、経営実態と雇用形態の組み合わせ方を提唱した「雇用ポートフォリオ」で打ち出したことですが、「中核的な労働力は成年男性」だと位置付けら

---

(2) 日本の年金制度において年金保険は、公務員共済（公務員対象）、厚生年金（民間企業従業員対象）、国民年金（前二者以外の自営業者などが対象）など職能別であった。近年、国民年金を厚生年金加入者も対象にした基礎年金に転換する改革が行われ、階層性の解消に向けた動きもみられる。

(3) 例えば、高齢者が介護保険でカバーできる以上の介護や生活支援を必要とする場合、十分な年金収入があればそこから費用を支出して家庭外からサービスを購入できるが、その余裕がない場合、介護や生活支援のための労働を家庭内で自己調達しなければならない。

(4) 従業員を勤続年数や年齢に応じて昇進・昇給させる制度。年齢の上昇にともなって、結婚、出産、子供の進学などのたびに生活費が増えていくことから、年齢上昇に応じて昇進・昇給できる年功制は、生活状況の変化に対応した生活給的性格をもつ仕組みだとみなされ

れています。そして保守主義レジームの特徴として、性別役割分業を前提として、国家福祉の不足を女性の家庭内労働で補うわけです。

――日本の資本主義には、なにか特徴的な個性があるといっていいでしょうか。

年功制(4)や終身雇用(5)などの「日本的経営」は戦後になって普及・定着したものです。戦前は都市の一部の大企業だけに限定されます。その対象は先端的な大工業の高技能の職人的な労働者やホワイトカラーです。彼らは、企業特殊的技能(6)をもった労働者です。大工業、中でも重工業に限定した話ですが、日本は後発資本主義なので、既存の技術を輸入して使います。フランスやドイツなどの技術の中から各企業がそれぞれ選んで持ってきます。導入した技術とセットで技能指導者を海外から呼んで、直接指導してもらいます。そうすると同一業種内でも工法などがまちまちとなり横断的な労働市場は形成されにくくなります。海外から招いた指導者あるいは海外で訓練を受けた者が、国内第一世代を育成し、第一世代が第二世代を、第二世代が第三世代を、というＯＪＴ（On -the-Job Training＝職場で従業員に行われる職業教育）による後進育成を通じて企業特殊的技能が形成されていきます。これが年功制と相まって、労働者の企業定着率を上昇させ、農民層分解(7)が不十分で工業労働力が不足しがちであるという後発資本主義特有の悩みをある程度和らげたのです。技能習得済みの労働者を相互に引き抜き合うことで賃金を高騰させるようなことは抑制できたのです。また、年功制の生活給的性格は、労働者からも歓迎されました。戦後そうした企業特殊的な技能形成や年功制が中小企業にも広がる

ていた。また、勤続年数に応じて賃金が上がることから、同一企業に長期勤続するほど有利であり、若年層の早期退職を抑制する効果があったといわれている。

(5) 文字通りの死亡時までの雇用ということではない。年金支給開始に近い年齢に設定された定年まで雇用が継続される慣行を指す。

(6) 特定の企業の内部でのみ通用する技能。これに対し、企業横断的に通用する技能は、一般的技能と呼ばれる。

(7) 資本主義の形成期に、それまでの前資本主義的経済において人口の多数を占めていた農民層が、資本家へ上昇する層と土地を失って賃金労働者へ転換する層に分解していくことをいう。先進資本主義国での、資本主義形成期やそれに続く産業革命期の資本主義的経営の勃興は、この分解によって生じた賃金労働者層の存在に支えられていた。後発資本主義国では、自国の内発的な資本主義発展による農民層分解が不十分な段階で、先進国から資本主義的な生産様式を導入せざるを得ず、労働力の確保が大きな課題となる。

ことになったのです。

――ジェンダーと「日本的経営」の関係についてもう少しお聞きしたいと思います。「日本的経営」を維持する条件が失われていても、「中核的な労働力は成年男性」であるという、家事労働を女性に負担させるような性別役割分業を、日本社会は根本的に変えようとはしていません。なぜでしょうか。

それは「変えよう」という強い圧力がないからです。現在の二〇代の男性に対する性別分業に関するアンケート(8)では、「女性は、家庭を守るべきである」という考え方についての賛成派が、それに対する反対派よりも多くなり、賛成・反対派が逆転しました。それは伝統的な社会意識が持続しているというよりは、変動しているということだと思います。以下に見るようにこの変動は、社会情勢に原因があります。同じ二〇代でも女性は、賛成派に肉迫されてはいますが、反対派のほうが然依として優勢です。二〇代の男性で賛成派が逆転したことには、雇用情勢の変化が反映しています。性別役割分業を肯定する意識は、不安定就労の広がりと性別賃金格差に規定されているのです。依然として「中核的労働力」は成人男性とされていますが、しかし、その対象は確実に絞り込まれています。かつて「安定就労」を約束してくれていた「終身雇用制」は、多くの男性にとってもはや期待できないものとなりつつあります。そのような情勢の中で、家計としては労働力の投げ売り競争を避けるために労働力供給を絞りこまざるを得なくなります。その際、男性と女性で、どちらが働き、どちらが家事をするかを考えると、逸失

(8)「男女共同参画社会に関する世論調査」(内閣府、二〇一二年一〇月)

利益[9]が大きい男性のほうが働き、それが少ない女性が家に入るほうが家計的には有利です。「どうせ外に出ても稼げないんだから、お前が家の仕事をやれ」と、男性は女性にいうわけですね。女性もそういう状況を感じています。家計という枠組みを維持しようという立場にたつ限り、男性が職業労働にとどまるほうが「合理的」だという認識は女性にも共有されています。

介護や保育の分野で女性労働力への依存度が高いという性別職域分離[10]の現状を前提にした話ですが、この状況のまま、女性が労働市場から撤退すると、ますます介護や保育の分野での労働不足が生じます。その結果、保育園や託児所も増えず介護支援も十分ではないことから、ますます女性が外に出られなくなる、という悪いスパイラルに陥っていくでしょう。

——最後に、戦後日本経済と環境との関係についてお聞きしたいと思います。戦後日本は水俣病をはじめとして深刻な公害問題を経験しています。なぜ環境問題と共生するような経済発展を目指せなかったのか。

環境問題と経済についての一般的な関係から説明しましょう。カギになるのは、物質代謝という概念です。物質代謝とは生物と環境との間の物質のやり取りです。生物一般が物質代謝を行います。人間は代謝の対象となる必要物を変形加工して取り込みますが、それを意識的に行うことに特徴があります。物質代謝の目的意識的制御、これが労働です。環境との間の物質代謝が攪乱されれば、人間にとっても生存の危機となります。し

(9) ある選択されなかった行動を、選択していた場合に得られたであろう利益のこと。現在日本において女性全体の平均賃金は、男性全体の平均賃金のおよそ七割といわれている。この状況の下では、夫婦のどちらか一方が家庭に入らなければならないとすると、家計全体の所得の面に限って言えば、女性が家庭に入ったほうが逸失利益は少なくて済む可能性が高い。

(10) かつての看護師、保育士のように女性の採用が一般的な「女性職」、逆に男性の採用が一般的な「男性職」というように職業・職種において性の偏りが見られることをいう。性別職域分離には、水平的分離と垂直的分離があり、水平的分離は労働内容の相違を意味し、垂直的分離は、社会的ステイタスや待遇面での格差を意味する。「男性職」は一般的に高ステイタス、好待遇であり、この点も、女性よりも男性が職業労働にとどまるほうが家計全体にとっては有利となる要因の一つである。

かし資本主義は二つの面で攪乱を引き起こしやすいのです。一つは経済活動の目的が資本の自己増殖に置かれているからです。資本の自己増殖というのは、もう少しわかりやすくいうと、企業が事業規模やキャッシュ・フローを拡大していくことです。資本主義的企業は、この目的を最優先に追究し、しかも競争戦の中でそれを加速化せざるを得ないため、例えば生物資源をその再生サイクルを超えて過剰に消費してしまいがちです。

もう一つは、資本主義では、社会的分業がさまざまな私的労働によって構成されているということです。資本主義の経済的パフォーマンスが以前の社会形態に較べて高いのは、その活動が、私的労働にもとづいているからだという事実はあるものの、私的労働は同時に環境破壊の原因ともなっています。私的労働というのは、部分的には規制されている側面もありますが、原則的には、各生産者が自分または雇い入れた他人の労働力を独自の判断で自由に使用できるということです。それを行うために必要な手段さえ調達できるのであれば、どんなアイディアでも実地に試してよいということだともいえます。これは、近代社会の相対的に高度な創造性の源泉です。しかし、このことは、同時にそれぞれが自分のわかる範囲で行動し判断をくだすことを意味しています。ところがそうなると、各生産者には、社会総体や生態系の、あるいはそれらの相互関係の全体的な関連がみえていないので、さまざまな軋轢が起きるわけです。その二つの面で、資本主義は、物質代謝に対して、適合的でない社会システムです。

これに加え、日本資本主義の独自性として、次の点が指摘できます。日清、日露戦争以後の資本主義の急激な発展に伴う農村の疲弊や第二次世界大戦の敗北の影響で、伝統的に生活扶助の機能を果たしてきた地域的共同体が、次第にその機能を失いました。新たに生まれた近代的諸都市においても、伝統的共同体に代わって生活扶助機能を果たし得るような共同体的関係を成熟させる時間は、ヨーロッパのように、十分にはありませんでした。そのため、生活扶助機能は、もっぱら人々が所属する企業によって提供される傾向が強まることになったのです。その結果、企業の成長（＝資本蓄積）が生活基盤の安定充実を保証してくれるものと、一般的には受け止められることになりました。水俣病に典型的にみられるように、被害者にとっても加害企業自体が生活を支える柱の一つであり、地域全体にとってもまたそうであるという状況から、企業活動が環境に悪い影響を与えたとしても企業内部や地域から告発の声が上がりにくい傾向が生まれました。これが、先ほど述べた資本主義経済の蓄積優先の傾向を促進し、「公害列島」といわれるほどの深刻な環境破壊につながっていったと考えられます。[11]

生命活動の基本である環境との間の物質代謝の持続性という観点からいえば、経済活動の目的は、〈蓄積のための蓄積、生産のための生産〉から、〈地域の資源を、その資源の特性にしたがって管理すること〉に転換されるべきです。その意味で伝統社会の「コモンズ」[12]という資源管理のあり方には参照すべきものがあります。

(11) 社宅、財形貯蓄制度、企業年金、健康保険組合など。

(12) 里山などのように地域住民によって慣習的に協同管理・協同利用されている環境資源や自然資源。

【読書ガイド】

イエスタ エスピン‐アンデルセン著、岡沢憲芙・宮本太郎監訳（二〇〇一）

『福祉資本主義の三つの世界――比較福祉国家の理論と動態』……ミネルヴァ書房

第二次大戦後の先進資本主義国の福祉体制を研究するにあたって必読の文献。社会民主主義レジーム、自由主義レジーム、保守主義レジームの三類型を提示し、資本主義の多様性論にも影響を与えた。

新川敏光（二〇〇五）**『日本型福祉レジームの発展と変容』**……ミネルヴァ書房

権力資源動員論、歴史的制度論、高齢化、グローバル化など、多様な視角から日本の戦後福祉レジームの発展と変容を分析。日本の福祉国家を包括的にとらえ、国際比較の枠組みのなかに位置づけた先駆的業績。

鳥越皓之・宮内泰介・井上真編（二〇〇一）**『コモンズの社会学――森・川・海の資源共同管理を考える』**……新曜社

筆者らがフィールドとしてきた諸地域において、それぞれどのような人と自然との関り合いがあり、どのような共同資源の管理・利用が行われているかが紹介される。それを通して地域の歴史や文化、社会に根ざした地域の環境政策・環境自治の在り方が模索されている。

吉田文和（二〇一七）**『スマートフォンの環境経済学』**……日本評論社

人間と自然のあいだの物質代謝について、スマートフォンという若者にとって身近なものを素材に考察している。原料採掘から使用後の製品の廃棄に至るまでの過程において、環境と人間の健康にどのような影響があるのかが明らかにされている。

おわりに

本書は『日本をたどりなおす29の方法―国際日本研究入門』（以下『29の方法』）完成時から七年の年月を経て完成しました。お待ちいただいた方にはお詫び申し上げます。

この間、『29の方法』はたくさんの方に手に取っていただき、また、授業で扱っていただいています。いろいろな目的で、いろいろな方法で使っていただいているのではないでしょうか。教えている教師が一番勉強になる、そして学生の反応が楽しい教科書だと言えると思います。その中で、この教科書はたくさんのテーマを扱い、それぞれに内容が深いだけでなく、取り上げられている用語、人々、事件などが多く、授業で扱う若い先生方、そして、海外で教える日本語非母語話者の先生方にとっては調べるのに負担が重い、という声も聞きます。今はネットで何でも調べられる時代ですが、ネット情報は逆に多すぎてどれを選ぶのか困るという問題もあります。それにお答えするために本書は企画されました。『29の方法』の本文をさらに詳しく解説しただけでなく、なじみのない言葉や事件などについて、編集部が注をつけてほしいものを選び、執筆者に最適な注をつけていただきました。授業の準備をするときにお使いいただければと思っています。また、『29の方法』を教科書として読んだ学習者や学生さんたちに、興味を持ったところをさらに深く追究してほしいということから、こちらも充実した「読書ガイド」をつけました。手に入りやすいものがあがっていますので、ぜひ手に取っていただければと思います。

本書は『29の方法』が出版された二〇一六年の前後に執筆されたものが多いのですが、諸般の事情により、出版が遅れてしまいました。そのため、『29の方法』とは別の方に執筆をお願いすることになったり、情報がやや古くなってしまっていたりするものもあります。追記などで情報を補ってはいますが、いくつかのものは二〇一七年当時の状況を元に書かれていることをご了解ください。

また、この間悲しい出来事もありました。第4章「障害者とリテラシー」をご執筆いただいたましこひでのり先生が二〇二一年九月にお亡くなりになりました。本書の刊行が間に合わなかったことが悔やまれます。本文と注はお書きいただいていたのですが、「読書ガイド」は編集部の方で選書、執筆しました。この点ご了解いただければと思います。

『29の方法』に続き、本書の出版にも、ご協力、ご尽力いただいた東京外国語大学出版会の大内宏信氏にお礼を申し上げます。

本書が新しい日本研究への入り口になり、新しい視点を提供することを期待しています。

編者

水越 真紀（Mizukoshi Maki）……………………………………
著述家、編集者　専門：サブカルチャー史・批評

橋本 雄一（Hashimoto Yuichi）……………………………………
東京外国語大学大学院総合国際学研究院准教授　専門：中国近現代文学、植民地社会思想

今村 純子（Imamura Junko）……………………………………
立教大学ほか兼任講師　専門：美学、芸術学

山口 裕之（Yamaguchi Hiroyuki）……………………………………
東京外国語大学大学院総合国際学研究院教授　専門：ドイツ文学・思想、表象文化論、翻訳論

前田 達朗（Maeda Tatsuro）……………………………………
元東京外国語大学大学院国際日本学研究院准教授　専門：社会言語学

ましこ ひでのり（Mashiko Hidenori）……………………………………
中京大学国際教養学部教授　専門：社会学、障害学

＊ましこひでのりさんは
2021年9月に逝去されました。

萱野 志朗（Kayano Shiro）……………………………………
萱野茂二風谷アイヌ資料館館長

小林　幸江（Kobayashi Yukie）……………………………………
東京外国語大学名誉教授　専門：日本語教育学

島薗 進（Shimazono Susumu）……………………………………
上智大学グリーフケア研究所所長、大正大学客員教授、東京大学名誉教授　専門：宗教学

石川 晃司（Ishikawa Koji）……………………………………
日本大学文理学部特任教授　専門：政治思想史、憲法

岩崎 稔（Iwasaki Minoru）……………………………………
東京外国語大学大学院総合国際学研究院教授　専門：哲学、政治思想

岡田 昭人（Okada Akito）……………………………………
東京外国語大学大学院総合国際学研究院教授　専門：比較・国際教育学、異文化理解教育学

野本 京子（Nomoto Kyoko）……………………………………
東京外国語大学名誉教授　専門：日本近現代史、日本農業史

浅川 雅己（Asakawa Masami）……………………………………
札幌学院大学経済経営学部教授　専門：経済学

◆編者一覧◆

坂本 惠 (Sakamoto Megumi)……………………………………………………

東京外国語大学名誉教授、日本大学文理学部教授　専門:日本語学、日本語教育

友常 勉 (Tomotsune Tsutomu)……………………………………………………

東京外国語大学大学院国際日本学研究院教授　専門：日本思想史

◆執筆者一覧 (執筆順)◆

早津 恵美子 (Hayatsu Emiko)……………………………………………………

東京外国語大学名誉教授、名古屋外国語大学世界教養学部教授　専門：現代日本語学

谷口 龍子 (Taniguchi Ryuko)……………………………………………………

東京外国語大学大学院国際日本学研究院准教授　専門:語用論、談話分析、批判的談話研究

高垣 敏博 (Takagaki Toshihiro)……………………………………………………

東京外国語大学名誉教授　専門：スペイン語学

成田 節 (Narita Takashi)……………………………………………………

東京外国語大学大学院総合国際学研究院教授　専門：ドイツ語学

三宅 登之 (Miyake Takayuki)……………………………………………………

東京外国語大学大学院総合国際学研究院教授　専門：中国語学

降幡 正志 (Furihata Masashi)……………………………………………………

東京外国語大学大学院総合国際学研究院准教授　専門：インドネシア語学

大谷 直輝 (Otani Naoki)……………………………………………………

東京外国語大学大学院総合国際学研究院准教授　専門：英語学、言語学

村尾 誠一 (Murao Seiichi)……………………………………………………

東京外国語大学名誉教授　専門：日本古典文学

菅長 理恵 (Suganaga Rie)……………………………………………………

東京外国語大学大学院国際日本学研究院教授　専門：日本語日本文学

柴田 勝二 (Shibata Shoji)……………………………………………………

東京外国語大学名誉教授　専門：日本近代文学

川口 健一 (Kawaguchi Kenichi)……………………………………………………

東京外国語大学名誉教授　専門：ベトナム文学

有澤 知乃 (Arisawa Shino)……………………………………………………

東京学芸大学大学院教育学研究科准教授　専門：民族音楽学

東京外国語大学国際日本研究センターについて

東京外国語大学国際日本研究センターは、2009年4月に設立され、日本語教育の方法や日本の文化・社会に関する研究分野にかかわるテーマについて調査研究し、その成果を教育面にも反映・還元していくことを目標としています。留学生日本語教育センター、そして学部・大学院で日本語を含む28専攻語・地域についての教育研究体制を擁する東京外国語大学での日本語・日本研究は、「日本」をベースとしつつ、世界の諸言語・諸地域との比較研究をつよく意識せざるを得ません。本センターでは、このような恵まれた環境を最大限に活かし、事業を進めていこうと考えています。海外の研究者との情報ネットワークを構築し、国内外における日本語・日本教育研究機関と連携しつつ、多様化する日本語学習者に対応した教育研究を進め、その成果をひろく社会に還元してまいります。

編集協力：谷口龍子（東京外国語大学大学院国際日本学研究院准教授）
大津友美（東京外国語大学大学院国際日本学研究院准教授）
今井 勇（東京外国語大学留学生日本語教育センター非常勤講師）

国際日本研究への誘い　日本をたどりなおす29の方法

二〇二二年三月三〇日　初版第一刷発行
編　者　坂本恵　友常勉
東京外国語大学国際日本研究センター
発行者　林 佳世子
発行所　東京外国語大学出版会
〒一八三―八五三四
東京都府中市朝日町三―一一―一
電話番号　〇四二（三三〇）五五五九
FAX番号　〇四二（三三〇）五一九九
e-mail　tufspub@tufs.ac.jp
装幀者　臼井新太郎
印刷・製本　株式会社 精興社

Printed in Japan
ISBN978-4-904575-98-7
落丁・乱丁本はお取り替えいたします。
定価はカバーに表示してあります。